数字经济下企业定价策略研究

陈植元　著

本书得到国家自然科学基金面上项目（71871166）、
重点项目（71831007）和国家重点研发计划项目子课题
（SQ2023YFB3300003）资助

科学出版社

北　京

内 容 简 介

数字经济对企业管理中的定价策略产生了广泛的影响。首先,数字经济提供了更多灵活的定价策略选择。企业可以通过互联网技术提供一些新型的付费模式。例如,企业可以采用消费者自愿付费的模式,由消费者决定付费的金额。其次,数字经济下,企业可以利用大数据和个性化营销技术,根据消费者的需求和行为制定循环定价策略,来提高销售额和增加利润。再次,数字经济下电子商务平台能制定更有针对性的平台营运策略,激励内容提供者的同时,增加平台的收益。最后,本书将介绍和研究企业如何设定产品预售模式下的价格策略。

本书适用于管理科学与工程方向的研究生和博士生,高校和科研单位的研究人员,以及从事相关行业的企业管理人员。同时本书也可以作为管理类研究生课程教学的参考用书。

图书在版编目(CIP)数据

数字经济下企业定价策略研究 / 陈植元著. —北京:科学出版社,2024.8
ISBN 978-7-03-078570-1

Ⅰ. ①数… Ⅱ. ①陈… Ⅲ. ①企业定价－研究 Ⅳ. ①F274

中国国家版本馆 CIP 数据核字(2024)第 103004 号

责任编辑:王丹妮 / 责任校对:贾娜娜
责任印制:吴兆东 / 封面设计:有道文化

科 学 出 版 社 出版
北京东黄城根北街 16 号
邮政编码:100717
http://www.sciencep.com
北京厚诚则铭印刷科技有限公司印刷
科学出版社发行 各地新华书店经销
*
2024 年 8 月第 一 版 开本:720 × 1000 1/16
2025 年 10 月第二次印刷 印张:11 3/4
字数:235 000
定价:126.00 元
(如有印装质量问题,我社负责调换)

目　　录

第1章 绪　　论

1.1　数字经济的大环境

数字经济是指依靠信息技术和互联网，以数据为基础进行生产、分配、交换和消费的经济形式。它涵盖了数字化产品和服务的全生命周期，包括数字化技术的应用、网络平台的建设和数字化经营模式的形成与运作。数字经济的核心是数据，从数据的收集、处理、分析到应用，全过程都依赖于信息技术和互联网的支持和推动。数字经济以数字技术为基础，通过数字化的方式来推动经济的发展和运行，包括数字化产业、数字化商务、数字化金融等领域，以促进经济的创新增长和效率的提高。它通过数字化技术和网络连接，改变了传统的经济模式，涵盖了数字化产品与服务的生产、交换和消费全过程。数字经济的发展加速了信息的传播、商务的进行和全球化的交流，为企业创造了全新的商业机会和发展空间。

党的十八大以来，党中央高度重视发展数字技术以及数字经济。习近平总书记多次强调要大力发展数字经济，提出了一系列战略部署：2016 年在十八届中央政治局第三十六次集体学习时强调要做大做强数字经济，拓展经济发展新空间；2017 年在十九届中央政治局第二次集体学习时强调要加快建设数字中国，构建以数据为关键要素的数字经济，推动实体经济和数字经济融合发展；2018 年在中央经济工作会议上强调要加快 5G 商用步伐，加强人工智能、工业互联网、物联网等新型基础设施建设；2021 年在致世界互联网大会乌镇峰会的贺信中指出，要激发数字经济活力，增强数字政府效能，优化数字社会环境，构建数字合作格局，筑牢数字安全屏障，让数字文明造福各国人民（习近平，2022）；2022 年在党的二十大报告中强调，加快发展数字经济，促进数字经济和实体经济深度融合，打造具有国际竞争力的数字产业集群①。2017 年至 2024 年，国务院政府工作报告八年共七次提及对数字经济发展的要求，国务院也围绕党中央数字经济战略部署展开工作。我国处于数字化转型和数字经济快速发展的时期。如图 1-1 所示，2020 年我国数字经济增加值规模（以下简称数字经济规模）达到 39.2 万亿元，占 GDP 比重为 38.6%。2022 年我国数字经济规模进一步扩大至 50.2 万亿元。《"十四五"数字经济发展规划》提出，到 2025 年，数字经济核心产业增加值占 GDP 比重达到 10%。

---

① 《习近平：高举中国特色社会主义伟大旗帜 为全面建设社会主义现代化国家而团结奋斗——在中国共产党第二十次全国代表大会上的报告》，https://www.gov.cn/xinwen/2022-10/25/content_5721685.htm，2023-11-09。

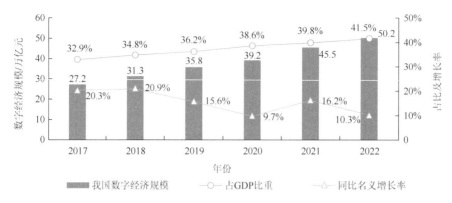

图 1-1   2017~2022 年我国数字经济规模、同比名义增长率及占 GDP 比重

资料来源：中国信息通信研究院

近年来全球主要国家也加快了对数字经济的战略部署和规划。近十年来，各国都相继出台政策来为本国的数字经济发展营造良好的环境，如表 1-1 所示。与此同时，数字经济也为全球新冠疫情后的经济复苏提供重要支撑。在增速方面，数字经济成为全球经济增长的活力所在，2021 年全球 47 个主要国家数字经济规模为 38.1 万亿美元，同比名义增长 15.6%，占 GDP 比重为 45%（图 1-2），有效支撑全球经济复苏。在结构方面，产业数字化依然是全球数字经济发展的主导力量。数字技术加速向传统产业渗透，2021 年，全球 47 个主要国家数字产业化规模为 5.7 万亿美元，占数字经济规模的比重为 15%，占 GDP 的比重为 6.8%；产业数字化规模为 32.4 万亿美元，占数字经济规模的比重为 85%，占 GDP 的比重较上年提升 1 个百分点，约为 38.2%。在产业渗透方面，一、二、三产业数字经济占行业增加值的比重分别为 3.6%、24.3% 和 45.3%（图 1-3），其中，数字技术在传统产业的应用率先在第三产业爆发，数字化效果最显著，第三产业数字化引领行业转型发展。

表 1-1   近年来全球主要国家数字经济战略和规划

国家	主要数字经济战略与规划
中国	2016 年印发《国家信息化发展战略纲要》，2018 年印发《数字经济发展战略纲要》，2021 年印发《"十四五"数字经济发展规划》等
美国	2011 年颁布《网络空间国际战略》，2018 年颁布《国家网络战略》等
德国	2013 年提出"工业 4.0"，2014 年出台《数字议程（2014—2017）》，2016 年发布《数字战略 2025》，2022 年出台新的《数字化战略》等
英国	2015 年出台《数字经济战略（2015—2018）》，2017 年出台《英国数字化战略》，2022 年出台《英国数字战略》等
日本	2000 年后，推出《e-Japan 战略》《u-Japan》《i-Japan》《ICT 成长战略》等
印度	2015 年提出"数字印度"倡议等
巴西	2016 年颁布《国家科技创新战略（2016—2019 年）》等
俄罗斯	2017 年出台《2017—2030 年俄罗斯联邦信息社会发展战略》《俄罗斯联邦数字经济规划》等

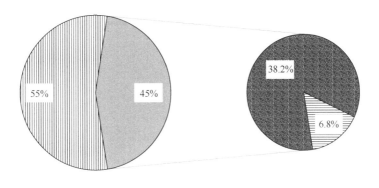

▥ 其他经济规模占GDP比重 　▦ 数字经济规模占GDP比重

▦ 产业数字化规模占GDP比重 　▤ 数字产业化规模占GDP比重

图 1-2 2021 年全球 47 个主要国家不同经济规模占比及数字经济结构

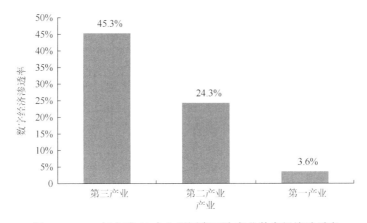

图 1-3 2021 年全球 47 个主要国家三次产业数字经济渗透率

在国家战略的大力推动下，我国数字经济发展势头强劲。如图 1-4 所示，2022 年我国数据产量达 8.1ZB，同比增长 22.7%，占全球数据总产量的 10.5%，位居世界第二。截至 2022 年底，我国存力①总规模超 1000EB，数据存储量达 724.5EB，同比增长 21.1%，占全球数据总存储量的 14.4%；我国大数据产业规模达 1.57 万亿元，同比增长 18%。政务数据开放共享有序推进。国务院办公厅印发《全国一体化政务大数据体系建设指南》，深入推进政务数据共享开放和平台建设。截至 2022 年底，全国一体化政务数据共享枢纽已接入各级政务部门 5951 个，发布各类数据资源 1.5 万类，累计支撑共享调用超 5000 亿次；我国已有 208 个省份和城市的地方政府上线政府数据开放平台，其中省级平台 21 个（含省和自治区，

---

① 存力，指以存储容量为核心，包含性能表现、可靠程度、绿色低碳程度在内的综合能力。

不包括直辖市和港澳台），城市平台 187 个（含直辖市、副省级与地级行政区），较 2021 年新增 1 个省级平台和 14 个城市平台。

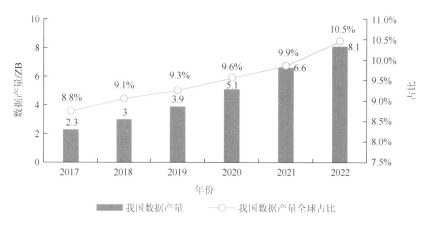

图 1-4　2017～2022 年我国数据产量及全球占比情况

资料来源：中国信息通信研究院、中国网络空间研究院

如图 1-5 所示，2022 年，电子信息制造业实现营业收入 15.40 万亿元，同比增长 9.0%。软件业收入跃上十万亿元台阶，达 10.81 万亿元，同比增长 13.8%。互联网和相关服务业包含信息技术服务、集成电路设计和电子商务平台技术服务。其中，信息技术服务收入达到 70 128 亿元，同比增长 11.7%，占全行业收入的比重达 64.9%；集成电路设计收入 2797 亿元，同比增长 12.0%；电子商务平台技术服务收入 11 044 亿元，同比增长 18.5%。电信业收入达 1.58 万亿元，同比增长 7.5%。

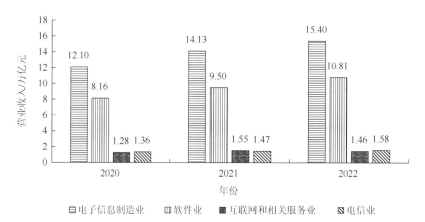

图 1-5　2020～2022 年我国数字产业营业收入增长情况

资料来源：工业和信息化部

数字经济具有以下特征。

（1）高度信息化和智能化：数字经济利用先进的信息技术和人工智能，实现对大规模数据的处理和利用，提供高效的数据分析和挖掘能力。这使得企业能够了解市场趋势、客户需求和竞争态势，为决策和策略制定提供更准确的支持。

（2）高度互联性：数字经济通过互联网和网络平台，打破了地理限制，促进了全球化合作。企业可以通过全球供应链和数字化工具与供应商、合作伙伴和客户实现紧密连接和协作，加快信息传播和商务交流的速度，提升企业的创新能力和竞争力。

（3）高度灵活性和个性化的服务：数字经济提供了个性化服务的可能性。通过数据分析和技术应用，企业可以提供定制化的产品和服务，满足消费者的个性化需求。同时，企业可以根据消费者的反馈和行为数据，及时进行调整和优化，提供更好的用户体验。

（4）新商业模式出现：数字经济的发展推动了新的商业模式的涌现。例如，共享经济和平台经济通过构建共享平台和服务，实现资源的共享与价值的最大化。这些新的商业模式为企业带来了新的商机和利润增长点。

数字经济对企业的管理决策也产生了很大的影响，表现在以下几个方面。

数据驱动的决策：数字经济时代，企业面临着大量的数据资源。通过对海量数据的收集和分析，企业可以了解市场需求、客户喜好、竞争态势等信息，为决策提供依据。数据分析技术的应用使得企业可以基于事实和证据做出决策，降低主观意识的干扰，提高决策的准确性和可靠性。

实时决策和敏捷性：数字经济加快了信息传播和决策的速度。企业可以通过实时监测和分析数据，及时发现市场和消费者需求的变化，做出及时的决策调整。数字化技术和数字化工具的运用，使企业具备了更高的决策敏捷性。企业可以快速地反应和适应市场变化，灵活调整战略和运营模式，提高竞争优势。

个性化营销和客户关系管理：数字经济为企业提供了更多个性化营销和客户关系管理的机会。通过数据分析和个性化技术，企业可以了解客户的偏好、需求和购买行为，针对性地进行营销和服务。这种精准的营销策略可以提升客户满意度，提高客户忠诚度，增加销售额和市场份额。

创新和业务模式转型：数字经济带来了新的商业模式和创新机会。企业可以利用数字化技术和平台，探索新的市场和业务领域。例如，通过建立电商平台，同时拓展线上和线下的销售渠道；通过创新科技产品和服务，开启新的市场领域。同时，数字经济也促使传统企业进行业务模式的转型，通过数字化技术改变传统经营方式，优化企业运营和管理模式，提高效率和竞争力。

合作与开放创新：数字经济推动了企业间的合作与开放创新。企业可以通过数字化平台，与供应商、合作伙伴和创新公司进行合作，共享资源和知识，共同开展创新项目和开发产品。这种合作与开放的创新模式可以降低企业自身的研发成本和风险，加快创新进程，引入外部技术和知识，提升企业竞争力和创新能力。

企业定价策略的选择：定价策略属于企业的重要的营销策略之一。企业通过制定准确和适用的定价策略来实现企业的管理目标：获取利润。这要求企业在制定价格的过程中既要考虑对成本的补偿，又要考虑消费者对价格的接受能力。换言之，企业定价策略既受到企业内部因素的影响，如企业的营销目标、营销组合、产品成本、定价目标等，又受到外部因素的影响，如市场结构、市场需求的价格弹性、竞争者的产品价格、国家的政策法规等。因此，对于企业来说，制定合适的定价策略是一个复杂并且十分重要的过程，企业定价策略是影响企业运营的关键决策，对企业的发展起着重要作用。对社会整体福利而言，企业定价策略对整个市场的公平和效率又有着重大的影响，2017 年 11 月，国家发展和改革委员会印发《关于全面深化价格机制改革的意见》，强调加快价格市场化改革，健全价格监管体系，使价格灵活反映市场供求、价格机制真正引导资源配置、价格行为规范有序，进一步说明了企业定价策略的重要性以及企业需要不断革新其定价策略以适应市场和经济环境的变革。传统的定价策略如数量折扣定价策略、个性定价策略、客户差异性定价策略、地区差异性定价策略、组合定价策略等已经得到广泛的应用，而如今，随着数字经济的日益发展和新零售时代的来临，企业在决策产品的定价目标时，面临着更多的难题和挑战，如海量数据激增、渠道和设备选择增加、消费者心理与行为特征个性化、品牌忠诚度下降等。因此，现代企业面临的迫切问题是如何通过定价策略来促进产业价值链上的企业的协作，并实现实体和数字网络的共同生存，实现利益均衡，重塑商业生态圈和平台战略，提高社会整体福利和效率。

总之，数字经济对企业的管理决策产生了重要的影响。通过数据驱动的决策、实时决策和敏捷性、个性化营销和客户关系管理、创新和业务模式转型、合作与开放创新以及企业定价策略的选择，企业能够更加准确地洞察市场、满足客户需求、提升竞争力，并在数字经济时代持续发展并取得成功。因此，企业需要积极拥抱数字经济，运用数字化技术和数据分析，不断优化决策过程，提高战略决策的准确性和有效性，以适应日新月异的数字经济时代。

1.2　本书的目的及意义

本书将主要围绕数字经济下企业定价策略来展开分析。此方面是当前数字经济下企业运营、营销和融资管理中的重要议题。通过深入研究和探讨该议题，我们可以更好地理解数字经济的发展趋势和市场需求，为企业制定合理的价格策略提供指导，促进企业在竞争激烈的市场中取得优势，并推动数字经济的持续发展。

定价策略在企业的市场定位和盈利能力方面起着至关重要的作用。不同行业和产品具有不同的定价战略，并且定价决策也受到市场竞争、成本结构、产品差异化程度等多个因素的影响。在数字经济时代，定价策略也面临新的挑战和变化。数字经济使得企业能够根据个体消费者的需求和购买能力来制定个性化的定价策略。通过使用算法和人工智能技术，企业可以根据消费者的购买历史、兴趣和偏好等信息来确定个性化的价格，从而提高销售量和利润。例如，订阅经济模式的兴起使得许多企业采用了低价或免费试用的策略来吸引用户，然后通过增值服务或附加产品获得收益；游戏开发商宣布玩家可以自愿付费购买产品等。此外，企业可以通过循环定价策略根据市场供需状况和消费者行为实时调整价格。企业可以利用算法和自动化系统来监测市场变化，并根据实时数据做出定价决策，以最大程度地提高利润和市场份额。随着数字经济的不断渗透，企业的循环定价策略和个性化定价策略也在不断发展。因此，研究定价策略的目的在于深入了解不同行业的定价模式和策略，为企业提供定价决策的参考和优化建议。

App 是 Application 的缩写，表示移动终端上的应用程序。App 平台作为数字经济中的重要载体之一，其营收模式对于平台的生存和发展具有重要意义。App平台为数字经济提供了基础设施、智能化服务和创新经济模式等支持，推动了数字经济的发展和转型。同时，数字经济的发展也为 App 平台提供了更广阔的市场和更多的机会，为企业提供了许多全新的盈利机遇，同时也促使平台不断创新和提升用户体验。企业通过应用 App 平台，可以拓展线上销售渠道，实现全球市场的触达和拓展。随着移动互联网的快速发展，传统商业模式并不完全适用于数字时代，企业必须以创新的方式来增加盈利，App 平台涌现出多种不同的营收模式。广告收费、应用内购买、订阅服务、数据销售等不同的模式在不同类型的 App 平台中得到应用。例如，一些免费的社交媒体 App 通过广告收费和数据销售实现盈利，一些新闻阅读类 App 通过订阅服务提供高质量内容并获得收入。研究 App 平台营收模式的目的在于了解不同模式的优势和限制，帮助企业选择适合自身业务模式和用户需求的营收模式，并探索新的盈利机会和创新模式。此外，随着人工智能和大数据的发展，App 平台也可以通过个性化广告投放和智能推荐等方式提高广告效果和用户体验，进一步提升平台的盈利能力。

预售策略是数字经济背景下变得越来越普遍的一种营销策略，其核心是将消费者的购买决策和消费决策分开。预售策略本质上也是一种企业定价策略，包括预售价格和现货价格。通过预售策略，企业可以提前了解市场需求和产品受欢迎程度，并在产品上市前就开始获取销售收入。预售策略不仅可以降低产品投入市场供大于求的风险，还可以帮助企业获取资金、提前进行生产安排。在数字经济中，随着数字技术的发展，预售策略得到了更加广泛的应用。例如，电子信息行业和游戏行业常常在产品推出前开展预售活动，吸引用户预订。研究预售策略的目的在于了解不同行业和产品的预售模式，分析其对企业销售和市场竞争的影响，为企业制定合理的预售价格和现货价格提供参考。

预售策略的成功实施需要考虑多个因素。首先，企业需要准确评估市场需求和产品受欢迎程度。通过市场调研、用户反馈和竞争分析，企业可以获得关于产品潜在销售量和用户需求的信息。其次，企业需要设计吸引人的预售优惠和福利，以激发用户的购买欲望。优惠价格、额外福利、限量版特别款等策略都可以吸引消费者提前购买，提高预售的销售量和收益。此外，预售期间的有效营销和宣传也是预售策略成功的关键。通过广告、社交媒体、口碑推荐等手段，企业可以有效地传播产品信息，并吸引更多用户参与预售活动。最后，企业应该制定合理的预售安排和产品生产计划，以确保产品能够按时交付。

预售策略不仅对企业有益，也对消费者产生了积极影响。对于消费者来说，参与预售活动可以获得对产品的独家体验和特殊优惠。此外，通过预售，消费者可以提前了解产品的特点和功能，做出更加明智的购买决策。预售策略的实施也为消费者提供了更多选择的机会，使他们能够在市场上迅速选择自己喜欢的产品并进行购买。

1.3　国内外研究现状

1.3.1　数字经济下的自愿付费定价策略的研究现状

本书的第 2 章研究一种新颖的定价策略，即自愿付费（pay-as-you-wish，PAYW）定价策略，自愿付费模式，让消费者自主决定支付金额，根据个人价值感受或者对产品或服务的满意度来决定支付多少。与自愿付费定价策略相类似的定价策略是自我定价（name-your-own-price，NYOP）策略，该策略由美国 OTA（over-the-air technology，空中下载技术）巨头 Priceline 首创并推广，NYOP 策略允许买家报出自己的价格，然后由企业接受或拒绝，竞价过程可以重复几轮。与自愿付费定价策略类似，在反向定价策略下，企业可以以不同的价格将产品卖给买家，如果假设买家是理性的，那么他们支付的价格应该永远不会超过备选的固定价格。然而，反向定价策略和自愿付费定价策略的一个显著区别是，在反向定价策略下，企业保留拒绝出价的权利，在之前竞价过程中失败的买方可以重新提交新的出价。这使得反向定价策略的行为更像一场拍卖，在拍卖中，买家相互竞争有限的资源，企业可以动态地做出分配决定。

已经有学者分析了自愿付费定价策略背后的原因。Chen 等（2017）确定了有助于自愿付费定价策略盈利的三个关键因素：①公平和慷慨的客户；②足够小的边际成本；③高度竞争的市场。Kim 等（2009）通过实地调研对自愿付费定价策略进行了检验，指出最终的自愿付费定价策略下的支付取决于客户的内部参考价格和一个分成比例，该比例主要由客户的公平性、满意度、价格意识和收入驱动。Gneezy 等（2010）观察四种情况下的消费者行为：①固定价格；②一半用于慈善的固定价格；③自愿付费定价策略；④一半用于慈善的自愿付费定价策略。将第一种情况下的利润作为基线利润，他们发现情况③会导致轻微的损失，而情况④在四种情况下产生了最好的结果。Gneezy 等（2012）通过三个现场实验证明，出于对身份和自我形象的考虑，较少的消费者选择在自愿付费定价策略下进行购买。

第 3 章的内容为重复购买研究做出了贡献，这在经济学和营销学领域受到了广泛关注。以前的学者主要是通过实证研究方法研究重复购买模式（通常涉及品牌选择）和消费者特征之间的关系（Ailawadi and Neslin，1998；Brockett et al.，1996；Ehrenberg，1959，1972；Erdem et al.，2003；Morrison and Schmittlein，1981；Nadarajah and Kotz，2009；Shoemaker et al.，1977；Sun，2005；Uncles et al.，1995）。然而，很少有人关注重复购买背后的驱动力，以及消费者和企业应该如何优化他们自己的决策。第 3 章旨在通过建立一个重复购买行为的分析模型并进行进一步的分析来填补这一空白。Crémer（1984）考虑了重复购买的一个具体案例，即垄断者在两个时期内销售一种经验商品，并向第一个周期的购买者提供下一次购买时有效的优惠券。消费者在每个时期消费零单位或一个单位的商品。他推导出了企业能够区分和不能区分首次购买和重复购买两种情况下的最优价格。Ho 等（1998）考虑了理性消费者的购物行为，以及该行为如何影响企业在每天低价（every-day-low-price，EDLP）和促销定价（promotional-pricing）之间的选择。在购物成本最小化的目标下，他们推导出消费者最佳购买策略的闭式解。研究发现，理性的购物者更频繁地购物，但在价格变化较大的情况下每次购买的数量较少，这也得到了面板数据的支持。Caminal（2005）建立了消费者周期性偏好的模型。他假设消费者的偏好水平在消费后非单调下降（由于短暂的满足感），然后单调地提高，直到下次消费。考虑到消费者是具有前瞻性的，并最大化他们的长期贴现预期回报。在博弈论的背景下，他得出了各种价格承诺方案下的均衡价格。研究进一步表明，忠诚度奖励方案（即指定一个与购买顺序相对应的价格序列）对买卖双方都有利，而对购买时间的限制可能会在提高总福利的同时损害消费者利益。Hartmann（2006）也注意到了过去的消费对未来消费的边际效用的抑制效应。他利用购买高尔夫球的经验数据证明，这种抑制效应产生了消费的跨期替代，从而导致了高估需求的自身价格弹性。他进一步指出，由于跨期替代，定价可能有助于转移不同时期的需求，这对产能受限的企业来说非常重要。Besbes 和 Lobel（2012）考虑了一个垄断企业面临异质性消费者时的跨期定价问题，这些消费者在估值和等待意愿上存在差异。他们首先证明了一般问题中有限周期的循环定价策略的最优性，并提出了一种解决该问题的几何方法。在他们的设定中，一个定价周期内的最佳价格序列不一定是单调的。其次，他们研究了消费者重复购买且可以囤积的问题，并证明在对消费者消费行为的一些假设下重复购买的问题等同于一次性购买的问题。

1.3.2　不考虑盗版内容时 App 平台的营收模式研究现状

平台将流量转化为收益的方式主要分为两种，即向广告商收取广告费或直接向用户收取订阅费（Anderson and Coate，2005；Armstrong，2006；Amaldoss et al.，2021）。在过去的十多年中，众多学者致力于为平台研究合适的营收机制，以便在不同的市场环境中将内容产生的流量转变为收益（Casadesus-Masanell and Zhu，2010；Cheng and Liu，2012；Lee and Tan，2014）。根据平台的收入来源，我们可以将其营收模式分为三类：①收取订阅费，用户支付订阅费成为会员享受平台的增值服务；②插入广告，平台通过在内容中插入广告，向广告商索取收益；③混合模式，既在内容中插入广告，同时又向用户收取订阅费。

Prasad 等（2003）设定平台既投放广告同时又向用户收取费用，并探究了两种收益模式：①少广告高收费；②多广告低收费。用户根据自身对内容的偏好程度选择合适的付费模式。其探索的重点在于平台针对不同的用户设定订阅费和投放广告的数量。本书考虑了平台的三种盈利模式，比较在不同情况下三种模式的优劣性，不仅仅是混合模式。Cheng 和 Liu（2012）、Lee 和 Tan（2014）探究了一种两阶段模型，即试用期。在试用期内所有的内容和功能均免费提供，试用期过后所有内容均需付费。考虑到需求的不确定性和网络外部性，其主要探究提供给用户的免费时长，以吸引更多的用户使用。Kumar 和 Sethi（2009）研究了多阶段的混合模式，探究平台的广告投放数量及订阅费决策。

Amaldoss 等（2021）通过霍特林（Hotelling）模型建立两平台竞争背景，探究平台对广告的投放数量以及向广告商索要的广告价格、向用户收取的订阅费等相关决策，分析竞争背景对平台收益产生的影响。他们提出了纯广告、无广告和付费内容与广告并存三种模式，但是主要分析了付费内容与广告并存的模式，并未对三种模式进行比较分析。此外，在平台占据主导地位时，内容提供者无决策权，内容价格即为创作成本；而且内容提供数量由平台决定，即平台需要多少内容提供者就能够产出多少，这显然与现实不符，弱化了内容提供者的影响。他们更注重广告商，探究广告价格的决策对收益的影响。Zhang 和 Sarvary（2015）将用户视为内容提供者和内容消费者，体现的更多的是移动平台的社交属性，如小红书。其运用霍特林模型分析两个竞争平台如何通过广告投放数量决策来抢夺用户群体实现收益，其中

并未涉及内容质量和创作资金奖励决策问题。在广告拦截背景下，Gritckevich 等
（2021）建立模型探索平台应如何决策平台内容质量和投放广告的数量以规避广告
拦截器的影响，实现最大化的收益。与此相同，我们设定广告盈利模式下平台的边
际广告收益外生固定，且用户效用与广告数量呈负相关。

　　以上文献是对平台营收模式选择的研究，未考虑内容创作资金奖励问题。本
书考虑创作资金奖励决策影响下的平台营收模式选择，丰富关于平台营收模式选
择的研究。

　　Hao 等（2017）和刘浩宇（2021）主要探索移动 App 的盈利结构，即在平台内
植入广告赚取广告收益和用户下载 App 付费，类似于我们提到的混合模式。但是其
研究的重点是平台与 App 开发者之间的收益共享，并非是平台与内容提供者之间，
未考虑平台提供的内容质量或数量对用户的影响，其主要分析订阅费和广告价格以
及收益共享系数的决策。Ji 等（2019）探究的是平台"免费下载 + App 内购买或订
阅"策略。Li 等（2019）考虑了免费增值（freemium）或广告模式，而未考虑将两
者合并研究。Sato（2019）和 Chen 等（2019）探究平台采取"免费下载 + 广告投放"
策略时，广告数量的投放决策。曾润滋（2021）主要探究 App 的"免费 + 付费增值
服务"和"免费 + 广告投放"的产品策略，即低端产品免费获取，高端产品出售或
投放广告。这与我们文章中的混合模式较为相似。此外，其研究的两种营收模式相
互独立，以低端产品收费为基准案例，分析"免费 + 付费/广告"策略的适用情况，
并未对两种模式进行比较分析。关于在线广告收费方式，Asdemir 等（2012）比较
分析了两种比较常见的广告模型——单位流量收益模型和单位点击量收益模型；
Nieborg（2016）探究在移动小游戏中植入购买链接，平台采取 CPM（cost per mile，
每千次展示成本）的方式获取广告收益。代文强等（2022）运用混合整数二阶锥规
划和抽样平均近似两种算法，建模分析平台在采用 CPC（cost per click，每点击成本）
付费模式同时考虑点击率的背景下，关于广告投放的最优策略。Liu 和 Viswanathan
（2013）将单位流量收费和单位点击量收费两种模式融合在一起分析混合广告收费模
式，其探究的重点在于平台与广告商之间的广告质量信息的不对称性，分析平台应
如何选择广告收费模式。

　　以上文献是对广告盈利模式的深化，并未涉及对内容创作激励的研究。与 Liu
和 Viswanathan（2013）的设定相同，在本书的广告盈利模式中，我们采用的是单
位流量收益模型，但是我们的博弈主体并不是广告商和平台，而是平台和内容提
供者，分析平台如何激励内容提供者产出更多的高质量内容；此外，我们不仅考
虑广告盈利模式，还综合比较了广告盈利模式、用户订阅模式、混合模式下的平
台收益，丰富了对平台营收模式的研究，加入了对内容创作激励的探索。

　　关于平台激励内容提供者努力创作的研究，Sun 和 Zhu（2013）通过实证调
查发现通过与内容提供者分享广告收入可以有效地提高内容提供者的创作热情，

使其产出更多的高质量内容和热点新闻。由于广告收入取决于访问该平台并进行消费的活跃用户的数量，Jain 和 Qian（2021）认为平台对内容提供者的激励，可促使其努力创作以提高用户效用，平台通过流量变现来实现收益。其假设平台的边际广告收益外生固定，这与我们的假设一致。但是其假定平台投放的广告数量为 1，不涉及对广告的数量的决策，仅考虑对内容提供者的激励问题。朱星圳等（2023）主要探究了内容提供者与用户生成内容（user generated content，UGC）平台之间的竞争博弈。平台提供给内容提供者的单位流量收益外生固定，内容提供者的努力程度影响内容的产出数量，内容提供者和平台均可单独投放广告来实现收益，二者分别决策在高质量内容和 UGC 中投放的广告数量以追求各自的利益最大化。我们更加关注的是平台与内容提供者之间的创作激励，平台如何激励内容提供者努力创作进而吸引更多的用户。

以往关于平台营收模式的研究（Prasad et al.，2003；Cheng and Liu，2012；Gritckevich et al.，2021 等）通常只考虑平台和用户两个主体，假设内容由平台提供，内容质量或高质量内容数量由平台决定，不考虑内容提供者。实际上这种设置并不合理，其一，内容提供者和 App 平台的目标不一致，其分别追求各自收益最大化，故内容提供者不会完全按照平台的要求努力创作。其二，决策要素不一致，平台根据边际收益和预期用户数量决定创作资金奖励，内容提供者则根据创作成本和创作资金奖励选择最优的努力程度，二者的决策并不总是有助于平台收益的获取，甚至会损害平台收益。因此本书将内容提供者视为决策主体，分析其创作努力决策以及平台的创作资金奖励决策，重视内容提供者的创作努力程度对高质量内容数量以及平台营收模式选择的影响，填补以往研究中的空缺。

综上所述，以上文献的研究局限于创作激励或收益共享的单一决策，不涉及平台营收模式的决策。平台收益以及提供的创作激励与平台营收模式的选择密切相关，所以综合研究考虑内容创作资金奖励决策下的 App 平台营收模式的选择对平台运营具有重要指导意义。

1.3.3　考虑盗版内容时 App 平台营收模式的研究现状

Danaher 等（2016，2020）发现对盗版内容网站实施管控，控制盗版内容的提供者，可以有效地提高合法内容的销量，前提是所有的盗版内容网站同时关闭，但是对社会福利的影响却难以把握，甚至会造成社会福利的损失。这与我们对社会福利的研究结果相似。与之相同的是，Tunca 和 Wu（2013）发现在社交网络中，只针对个人盗版内容的打击会导致商业盗版内容更加兴盛，极大损害了制造商的收益和社会福利。Bae 和 Choi（2006）以及 Jain（2008）发现盗版内容盛行会减少制造商的收入，降低制造商的创造性，导致产品质量下降，其成立的前提是所有的用户对内容质量的偏好程度是内生且相同的，这显然与实际不相符。Cho 和 Ahn（2010）虽然设定用户对内容质量的偏好程度服从两点分布，体现用户的异质性，却得出了与 Jain（2008）一致的结论。我们的假设与 Jones 和 Mendelson（2011）的相同，即用户对内容质量或高质量内容数量的偏好程度是内生的但服从均匀分布；而我们的结论与 Jain（2008）的相反，盗版内容的存在会迫使平台鼓励内容提供者努力创作，通过高质量内容吸引用户来实现收益。以上文献的研究认为盗版内容的存在极大地损害了社会福利和制造商的收益，降低了产品质量。因此众多学者也纷纷展开对数字化产品产权保护策略及相关政策的研究（Conner and Rumelt，1991；Gopal and Sanders，1997；Chen and Png，2003；Chen and Liao，2011）。

Jaisingh（2009）、Lahiri 和 Dey（2012）却发现在某些情形下降低盗版内容管控力度会激励制造商提高产品质量并实现更高的用户剩余和社会福利。我们的研究结论与二者不完全相同，我们发现在某些情形下，盗版内容的盛行损害了平台利益及创作者利益，导致高质量内容大量减少，极大地损害了用户剩余和社会福利。但是其他情况下盗版内容的存在却会迫使平台鼓励内容提供者努力创作，而且提升了整体的用户剩余和社会福利。Gopal 和 Sanders（1997），Wu 和 Chen（2008）认为盗版内容的存在在一定条件下对企业是有利的，企业采取相应的盗版预防措施反而会损害企业的利润，而且随着盗版内容管控力度的加强，会导致企业推送的内容质量下降（Kogan et al.，2013；Jaisingh，2009），甚至会延迟推送高质量内容（Johar et al.，2012）。Bhattacharjee 等（2006）同样认为盗版内容的存在，会激励企业能够在产品质量或线上零售途径上实现突破与创新，Kim 等（2018）认为盗版内容的存在对零售商和制造商都是有利的。

在盗版数字产品的影响下，Guo 和 Meng（2015）探究平台对数字产品价格及产权保护力度的决策。但是其未体现盗版内容的存在对内容质量或数量的影响，更未涉及盗版内容影响下平台对内容提供者的创作激励问题。在网络外部性和盗版内容的影响下，代壮（2016）分析了平台关于产品的定价、质量以及商业模式的选择，但是其未考虑平台对内容提供者的激励问题以及盗版内容的存在对内容提供者努力程度的影响。在盗版内容的背景下，吴丹（2019）研究了平台的定价决策，并比较分析了出售产品和"免费＋增值服务"两种销售模式。Baird 等（2016）探究盗版内容价格对用户关于盗版内容的倾向性以及对用户剩余和社会福利所产生的影响。与之相同，我们也考虑了盗版内容的价格所产生的影响。Dey 等（2019）研究的三个主体包括垄断平台、盗版内容提供者、用户；考虑了两种盗版内容管控因素，即用户采用盗版内容需要承受的处罚以及盗版内容提供者提供盗版内容需要承担的成本，通过这两大因素对盗版内容的管控，探究盗版内容管控对用户和社会福利的影响。高鹏等（2021）引入了免费版基础性内容和付费版内容，探究在盗版内容的影响下，平台对产品质量和产品定价的决策。杨双等（2022）分析在盗版信息产品的威胁下，信息产品提供者是否应该提供免费版本，比较分析提供免费版本（基础功能）和不提供免费版本两种销售模式的优劣以及产品定价。刘静等（2021）探究分析产品提供者本身是否应该采取盗版打击策略。

目前关于盗版数字产品的研究很少会考虑内容提供者主体，通常假设平台提供高质量内容，未涉及盗版内容对平台的创作资金奖励决策的影响。另外，关于盗版内容的影响的研究很少会对其与平台的营收模式进行联合探索，通常只分析一种营收模式（Lahiri and Dey，2012；Dey et al.，2019）。由于平台提供的创作资金奖励与用户流量密切相关，不同营收模式下用户获取信息产品的成本不同导致用户流量不同，而且盗版内容的存在也会抢夺平台用户流量，进而会影响平台的收益。所以在考虑盗版内容的影响下，综合探究平台的创作资金奖励决策和对营收模式的选择具有重要意义，可以填补以往文献的空缺。

综上，与 Dey 等（2019）和高鹏等（2021）的设定相一致，本书考虑了盗版内容的价格所产生的影响。以上文献主要探索盗版内容的影响、盗版内容的管控策略，并未涉及盗版内容对平台的创作资金奖励决策、内容提供者的创作努力程度的影响。

1.3.4　企业预售定价策略研究现状

在过去的几十年里，预售已经引起了学术界的极大兴趣。大量的研究结果已经被提出和发表。提前销售的成功源于航空公司和酒店等服务行业，这些行业的企业会处理易腐产品（Shugan and Xie，2000）。随着提前销售在其他行业的应用越来越广泛，尤其是在在线零售领域，研究人员已经在更普遍的环境中研究提前销售。例如，Shugan 和 Xie（2005）探讨了由消费者对未来消费状态的不确定性所导致的竞争对提前销售的影响。他们认为，在竞争环境中，提前销售可以是一种非常有效的营销工具。Boyacı 和 Özer（2010）研究了通过定价和提前销售进行容量规划的信息获取。他们关注提前销售对需求不确定性的缓解效果。Fay 和 Xie（2010）分析涉及买方不确定性的购买选择的一般经济学原理，并探讨了提前销售和概率销售之间的买方不确定性的差异。Zhao 和 Pang（2011）认为，如果提前销售的定价机制设计得当，需求的不确定性可能会有利于企业。提前促销有助于降低零售商所面临的需求不确定性，但消费者可能不愿在提前促销季节进行购买，除非提供适当的激励措施。Prasad 等（2011）得出结论，如果消费者的预期估值超过了他们的预期盈余，零售商应该提前销售。

Shugan 和 Xie（2000，2004）对预售理论进行了基础分析。Prasad 等（2011）、Li 和 Zhang（2013）研究了当企业使用提前需求信息作为现售期需求信号时，其进行提前销售的收益。Png（1989）、Zhao 和 Stecke（2010）以及 Nasiry 和 Popescu（2012）在消费者具有风险厌恶、损失厌恶和后悔等不同特征时考虑了提前销售。

Gallego 和 Sahin（2006）、Guo（2009）研究了提前销售的取消退款策略。Yu 等（2015b）研究了消费者估值相互依赖和企业能力对预售策略的影响。此外，McCardle 等（2004）、Shugan 和 Xie（2004）讨论了竞争框架下预售的优势。虽然这些研究都从不同的角度对预售进行了研究，但大多数研究都假设消费者是同质的，并且在预售期间具有相同的估值分布，因此预售总是有效的。

　　然而，如果消费者在预售期是异质的，并根据他们自己的消费类型（如商务旅行者和休闲旅行者）形成不同的估值分布，那么预售不能再将所有消费者的不确定估值均化为一个值。在这个前提下，Desiraju 和 Shugan（1999）、Dana（1998）、Lim 和 Tang（2013）、Loginova 等（2017）证明，提前销售仍然可以对企业有利。例如，Desiraju 和 Shugan（1999）考虑了一个由两个细分市场组成的市场，其中一个细分市场对服务的估值高于另一个。然而，消费者在消费前就知道他们自己的价值。企业对每个部分的消费者数量并不清楚。Dana（1998）考虑了两种类型的消费者，高估值和低估值的消费者。他们假设高估值的消费者比低估值的消费者更不确定，并且估值是每个消费者的私人信息。Lim 和 Tang（2013）将消费者分为两类：短视型和前瞻型。短视型消费者会在销售价格低于其估价的情况下提前购买，而前瞻型消费者则会考虑现售期潜在的价格折扣。Loginova 等（2017）的研究表明，当市场由经验丰富和经验不足的消费者组成时，提前销售的价格匹配策略会更好，消费者对自己的估值有不同的认识。与这些文献不同的是，我们假设估值不确定性来自两个不同但相关的方面：产品质量和消费者适合度，这两个方面的信息是公开的，企业和消费者都可以观察到，但消费者健康信息是每个消费者私下观察到的。虽然一些学者采用了消费者评价的二维属性，如 Kwark 等（2017）、Papanastasiou 和 Savva（2017），但 Kwark 等（2017）没有考虑预售，Papanastasiou 和 Savva（2017）只关注动态定价方案，而不关注价格承诺方案。

　　动态定价和价格承诺方面的文章有很多，如 Zhao 和 Pang（2011）比较了动态定价和价格承诺对企业收益的影响，发现价格承诺总是主导动态定价。相反，我们的分析表明，任何一种定价选择都可能是主导选择，这取决于其对企业收益的冲突影响。动态定价给了企业更大的定价灵活性，但也可能降低消费者在前期的购买意愿。Aviv 和 Pazgal（2008）也发现了消费者战略等待的影响，他们通过考虑库存和需求不确定性的影响来研究这两种定价方案。许多现存的研究考虑的情况是，消费者对新产品的质量不确定，但可以在购买后了解真正的质量。先前的文献表明，公司的最优定价变化路径是由高变低还是由低变高，取决于消费者最初是否高估或低估产品的未知质量（Shapiro，1983）和不知情的买家是否愿意接受静态垄断价格（Bergemann and Välimäki，2006）。Chen 和 Jiang（2017）研究了新体验商品的动态定价问题。他们指出，对于那些愿意为产品支付高价的消费者的数量不确定的市场而言，高质量的公司在选择是采用略读定价策略还是采用渗透定价策略时，需要在信号质量和学习消费者分布之间做出权衡。对未来价格水平的承诺可以减轻时间不一致带来的影响。例如，一个销售耐用品的垄断者如果能在每个时期都可信地承诺一个恒定的垄断价格，就可以获得最大的利润（Sobel，1991）。垄断者对其耐用品的未来价格承诺可能会影响消费者延迟购买或储存产品的动机（Dudine et al.，2006）。

1.4　本书主要创新点

本书主要创新点在于深入探讨了数字经济背景下企业在定价策略、App 平台营收模式、预售定价策略等方面的最优管理策略。本书的主要创新点的简述如下。

（1）自愿付费定价策略研究：第 2 章对自愿付费模式下的定价策略进行了深入研究。自愿付费模式是数字经济下新兴的一种收费方式。这种企业定价模式不提供价格，由消费者决定支付的价格。自愿付费模式出现在音乐、游戏等领域。但是自愿付费定价策略为何会存在，以及企业何时会使用，至今在学术界和工业界都是一个有争议的话题。该章通过分析用户的付费意愿、产品差异化以及市场竞争等因素，通过与固定价格定价策略进行对比，解释了自愿付费定价策略存在的合理性。加深了学术界和工业界对自愿付费定价策略的理解。

（2）考虑消费者重复购买行为的循环定价策略研究：第 3 章将重点放在考虑消费者重复购买行为的定价策略上。在数字经济中，维持用户的忠诚度和促进重复购买是企业的关键目标之一。在数字经济下，企业可以收集消费者的历史数据，对消费者进行分类，并观察消费者是否存在重复购买的行为。该章从消费者效用函数出发，研究和解释了用户重复购买行为的原因和决策过程，并针对消费者重复购买行为这一特征，提出了相应的最优的循环定价策略，在最大化企业收益的同时，也激发了用户的购买欲望并提高了用户的重复购买率。

（3）App 平台的营收模式研究：第 4 章和第 5 章在研究 App 平台的营收模式时，特别考虑了盗版内容的存在。盗版内容给数字经济中的创作者和平台都带来了挑战，如何进行创作资金奖励决策和制定有效的营收模式是迫切需要解决的问题。第 4 章和第 5 章通过分析盗版行为的影响和对策，提出了一些创新的创作资金奖励决策和营收模式，以保护创作者的权益并促进创新。

（4）企业预售策略研究：第 6 章研究了数字经济下企业的预售策略。预售策略在数字经济中的重要性日益突出，该章通过深入分析市场需求、用户行为和营销手段，提出了一些创新的预售策略，帮助企业实现对资金的快速筹集和对市场的有效预测。

总的来说，本书的主要创新点在于针对数字经济背景下的企业定价策略进行了深入研究，通过理论模型，提出了一系列最优的定价策略和适用条件。这些创新点不仅拓宽了学术研究的领域，也为企业在数字经济时代使用这些定价策略，并取得竞争优势提供了有益的指导和参考。无论是对于学术界还是业界从业者，本书都具有重要的理论与实践价值，有助于推动数字经济的发展和对它的研究。

1.5　本书的内容及框架

本书主要探讨了数字经济时代企业在定价方面的策略。以下是本书的主要内容和框架的概述。

第 1 章介绍了数字经济时代的背景和相关概念。它解释了为什么定价策略对企业在数字经济中的发展至关重要，并提出了本书的研究目标和方法。

第 2 章讨论了在数字经济中企业使用的一种新的定价策略，即自愿付费定价策略（价格由消费者决定）。该部分内容，通过与传统的企业固定价格定价策略相比，解释了企业使用自愿付费定价策略依然能够盈利的原因。

第 3 章研究了在数字经济中企业考虑消费者策略性重复购买行为下的循环定价策略。通过分析用户行为和购买决策过程，提出了考虑消费者重复购买行为下的最优循环定价策略，在最大化企业收益的同时，可以激发用户的购买欲望并提高用户的重复购买率。

第 4 章研究了在不考虑盗版内容的情况下 App 平台的营收模式和定价策略。通过分析不同营收模式，提出了平台企业应该采用创作资金奖励决策和广告等定价策略，以增加创作者的收益和平台的盈利。

第 5 章在第 4 章的基础上探讨了在考虑盗版内容的情况下，App 平台的营收模式和定价策略。通过分析盗版行为和合作方式等因素，对比了两种创作资金奖励决策和营收模式，提出了平台企业应该采用创作资金奖励决策和广告等定价策略，以保护创作者的权益并鼓励创新。

第 6 章讨论了数字经济时代企业的预订销售定价策略。通过深入分析市场需求、用户行为和营销手段，提出了一些创新的预售策略，帮助企业实现对资金的快速筹集和对市场的有效预测。

第 7 章对全书进行了总结，并且提出了未来可能出现的新的研究方向。

通过以上章节的内容，本书全面地讨论了数字经济下企业定价策略的多样性，并提供了创新的理论和实例。通过详细研究每个主题，读者可以了解到在数字经济时代，企业在不断变化的市场环境和技术进步的背景下，如何选择和制定合适的定价策略。

第 2 章　数字经济下的自愿付费定价策略

2.1　引　　言

数字经济下企业的定价问题变得更加复杂且具有挑战性。首先，数字经济时代，物质和财富的极大丰富使得消费者对产品和服务的需求变得更加个性化和多样化。企业需要去考虑不同消费者群体的需求、偏好和购买力等信息，实现产品或服务的差异化定价和个性化定价，从而满足消费者的需求并提高市场竞争力。其次，数字经济下，企业可以通过各种渠道收集大量的消费者和市场数据等，使企业拥有更精确的消费者画像，这些信息都可以支持企业进行更加精确的定价决策。通过分析消费者行为数据、市场趋势、竞争对手定价策略等信息，企业可以制定更加准确和有针对性的定价策略，提高反应速度和市场占有率。数字经济带来了新兴的商业模式，如共享经济、订阅模式和平台经济等。这些模式的定价方法和策略与传统的有所不同，需要企业重新思考定价模型和策略，以适应新的商业环境和竞争格局。

我们知道，产品或服务的定价通常是企业的重要决策。在销售的过程中，企业总是希望向消费者收取尽可能高的价格，但消费者总是希望支付尽可能低的价格，这就是每一笔商业交易中的潜在的冲突。也正是因为如此，消费者总是抱怨企业制定的价格过高。因此，当摇滚乐队电台司令（Radiohead）在 2007 年 10 月 9 日宣布，将让歌迷自行决定下载新专辑《彩虹里》（*In Rainbows*）的价格时，立即引起了媒体的关注，也引起了市场上企业和消费者的讨论。这种新颖的自愿付费定价策略，让乐队不必为专辑价格而烦恼，歌迷也没有什么可抱怨的。在目前的市场上，一些企业也开始使用这种新的定价策略，我们称之为自愿付费定价策略（Chen et al.，2017）。

2.2　自愿付费定价策略介绍

自愿付费，等同于按需付费（pay-what-you-want，PWYW），其实对消费者而言，并不是一种陌生的定价策略。要了解自愿付费定价策略，我们首先要了解什么是支付意愿。

在经济学中，我们通常用 WTP（willing to pay）来表示支付意愿。支付意愿是指消费者愿意为某种产品或服务支付的价格。支付意愿是消费者购买决策的核心因素之一，对企业制定定价策略和明确市场定位至关重要。具体一点讲，就是消费者对某种产品、服务或设施愿意支付的最高的金钱数量。支付意愿通常用于测量消费者对商品、服务和社会公共产品的估价，如环境友好产品、有追溯信息的产品、有机产品、社会公共设施的建设、社会公共系统的建设等。支付意愿也被经济学家、心理学家和市场研究者用来评估对商品和服务的需求及其最优市场价格。支付意愿一般包括两部分，一是在心理上是否愿意付费，这是普遍性的问题，二是在经济上到底愿意付多少，在各种状况下愿意支付金钱的上限。支付意愿的大小反映了人们对非市场物品的偏好程度，以及对非市场物品价值的认可程度。支付意愿通常是使用支付意愿调查价值评估法（value evaluation method for willingness to pay survey）来获得的。就具体操作而言，支付意愿调查价值评估法包括问卷调查、实验室实验、控制实验等。

自愿付费定价策略则是指消费者有权力决定是否以及支付多少费用来获取特定产品或服务。在自愿付费模式下，企业通常提供一定的产品或内容，并使消费者根据意愿进行付费。这种模式常见于数字内容领域，如音乐、电影、软件、游戏和新闻等。企业提供一部分免费的内容或功能，同时给予消费者选择是否支付费用以获得更多高级或特殊的内容或服务。与传统的固定价格定价策略（fixed pricing，FP）不同，自愿付费定价策略给了消费者选择支付金额的自由。除了作为价格歧视手段的基本作用外，自愿付费定价策略还产生了广告效应，为企业省去了计算出适当价格的麻烦。已经有报道称自愿付费定价策略在餐饮和数码产品等行业得到了成功应用。

英国摇滚乐队 Radiohead 在 2007 年针对其新发行的专辑 In Rainbows 采用了自愿付费模式。他们在该专辑的发布中采取的这种非传统的方法，允许消费者自由选择支付任意金额来获取这张专辑。在该模式下，Radiohead 提供了 In Rainbows 专辑的数字下载功能，消费者可以在指定的时间段（2007 年 10 月 10 日至 12 月 10 日）根据自己的意愿选择支付多少费用，甚至可以选择免费下载。这一决策引起了广泛的关注和讨论，并被视为对传统音乐产业模式的一种突破。通过这种自愿付费模式，Radiohead 试图与粉丝建立更紧密的联系，同时通过直接与消费者互动，了解他们对音乐的真正价值感受。这一实验性的付费模式在当时引起了广泛关注和争议，一方面，许多人认为这是一种创新的方式，能够提高音乐的可及性，并让消费者有更多的选择和控制权。另一方面，也有人担心这一模式会减少消费者对音乐的实际付费和音乐家的收入。

除此之外，2009 年 10 月，独立游戏开发商 2D Boy 宣布他们的游戏《粘粘世界》（World of Goo）采用自愿付费模式。他们允许玩家以他们喜欢的任意价格购买这款游戏。在这个模式下，2D Boy 提供了数字下载版的 World of Goo，并给玩家提供了可以自由选择支付任意金额的选项。这意味着玩家可以根据自己的意愿和评估，选择支付适当的价格，甚至选择免费获取游戏。他们后来在博客上公布了详细的销售结果（表 2-1）。根据这些数据进行计算，总利润约为 134 355①美元。但其实，自愿付费并不是新出现的定价策略。长久以来，街头音乐家和艺术家常常利用自愿付费模式来谋生。他们通过在公共场所表演音乐、舞蹈、绘画等艺术形式，向路过的观众展示自己的才华，并鼓励观众根据自己的意愿进行付费或捐赠。类似的自愿付费模式也在博物馆和其他非营利组织中应用。例如，纽约大都会艺术博物馆通常提供给游客自愿支付入场费的选项，让游客根据自身的意愿和财务能力，支付他们认为合适的金额。这种模式旨在提供更加包容和灵活的参观体验，同时也为那些经济上困难的人提供了参观文化艺术场所的机会。在街头拉小提琴的音乐家会在他面前摆一个空着的小提琴盒，然后演奏音乐。路过的观众可以根据自己对音乐表演的享受程度、音乐家的才华和表现，以及自身的经济能力，决定给予多少费用。像这样的企业把定价的权利让给了消费者的例子还有很多，详细可见 Chen 等（2017）。

表 2-1　2D Boy 的自愿付费模式的销售业绩摘要

支付的金额/美元	消费者的人数/人
0.01	16 852
0.5	6 483
1.5	15 797
2.5	3 818
3.5	1 949
4.5	763
5.5	7 347
6.5	219
7.5	420
8.5	254
9.5	92
10.5	2 154
11.5	26
12.5	67
13.5	27
14.5	27
15.5	352

① 据原始数据计算所得。

续表

支付的金额/美元	消费者的人数/人
16.5	12
17.5	3
18.5	10
19.5	13
20.5	306
22.5	18
27.5	39
32.5	18
37.5	2
42.5	4
47.5	0
50	4

相比于传统的固定价格定价策略,自愿付费定价策略一直在学术界和业界有很大的争议。其争议来源于,大众普遍认为如果消费者是理性的,消费者就不会支付任何金额给企业,因为消费者不付费也可以获得该产品或服务。但是现实中的例子显示,依然有很多企业使用了自愿付费定价策略并获利了。

接下来,本章将会分析自愿付费这种定价策略,介绍这种定价策略的具体案例、模型、如何运营以及在哪些方面可以进行实践,并且用经济学模型来解释即使所有消费者都是理性的,自愿付费定价策略依然有可能比固定价格定价策略收益更高的内在机理。

2.3 自愿付费定价策略案例

在独立游戏 *World of Goo* 的销售过程中,假设消费者支付的金额与他们对游戏的评价完全一致(换句话说,他们的支付反映了他们在固定价格定价策略下可以接受的最高价格水平),我们可以进一步比较在自愿付费定价策略下获得的利润和在固定价格定价策略下获得的利润。考虑 2D Boy 为游戏设定的三个价格:2.49 美元、9.99 美元和 14.99 美元,并将利润计算为价格与估值高于相应价格水平的消费者数量的乘积。同一组消费者的利润分别是 44 680 美元、11 707 美元和 7 816 美元[①]。有趣的是,不考虑广告和消费者的新奇感的影响,无论游戏开发商收取的是折扣

---

① 均据原始数据计算所得。

价（2.49 美元）、标准价（9.99 美元）还是溢价（14.99 美元），它所获得的利润都会大大低于自愿付费定价策略的利润。考虑到单笔交易只是消费者和企业之间的零和游戏，假设没有规定最低价格，为什么有些消费者会选择大于零的支付金额？根据附带的关于消费者选择支付金额的原因的调查，从回答的摘要中可以看出，最常见的两个原因是：①这是消费者目前能负担得起的；②消费者喜欢自愿付费的支付模式，并希望支持它。这一反馈表明，部分消费者是从理性型消费者的角度来选择付款的，也就是说，考虑到他们在自愿付费定价策略下可以享受的长期利益。在文献中，这种非理性的行为（即消费者在可以选择任意金额的情况下进行正向支付），大多是从行为学的角度来解释的，如出于消费者对公平的关注或对社会责任的考虑。在本章中，我们从经济学的角度出发，分析企业和消费者都偏爱自愿付费模式而不是固定价格模式的原因。我们假设消费者是理性的，他们的行为是出于自身利益，而不存在公平性等行为因素。在这些情况下，与固定价格模式相比，自愿付费模式是可行的，或者说只有当它能实现双赢时才是可持续的，即企业可以获得更高的利润，同时，消费者也获得更高的经济回报。利用一个标准化的模型，我们阐述了以下问题：是什么驱使企业采用自愿付费支付方式，是什么因素决定了自愿付费定价策略下消费者的支付？自愿付费支付方式与传统的固定价格支付方式相比表现如何？

2.4　相关研究

本章中，我们回顾各种新型的定价策略，其中部分定价策略与自愿付费定价策略相似。和自愿付费定价策略最相似是反向定价策略，也称为 NYOP 策略。该策略由 Priceline 首创并且推广，NYOP 策略允许消费者报出自己的价格，然后由企业接受或拒绝，竞价过程可以重复几轮。与自愿付费模式相似，在 NYOP 策略下，企业可以以不同的价格将产品卖给消费者，假设消费者是理性的，那么他们支付的价格永远不会超过备选的固定价格。然而反向定价和自愿付费的一个显著区别是，在反向定价策略下，企业保留拒绝出价的权利，在之前竞价过程中失败的消费者可以重新提交新的出价。这使得反向定价的行为更像一场拍卖，在拍卖中，出价的消费者相互竞争有限的资源，企业可以动态地做出分配决定。Chernev（2003）所设计的实验表明，受到缺乏现成的参考价格范围的负面影响，消费者可能更喜欢价格选择而不是价格生成。Hann 和 Terwiesch（2003）在从一个反向定价在线零售商那里收集的数据中重建了摩擦成本参数（定义为消费者在进行在线交易时获得的负效用），并证明了电子市场的摩擦成本是巨大的。Spann 等（2004）提出并实证检验了分析模型，这些模型被用来同时估计基于消费者竞价行为的 WTP 和摩擦成本。Spann 和 Tellis（2006）的研究表明，大多数反向定价的竞价序列与理性价格最小化消费者的经济模型的预测不一致。Fay（2004）研究了竞价结构如何影响企业的利润。他首先证明了单次出价和重复出价策略将产生相同的预期利润，其次研究了部分重复出价的影响，这是由精明的消费者秘密重新出价造成的。他发现，重复出价对企业利润的影响是混合的，该影响进一步取决于与出价有关的交易成本。Fay（2009）考虑了两个零售商之间的双寡头垄断博弈，其中零售商可以使用挂牌价格机制或反向定价机制。结果表明，反向定价机制可以缓和价格竞争。Fay 和 Laran（2009）使用一个分析模型和实验室拍卖来探讨阈值价格（定义为企业愿意出售的最低价格）的变化频率如何影响反向定价拍卖中的消费者竞价行为。他认为，如果消费者足够地不耐烦，并且预期的变化概率处于中等水平，那么放弃竞价可能是最优的。Shapiro 和 Zillante（2009）通过实验研究了反向定价机制的盈利能力，并与挂牌价格机制进行了比较。他们认为，反向定价是否能提高利润取决于信息是否对称。Terwiesch 等（2005）研究了反向定价策略下零售商的最佳门槛价格的设置问题。Hinz 等（2011）证明了采用一个自适应的阈值价格可以在不降低消费者满意度的情况下大幅提高利润。Joo 等（2012）认为反向定价策略的拍卖的储存率对消费者的讨价还价的决策和出价函数的形状有正向的影响。Chen 等（2017）指出，在现实生活中，自愿付费的应用引发了许多问题。首先，很多人认为自愿付费只能使边际成本为零或边际成本较低的行业盈利，然而在像餐饮行业这种边际成本较大的行业，自愿付费也有应用。据报道，伦敦的 Just Around the Corner 餐厅在自愿付费定价机制下经营了二十多年；盐湖城的 One World Café 也是这样一家生意兴隆的餐厅。在世界其他地方也有类似的例子。那么，继而有一个更深层次的问题，即如何确定边际成本在衡量自愿付费定价机制和按需收费定价机制哪个会产生更高的利润时的作用。其次，消费者在自愿付费的定价模式中如何发挥作用以获得盈余？最后，是在竞争更激烈的行业还是在竞争不那么激烈的行业中，使用自愿付费机制会更好？Chen 等（2017）在其研究中进一步解答了这些问题。

　　已经有学者分析了自愿付费背后的动机。Kim 等（2009）通过实地调研对自愿付费定价策略进行了检验。Gneezy 等（2010）观察四种情况下的消费者行为：①固定价格；②一半用于慈善的固定价格；③自愿付费；④一半用于慈善的自愿付费。Chen 等（2017）确定了有助于自愿付费盈利的三个关键因素：公平和慷慨的消费者，足够小的边际成本，以及高度竞争的市场。Gneezy 等（2012）通过三个现场实验证明，出于对身份和自我形象的考虑，较少的消费者选择在自愿付费定价策略下进行购买。

　　在建模方面，与本章最接近的工作是 Mak 等（2012）的研究。他们从自利和长期的角度考虑了自愿付费定价策略，并建立了一个无限重复博弈的模型。当自愿付费定价策略的利润没有达到预先设定的目标时，企业会在一定的时间内切换回固定价格定价策略作为惩罚。他们推导出了在自愿付费定价策略下维持均衡的条件，并提出了几个避免失败的协调机制。在我们的模型中，消费者是具有前瞻性的，并出于自身利益而行动。然而，我们的重点不是构建和描述重复博弈下的均衡，而是讨论与固定价格定价策略相比，自愿付费定价策略的相对表现。我们使用一个模型明确地描述利润，并对消费者支付习惯的多样化和产品边际成本的影响等问题进行了分析。

考虑一个边际成本为零且没有产能限制的垄断企业。市场规模归一化为 1。假设市场中消费者的支付意愿 w 服从一个随机分布，其概率密度函数为 $f(\cdot)$，累积分布函数为 $F(\cdot)$。企业可以选择两种定价方案：自愿付费定价策略和固定价格定价策略。在固定价格定价策略下，企业将其价格设定为 p_F。为了便于分析，我们假设利润函数为 $\pi_F = p_F(1 - F(p_F))$，是关于 p_F 的凹函数。因此，在固定价格定价策略下，最优价格表示为 p_F^*，等价于 $\arg\max_{p_F}[p_F(1 - F(p_F))]$，最优利润为 $\pi_F^* = p_F^*\left(1 - F\left(p_F^*\right)\right)$。

在自愿付费定价策略下，消费者可以自主选择付款金额。我们假设所有的消费者都是理性的，并且都是具有前瞻性的。也就是说，他们是根据长期回报而不是单笔交易的短期回报来选择他们的自愿付费定价策略进行支付的。更具体地说，我们假设自愿付费定价策略下消费者的付款金额是根据一种多轮的试错过程确定的，该过程可能会重复几轮，直到满足其中一个停止条件：所有消费者从零付款开始，并根据特殊的付款增量函数增加付款。这里的付款增量函数可以理解成消费者的支付习惯。在每一轮的试验中，在所有消费者提交付款后，企业将自愿付费定价策略下的利润与预先设定的目标利润进行比较，目标利润用 $\hat{\pi}$ 表示。如果自愿付费定价策略下的利润超过目标利润，企业将停止这种试错的过程，采用自愿付费定价策略；否则，该过程将重复，企业反复进行试错试验。因为消费者是自利的和理性的，所以当所有消费者都达到支付上限时，这个过程也会在消费者侧停止。因为消费者无法支付超过他们支付上限的金额。支付上限被确定为 p_F 和 w 两项中较小的一项。也就是说，消费者不会支付超过它或替代固定价格的费用。更具体地说，如果消费者也在固定价格定价策略下购买产品，则上限是 p_F；如果消费者不在固定价格定价策略下购买，则上限是 w。当试错过程停止时，如果自愿付费定价策略下的当前利润仍未达到 $\hat{\pi}$，企业就会采用固定价格定价策略。综上所述，上述试错过程的结果决定企业是采用自愿付费定价策略还是采用固定价格定价策略。

2.5 自愿付费定价策略盈利的机理

基于上述试错过程，消费者的最终付款不仅取决于他自己，还取决于其他消费者的付款和企业的目标利润。我们首先设计了几个用来衡量自愿付费定价策略的表现的性能指标。

命题 2.1　假设企业在固定价格定价策略下将其价格设定为 p_F^*。用 $\overline{\pi}_P$ 表示在自愿付费定价策略下获得的利润的上限。

$$\overline{\pi}_P = p_F^*\left(1 - F\left(p_F^*\right)\right) + \int_0^{p_F^*} xf(x)\mathrm{d}x \tag{2.1}$$

证明　消费者的付款以他的支付意愿和 p_F^* 中较小者为上限。因此，式（2.1）表示企业可以从市场中获得的最高可能利润，当企业将其目标利润设定为

$$p_F^*\left(1 - F\left(p_F^*\right)\right) + \int_0^{p_F^*} xf(x)\mathrm{d}x \tag{2.2}$$

时。证毕。

与在固定价格定价策略下获得的最优利润 π_F^* 相比，式（2.1）中的利润包含了一个附加项 $\int_0^{p_F^*} xf(x)\mathrm{d}x$，该项是以 $w < p_F^*$ 为条件的消费者支付意愿的部分期望。这部分额外利润来自那些在 p_F^* 下不会购买的消费者。因此，我们可以看到自愿付费定价策略的一个好处是，它可以通过近似一级价格歧视（first-degree price discrimination，FDPD）来提高利润，它向每个消费者收取其最高的支付意愿。自愿付费定价策略将支付金额的选择自由留给了消费者，从而避免了价格歧视可能引起的消费者对抗（Anderson and Simester，2010）。很明显，在一级价格歧视下得到的利润为 $\int_0^{\infty} xf(x)\mathrm{d}x$。因此，我们可以将自愿付费定价策略与一级价格歧视的近似程度定义为两种利润的比值：

$$\frac{\mathrm{PAYW}}{\mathrm{FDPD}} = \frac{p_F^*\left(1 - F\left(p_F^*\right)\right) + \int_0^{p_F^*} xf(x)\mathrm{d}x}{\int_0^{\infty} xf(x)\mathrm{d}x} \tag{2.3}$$

假设企业不一定将 p_F 设为 p_F^*，如当缺乏市场信息或竞争时。在这种情况下，利润提高率为

$$\frac{\mathrm{PAYW} - \mathrm{FP}}{\mathrm{FP}} = \frac{\int_0^{p_F} xf(x)\mathrm{d}x}{p_F(1 - F(p_F))} \tag{2.4}$$

命题 2.2　当 $p_F > p_F^*$ 时，提高率关于 p 是不减的。

证明　我们知道 $p_F(1 - F(p_F))$ 在 p_F 中是凹的，这意味当 $p_F > p_F^*$ 时，它关于

p_F 是不增加的。给定部分期望 $\int_0^{p_F^*} xf(x)\mathrm{d}x$，很明显其关于 p_F 是不减的。证毕。

$p_F > p_F^*$ 的条件对应于企业倾向于定价过高或采用溢价定价策略的情况。命题 2.2 表明，从固定价格定价策略转换为自愿付费定价策略的利润提高率随着定价过高程度的增大而增大。

例 2.1 考虑一个简单的数值示例。假设消费者支付意愿服从 $[0, a]$ 上的均匀分布，其中 a 是一个正的常数。因此，$p_F^* = a/2$ 和 $\pi_F^* = a/4$。在自愿付费定价策略下，很容易推导出最大利润是 $3a/8$。因此，自愿付费定价策略实现了 50% 的利润提升。考虑到一级价格歧视的利润是 $a/2$，则近似程度是 75%。当价格没有被设置到最佳水平时，我们可以推导出自愿付费定价策略下提高率的表达式为 $p_F/2(1-p_F)$，随着 p_F 从 0 变化到 a，该比率从 0 单调地增大到 ∞。

2.5.1 消费者付款的多种模式

命题 2.1 给出了自愿付费定价策略下利润的（可行的）上界。当企业获得最高利润时，所有的消费者都会购买，每个消费者支付的金额等于他的付款上限。假设该付款增量是连续的，企业应该能够实现零到最高利润之间的任何利润。现在剩下的问题是，如果目标利润低于最高利润，每个消费者将支付多少钱，或者说，支付分散是怎样的。在下面的分析中，我们将展示支付增量函数如何影响支付分散。

为了说明目的，我们考虑了两种特定的线性形式的支付增量函数：比例和固定。在付款增量是按比例的情况下，消费者以与支付意愿成比例的方式增加付款（注意，不是与付款上限成比例）。在这种情况下，高支付意愿消费者比低支付意愿消费者支付更多，并率先达到 p_F^*，然后增量过程停止。设 α 为付款（未封顶）与消费者支付意愿的比率。因此消费者的实际付款是 $\min\{\alpha w, p_F^*\}$。如果企业的目标利润等于 $\hat{\pi}$，则 α 可以作为式（2.5）的解推导出来：

$$\hat{\pi} = \alpha \int_0^{p_F^*} xf(x)\mathrm{d}x + p_F^*\left(1 - F\left(\frac{p_F^*}{\alpha}\right)\right) \tag{2.5}$$

总利润包括两项。第一项对应于从支付水平尚未达到 p_F^* 的消费者那里获得的利润，第二项对应于从支付水平已经达到 p_F^* 的消费者那里获得的利润。

对于固定的付款增量，我们假设所有消费者以相同的速率增加付款，而不管他们的支付意愿如何。因此，对于给定的目标利润 $\hat{\pi}$，最终价格（不封顶，用 p_P 表示）满足：

$$\hat{\pi} = p_P(1 - F(p_P)) + \int_0^{p_P} xf(x)\mathrm{d}x \tag{2.6}$$

支付意愿低于 p_P 的消费者支付与他们的支付意愿相等的金额；支付意愿不低于 p_P 的消费者支付 p_P。

2.5.2　边际成本非零的情况

在前面的分析中，自愿付费定价策略的性能总是优于固定价格定价策略。一个重要的原因是零边际成本的假设。当边际成本不可忽略时，自愿付费定价策略可能导致企业因为低付款的消费者而赔钱，从而导致比固定价格定价策略更低的利润。

设自愿付费定价策略和固定价格定价策略下的边际成本均为正常数，用 c 表示。固定价格定价策略在价格 p_F 下的利润为 $\pi_F = (p_F - c)(1 - F(p_F))$。我们仍然假设 π_F 在 p_F 中是凹的，并推导出最优固定价格为 $p_F^* = \arg_{p_F} \max \pi_F$。给定 π_F 在 p_F 和 c 中的超模性，p_F^* 作为 c 的函数，关于 c 是递增的。

自愿付费定价策略下的最高利润是（假设企业仍然在固定价格定价策略下的定价最优）

$$\bar{\pi}_P = \left(p_F^* - c\right)\left(1 - F\left(p_F^*\right)\right) + \int_0^{p_F^*} (x - c)f(x)\mathrm{d}x \qquad (2.7)$$

显然，从支付等于支付意愿的消费者那里获得的利润 $\int_0^{p_F^*} (x-c)f(x)\mathrm{d}x$ 并不一定是正的，它的符号决定了自愿付费定价策略与固定价格定价策略的相对表现。因为 p_F^* 是 c 的函数，我们可以得到下面的式子：

$$\frac{\partial\left(\bar{\pi}_P - \pi_F^*\right)}{\partial c} = \frac{\left(p_F^* - c\right)f^2\left(p_F^*\right)}{\left(c - p_F^*\right)\dfrac{\partial f\left(p_F^*\right)}{\partial p_F^*} - 2f\left(p_F^*\right)} - F\left(p_F^*\right) \qquad (2.8)$$

利润提高程度可以随着 c 的增大而增大，也可以随着 c 的增大而减小。自愿付费定价策略下低付款导致的利润损失的一个可能的解决方案是设定一个最低价格。然而，这种修改后的现收现付策略虽然在经济上是合理的，但可能会改变消费者对自愿付费定价策略的看法，造成意想不到的负面影响。

以 2.3 节中提到的游戏销售自愿付费定价策略实验为例。假设在 {2.49 美元，9.99 美元，14.99 美元} 中选择固定价格定价策略，c 为 0.5 美元或 1 美元。固定价格定价策略下的最优利润是 35 708 美元（$p_F = 2.49$，$c = 0.5$）和 27 707 美元（$p_F = 9.99$，$c = 1$），自愿付费定价策略下的利润是 43 286 美元（$c = 0.5$）和 14 748 美元（$c = 1$）[①]。在这个具体的例子中，当 c 从 0.5 美元增大到 1 美元时，游戏开发者的

---

① 此处数据均据原始数据计算所得。

最优定价策略从自愿付费定价策略切换到固定价格定价策略，p_F^* 从 2.49 美元提高到 9.99 美元。

2.6　本　章　小　结

本章提出了一个简单的重复博弈模型来描述自愿付费定价策略下理性消费者的付款选择，从而揭示企业能盈利的机理。我们发现自愿付费定价策略下的利润有可能逼近一级价格歧视，从而证明自愿付费定价策略对提高企业的利润具有巨大的潜力。我们还对自愿付费定价策略下的消费者支付行为的多样性和考虑产品边际成本的拓展模型进行了分析。

考虑到本章的目的是展示自愿付费定价策略的经济意义，我们施加了几个简化的假设以方便我们的分析。例如，企业和消费者之间存在长期重复的博弈过程，以及消费者是有远见的，是具有前瞻性的。这些限制可以放宽，以便进行更广泛的讨论。例如，现实世界的企业可能会面对短视的和有远见的消费者。对于理性的前瞻型消费者，他们可能在诸如初始付款、信息集、购买频率等维度上是多元化的，他们也可能具有动态而非静态的支付习惯。在企业方面，当受到产品的库存约束或者服务水平的限制时，企业可能会采用更具操作性和动态性的库存分配策略或者服务水平配置策略。上述所有因素都可能影响自愿付费定价策略的性能，从而影响其可持续性。所得的分析结果可以用实际的销售数据进一步检验和校准。

第 3 章　数字经济下企业的循环定价策略

3.1　引　　言

传统的文献通常假设消费者对产品或服务的支付意愿不随时间发生变化。但是其实并不准确，现实生活中，消费者对产品或服务的估值会随时间的推移而发生变化。消费者对产品的估值的变化可能是由诸如天气状况的波动等外在因素造成的，也可能是由内生原因导致的。最经典的例子就是边际效用递减原理。同样是一块蛋糕，当你饥饿时和吃饱时，这块蛋糕对你的效用是不同的，同样你对这块蛋糕的估值或者支付意愿与你的饱腹感是相关的。这方面的例子多见于效用理论中有关内在影响的文献（Loewenstein，1996，2000），其中内在影响包括了饥饿、口渴、情绪和情感等驱动状态。这些内在的驱动状态影响了消费者的行为。例如，消费者饥饿后会购买食物，然后饱腹后会停止购买食物，但是过段时间，消费者又会感到饥饿，又会继续购买食物。这样的行为被认为是消费者重复购买行为的内在原因（Frederick et al.，2002；Ailawadi and Neslin，1998；Caminal，2005；Hartmann，2006）。消费的相互依赖性主要是由于消费可能产生一种短暂的满足感，随后消费者的估值将暂时下降。因此，这种消费的相互依赖性会影响消费者做出跨期决策，通俗而言就是消费者的重复购买行为。我们在下文中对"跨期"和"重复购买"有时候混合使用，但是表达的含义是相同的。

重复购买行为是一种普遍现象，经常出现在服务和消费品上。与一次性购买行为相比，重复购买行为通常是在更长的时间范围内进行的，并且鉴于上述消费的相互依赖性的存在，消费者遵循的决策过程与一次性购买决策过程大不相同。具有重复购买行为的消费者通常需要决策购买时间（或频率）和购买数量来最大化其长期的效用。最优重复购买计划可以通过考虑消费者自身需求和价格变化路径来确定。例如，当消费者认为该产品或服务的现行价格过高，且并不迫切需要该产品时，他们可以选择推迟购买。消费者也可以提前购买，以便在产品打折时策略性地储存，比如，许多消费者在超市商品打折的时候，会囤积米面、卷纸或者洗衣液。消费者会有意根据超市商品的价格波动，策略性地决策自己的购买时间和购买数量。此外，消费者的重复购买计划也受制于消费者估值的演变，如前所述，消费者的估值受外生因素和内生决策的影响。如果消费者急需该产品，即使产品现行价格很贵，他也会购买。

意识到上述消费者具有满足感驱动的重复购买行为，企业应该如何设计他们的多阶段定价策略来应对？正如大量关于多阶段定价的文献所指出的（Conlisk et al.，1984；Stokey，1979，1981；Varian，1980），多阶段价格歧视的一个基本作用是在时间上划分高边际收益和低边际收益的消费者，这样企业就可以在不失去低边际收益消费者的需求的同时，从高边际收益消费者那里获得更多的利润。然而，由于具有重复购买行为的消费者可以策略性地选择他们的购买时间（如他们可以提前、推迟或合并这两项购买决策），多阶段定价策略的有效性就会受到影响，需要审查多阶段定价策略的有效性。例如，定期促销是企业以折扣价格处理库存的一种常见手段。一些大的超市，会通过对产品打折，将库存销售给低支付意愿但有耐心的消费者，然后期望在产品以正常价格销售的时候，将产品销售给高支付意愿并且没有耐心的消费者。然而，这种折扣销售策略是否能成功，还依赖于高支付意愿消费者的反应。如果高支付意愿的消费者也知道促销活动，并且愿意提前或推迟购买以配合促销活动，那么定期促销策略必然会变得不那么有效。这个问题已经引起了许多学者的注意，但目前大多数学者研究的问题都是基于一次性购买的背景（Conlisk et al.，1984；Hendel and Nevo，2012；Stokey，1979；Su，2010）。

消费者具有受到内在满足感驱动的重复购买行为成为企业进行多阶段定价策略制定的额外的复杂因素。对企业而言，一个合适的定价策略不仅要达到细分不同消费者群的目的，最好还要与消费者的满足感演变同步，从而可以获得更高的利润。例如，当考虑到消费者的满足感时，通过折扣策略过度囤货的消费者（即消费者一次性囤积太多的产品在家里）可能会延长其购买周期，使企业每单位产品的平均利润下降，从而导致总利润降低。

本章有两个主要目标。首先，我们从消费者的效用出发，建立一个效用函数用以刻画消费者的重复购买行为是如何受到满足感影响的。在这个函数中，消费者的重复购买行为是由他们不断变化的支付意愿内生驱动的，这些支付意愿来源于对产品或服务短暂的满足感。消费者的满足感通过购买而增强，并在购买过程中逐渐减弱。我们假设消费者是完全理性并且具有前瞻性的，他们在估计自身对产品支付意愿周期变化的同时，也优化他们的多阶段购买计划，以最大化无限期的平均回报。我们这里提到的回报是指，每次购买时，消费者对产品的支付意愿与现行价格之间的差额。如果购买时，消费者的产品支付意愿高，而现行价格低，则消费者可以获得较多的回报，反之，消费者将获得较少回报。因此，上述内生过程体现了具有重复购买行为的消费者在多阶段购买之间的相互依赖性，也就是说，"一个人目前的满足感取决于消费者在以前的时期消费了多少"（Frederick et al.，2002）。另外，该分析框架可以帮助企业进行定价策略的讨论。垄断的企业可以对具有重复购买行为的异质性消费者实施跨期的价格歧视。我们构建了一个简单的模型，其中市场中存在着两类具有不同支付意愿的消费者，企业采用循环定价策略。其中循环定价策略是指产品的指导价格和折扣价格循环使用。我们推导出两类消费者的最优重复购买计划，包括在一个定价周期内消费者何时购买及购买多少，以及企业的最优定价策略。我们证明，企业的循环定价策略，包括周期长度和周期内采用的价格，取决于市场构成以及消费者的满足感和消费者的评价之间的映射函数。结果表明，对于一类映射函数，企业获得的利润与企业采取多阶段价格保持不变的固定价格定价策略下的利润相同。本书发现，企业只有对消费者的满足感驱动的重复购买行为有一个深入的理解，才能够设计出一个有效的跨期定价策略。如果忽视了消费者的重复购买行为，企业的循环定价策略将失去效果。

3.2　相 关 研 究

本章回顾了对消费者具有重复购买行为的定价问题的研究。这类问题在经济学和营销学领域非常重要。

我们遵循以往文献中的假设，即购买可以产生短暂的满足感，从而导致消费者的估值暂时下降。在连续的购买之间，满足感会逐渐减弱，而估值会恢复。消费者估值的波动进而推动了消费者的重复购买行为。我们描述了消费者在循环定价环境下的最优采购计划。然后，考虑到消费者在估值动态中的异质性，我们推导出企业的最佳定价策略。

本章还通过推导在受满足感驱动的重复购买的情况下的最优定价策略，扩展了对跨期价格歧视的研究。Stokey（1979）考虑一个垄断企业在有限的时间内销售一种新产品，并探讨了企业实施跨期价格歧视的动机。消费者知道企业的定价路径。研究发现，跨期价格歧视是否有利可图与生产成本以及消费者的耐心与保留价格之间的关系密切相关。Stokey（1981）在理性预期均衡（rational expectation equilibrium，REE）框架下进行了进一步的讨论。Conlisk 等（1984）考虑了垄断销售商服务两种不同预订价格的消费者时的循环定价策略。他们认为，以定期销售的形式实施的跨期价格歧视可以通过低保留价格吸引消费者，同时仍然从高保留价格的消费者那里赚取更高的利润来获利。Varian（1980）考虑了一个具有时间价格离散特征的模型。他认为，在竞争环境下，商店采取随机定价策略是最优的，并推导出其明确形式。Sobel（1984）将讨论扩展到寡头垄断的情况，并讨论了销售的最佳时机。Landsberger 和 Meilijson（1985）认为，如果消费者的时间折扣率高于生产者，那么跨期价格歧视就构成了企业的最优定价策略。Pesendorfer（2002）根据描述性数据分析，确定了需求积累效应的存在，即自上次销售以来，以低价购买的单位数量增加。他还发现，需求积累效应只存在于低价需求，并且受到竞争的影响。Villas-Boas（2004）认为，当垄断企业能够识别以前的消费者时，公司在均衡中将对新消费者和以前的消费者收取不同的费用。在这种情况下，企业赚取的利润较少，因为策略消费者也意识到了由消费者识别导致的多收费。Lazear（1986）探讨了商品的异质性、消费者的偏好和搜索成本导致价格下降的路径。Nocke 和 Peitz（2007）建立了一个需求不确定性下的跨期垄断定价模型。在低销售价格的配给下，清仓销售可能是最优的跨期销售策略。Hendel 和 Nevo（2012）研究了可能存在消费者囤积现象的跨期价格歧视问题。Su（2010）解决了一个与库存相关的类似问题。Heidhues 和 Köszegi（2014）讨论了垄断企业应该如何采用可变的销售价格来利用消费者的损失厌恶。损失厌恶诱使消费者以高的正常价格购买，以避免不确定性。本章的其余部分内容如下。在第 3.3 节中，我们介绍了基础模型的设置，其中存在两类消费者，企业采用循环定价策略。我们推导出消费者的最优采购计划和企业的相应最优定价策略。在第 3.4 节中，我们考虑了基础模型的两个拓展模型。最后，我们在第 3.5 节中，对本章的内容进行了总结，并对未来的研究方向进行了展望。

3.3　跨期价格歧视和满足感驱动的重复购买行为建模

3.3.1　基础模型介绍

接下来我们首先介绍基础模型，并分析消费者的最优购买行为和企业的最优循环定价策略。其次，我们将基础模型中得到的结果作为后续扩展模型的基准。

考虑一个在无限期内销售产品的垄断企业。该企业试图通过决定每个阶段的价格使其平均利润最大化。我们用 p_t 来表示时间为 t 时产品的价格。在这个模型中，企业定价决策和消费者购买决策其实是一个斯塔克尔伯格（Stackelberg）博弈，其中企业作为领导者先做定价决策，而消费者是跟随者，后做购买决策。企业在一开始就承诺了一个定价策略。消费者确切地知道企业未来的价格路径，并相应地优化他们的购买计划。例如，一些电影院确定每周二下午的电影票半价，并且所有消费者是知道这一折扣计划的。为了分析方便，我们忽略了企业的库存决策，并假设企业总是能够立即生产并满足需求，并且不产生额外的库存成本。

市场上总共有 N 个消费者。消费者的目标是通过安排他们的重复购买计划，使他们的时间平均收益最大化。这里我们做一个关键的假设，消费者的购买与消费同时进行，也就是说，消费者在购买时进行消费，因此消费者不会持有实物库存。就像消费者在蛋糕店购买蛋糕，然后当天享用了。这一假设将购买和消费这两个独立的决策合并为一个统一的购买决策，并简化了分析。在第 3.4 节中，我们将放宽这一假设，以便讨论一个更一般的情况，消费者可以将购买和消费的时间分离，更通俗来讲，就是消费者可以囤货。我们还假设消费者在购买（即消费）时，将产生一个回报，这个回报即每次购买时，消费者对产品的支付意愿与现行价格之间的差额。现行价格越低或消费者对产品的支付意愿（即估值）越高，消费者的回报越高。我们假设消费者的估值是动态变化的，由消费者对该产品的满足感决定，由一个非负的实数表示，用 $x_{i,t}$ 表示消费者 i 在时间 t 的满足感，它随着购买量的增加而增强，并随着时间的推移而衰减，即恢复期。满足感可以理解为消费者的一种心理库存。用 $v_i(\cdot)$ [①] 表示消费者满足感和消费者对产品的估值之间的映射函数。$v_i(\cdot)$ 是单调的，即满足程度越高，估值越低。一般而言，消费者满足感的变化与消费者估值的变化方向相反。就像消费者消费某种产品或者服务的数量越多，这种产品或服务给消费者带来的满足感会越低。

假设 3.1　$v_i(x)$ 关于 x 是递减的。

假设 3.1 可以被理解为边际效用递减法则，即消费者对产品的估值随着产品消费数量的增加而降低。结合连续购买之间的恢复期，就可以表征客户估值的动态演变。我们假设存在一个最小的满足感水平，即为 0。满足感在降到 0 后停止衰减，相应地，最大的消费者估值是 $v_i(0)$。

购买是离散的，并以产品的单位计价。为了便于分析，我们假设消费者的满足感与购买量是等距的。也就是说，购买一个单位的产品会使消费者的满足感提升一个单位。此外，我们假设消费者的满足感在恢复期以正的恒定衰减率 λ_i 衰减。因此，消费以离散的方式获得产品，从而影响满足感，而恢复是以连续的方式进行的。图 3-1 描述了购买如何改变消费者评价的例子以及消费者估值随时间演变的可能场景。在图 3-1（a）中，如果一个消费者开始时满足感为 0，购买了一个单位的产品后，消费者的满足感就会增加 1，消费者的估值就会降低到 $v(1)$，以此类推。反函数 $v^{-1}(\cdot)$ 可以用来确定给定价格下的购买量。例如，对于一个在时间 t 时满足感为 0 的短视的消费者，如果 $p_t \in (v(1), v(0)]$，消费者购买一个单位的产品；如果 $p_t \in (v(2), v(1)]$，则购买两个单位，以此类推。然而请注意，

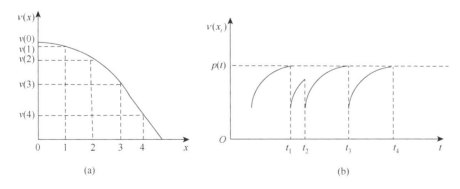

图 3-1　基于满足感的消费者估值

---

① 在接下来的分析中，我们只在必要时使用消费者下标 i。

这个程序并不适用于重复购买的消费者,因为他们能够优化他们的重复购买计划。图 3-1(b)进一步显示了消费者估值与恢复期的可能时间演变。消费者在 t_1、t_2、t_3 和 t_4 时刻进行购买。每次购买都会立即降低消费者的估值,其方式与图 3-1(b)相同。在连续的购买之间,由于暂时性满足感的衰减,消费者的估值会逐渐恢复。

从图 3-1 中可以得到:当消费者的估值由满足感驱动时,企业不仅需要决定如何向消费者销售,而且还要决定何时向他们销售。给定一个恒定的衰减率,很明显,企业能从一个消费者 i 那里获得的最大时间平均收益是 $\lambda_i v_i(0)$。这个最大值可以通过在消费者的满足感降到 0 时,正好以 $v_i(0)$ 的价格向其出售一单位产品来实现。换句话说,收入最大化等同于企业可以从衰减的满足感中获得最大的回报。在消费者方面,给定一个固定的价格,消费者在满足感降到 0 时和他们的估值达到峰值时购买也是最理想的,然而,当企业采用循环定价策略时,消费者在低价位购买可能会更好,即使他们的估值没有达到最大值,这将在我们后面的分析中显示。

下面为了简化分析,我们只考虑两类消费者:高支付意愿和低支付意愿的消费者。我们将高支付意愿和低支付意愿的消费者的估值函数分别表示为 $v_H(\cdot)$ 和 $v_L(\cdot)$。考虑到消费者估值是动态发展的满足感决定的,我们用最大的消费者估值来定义消费者等级。因此,我们认为 $v_H(\cdot) > v_L(\cdot)$。我们假设两个等级在恢复期有相同的满足感衰减率,用 λ 表示同一等级的消费者在满足感的演变方面总是同步的。高支付意愿和低支付意愿的消费者的数量分别为 N_H 和 N_L。以上模型中的简化假设可以方便我们对企业定价策略和消费者的重复购买行为之间的关系进行理论分析,但并不影响结果的一般性质。

3.3.2　周期性定价和跨期购买时间

我们考虑一种普遍采用的跨期价格歧视策略,即双价循环定价策略。双价循环定价策略是指企业只使用两种价格:高价格和低价格。双价循环定价策略的具体实施方式如下。企业首先设定定价周期的长度。例如,定价周期可以以天或周为单位,但是我们不要求每个周期的时间长度一样。一个超市可以将一周中的 5 天工作日设置成正常价格阶段,然后将周末 2 天设置成折扣价格阶段。在每个周期中,企业采用一个常规价格,用 p_H 表示。在每个周期结束时,企业将价格降至折扣价,用 p_L 表示。鉴于基础模型中没有考虑库存,企业采用双价循环定价策略的主要好处是在时间上对异质消费者进行细分,以接近一级价格歧视的表现。然而,正如文献中所指出的(Conlisk et al., 1984;Stokey, 1979),当策略型消费者能够预测未来的价格路径时,他们可以相应地调整他们的购买策略,以使他们的收益最大化。更具体地说，循环定价策略对消费者细分的有效性，取决于消费者在每个定价周期结束时，如何使他们的购买与企业的销售保持一致。在最坏的情况下，循环定价策略可能会被退化成一个固定价格定价策略，比如，消费者只在折扣阶段购买产品，那么在正常价格阶段企业就销售不出去任何产品。Stokey（1979）的研究表明，当周期长度缩短时，垄断企业会失去价格歧视的能力。相比这些文献，在我们的模型中，消费者的重复购买行为不仅依赖于企业的定价周期性，还受到内生的满足感驱动。这代表消费者估值（支付意愿）的波动是由消费者自身购买历史决定的，即还包含了对消费者估值函数产生的内生的满足感衰减过程的考虑。

3.3.3　最优的循环定价策略分析

企业调整其循环定价策略的参数，使时间平均利润最大化，用 π 表示。首先，考虑企业能从上述两类消费者那里获得的收入的上界。我们知道，当企业能以最优方式向高支付意愿和低支付意愿的消费者出售产品时，其获得的收入就能达到上界。也就是说，当消费者的满足感降到 0 时，以等于消费者的最大估值的价格向消费者出售一单位产品。因此，上界应该是 $\lambda(N_L v_L(0) + N_H v_H(0))$。

然而，与文献中讨论的固定估值下的时间分割相似，如果企业不能同步两类消费者的演变，则上界可能无法达到。具体来说，有两个可能的收入损失来源：以低于消费者最大估值的价格出售给消费者，或者让已经达到最大估值的消费者继续等待。无论哪种方式，企业都无法从消费者那里获得最大的收益。

为便于比较，考虑两种固定价格定价策略，将价格设定为 $v_H(0)$（此后称为高价固定价格定价策略）和 $v_L(0)$（此后称为低价固定价格定价策略）。企业可以获得的利润分别等于 $\lambda N_H v_H(0)$ 和 $\lambda N_L v_L(0)$。显然，这两种策略在赚取利润方面支配着其他固定价格定价策略，因此可以作为基准来衡量采用双价循环定价策略所实现的利润增加的程度。

显然，循环定价策略的表现一定优于将价格设定为 $v_L(0)$ 的定价策略，因为企业可能会以高于 $v_L(0)$ 的价格卖给高支付意愿的消费者；然而，它是否一定优于高价固定价格定价策略，目前还不清楚。首先我们可以得到以下结果，缩小最优循环定价策略的可行集。

命题 3.1　对于企业来说，存在两种非占优策略：一种是等于 $v_H(0)$ 的固定价格定价策略，一种是循环定价策略 (p_L, p_R)，其中 $p_L \in (0, v_L(0)]$，$p_H \in [v_L(0), v_H(0)]$。

证明　第一种固定价格定价策略使企业从高支付意愿消费者那里获得的利润最大化。这种定价策略优于任何以价格高于 $v_L(0)$ 为特征的（固定价格或循环）定价策略。同样地，对于任何循环定价策略，如果价格等于或低于 $v_L(0)$ 的固定价格定价策略占优的话，该策略将价格设定为 $v_L(0)$，因此命题中描述的循环定价策略占优。证毕。

周期的长短也会影响周期性定价策略的表现。直观地说，当企业延长定价周期时，周期性定价策略接近于高价固定价格定价策略。这就减少了高支付意愿消费者可能的收入损失，代价是牺牲了低支付意愿消费者的收入。为了便于分析，我们假设周期长度是 $1/\lambda$ 的倍数。

命题3.2　当周期长度等于 $1/\lambda$ 时，周期性定价策略等同于低价固定价格定价策略。

证明　我们知道，在固定价格定价策略下，当消费者的满足感降至 0 时，他们每次会购买一个单位的产品。假设固定价格为 p，企业采用固定价格定价策略可以获得 $p\lambda$ 的利润。当企业采用周期性定价策略且周期长度等于 $1/\lambda$ 的情况下，两类消费者的最佳购买行为使他们的购买周期与定价周期保持一致：也就是说，他们只购买一个单位的产品，这个购买计划给消费者带来了最大的时间平均收益。假设最高价是 p_H，最低价是 p_L。在这种情况下，企业获得的利润为 $p_L\lambda$。通过简单地令 $p = p_L$，循环定价策略就退化为一个相当于固定价格定价策略的策略。证毕。

当周期长度延长到 j/λ $(j = 2,3,\cdots)$ 时，高支付意愿消费者需要在价格周期内选择是以 p_L 的价格购买更多产品还是以 p_H 的价格购买。与解决时间平均收益的最大化问题不同，这可以通过比较高支付意愿消费者在特定周期内从两种选择中获得的边际收益来解决。如果高支付意愿消费者在价格周期内以 p_H 的价格购买，那么当他们的满足感下降到 0 时（即达到最大估值时），他们应该每次购买一个单位的产品。定义 κ_H 如下：

$$\kappa_H = \max\{\kappa \in N : v_H(\kappa-1) - p_L \geqslant v_H(0) - p_H\}$$

其中，N 为正整数的集合；κ_H 为高支付意愿消费者的最大的满足感水平，当低于这一水平时，高支付意愿消费者会在周期结束时以 p_L 的价格购买，而不是在周期内以 p_H 的价格购买。高支付意愿消费者的最佳采购计划可以描述如下。

命题3.3　在循环定价策略下，当循环长度为 j/λ 时有如下结论，其中 $j \in N$。

（1）如果 $j \leqslant \kappa_H$，高支付意愿消费者在每个定价周期结束时以 p_L 的价格购买 j 个单位的产品。

（2）如果 $j > \kappa_H$，高支付意愿消费者在定价周期结束时以 κ_H 的价格购买 κ_H 单位的产品，并在定价 p_L 周期内购买 $j - \kappa_H$ 单位的产品（当满足感下降到 0 时，每次购买一个单位的产品）。

证明　该证明是基于定价周期结束时以 p_L 的价格购买所得的边际收益和在定价周期内以 p_H 的价格购买所得的边际收益的排序。当 $j \leqslant \kappa_H$ 时，以 p_L 的价格购买所得的边际收益要比在定价周期内购买所得的边际收益大。因此，消费者在

定价周期结束时以 p_L 的价格进行所有的购买。当 $j > \kappa_H$ 时，高支付意愿的消费者会在定价周期结束时首先以 p_L 的价格购买 κ_H 单位产品。在定价周期内，他们最好在价格为 p_H 时进行购买。此外，对他们来说每次只购买一个单位的产品，并对所有剩余的 $j - \kappa_H$ 单位重复这个购买过程是最理想的。很容易表明，消费者可以通过遵循这个购买程序获得最高的回报。证毕。

例 3.1　我们用下面的数字例子来说明命题 3.3。假设高支付意愿消费者的 $\nu_H(0) = 30$，$\nu_H(1) = 28$，$\nu_H(2) = 21$，$\nu_H(3) = 10$。令 p_H 和 p_L 分别为 20 和 10。请注意，$\nu_H(0) - p_H = 10$，$\nu_H(2) - p_L > \nu_H(0) - p_H$，$\nu_H(3) - p_L < \nu_H(0) - p_H$，$\kappa_H = 3$。考虑两个不同的周期长度，即 $2/\lambda$ 和 $5/\lambda$。当周期长度为 $2/\lambda$ 时，高支付意愿消费者的最优采购计划是在价格为 p_L 时购买 2 单位的产品。他们获得的时间平均收益为 19。当周期延长到 $5/\lambda$ 时，高支付意愿消费者的最优采购计划是在价格为 p_L 时购买 3 个单位的产品，并在定价周期内当他们的满足感降到 0 时购买一个单位的产品两次。他们现在得到的时间平均收益为 13.75。

给定命题 3.3 中描述的购买行为，可以得出企业从高支付意愿消费者那里获得的收入，用 π_H 表示：

$$\pi_H = \frac{N_H \lambda}{j} \left[p_L \min\{j, \kappa_H\} + p_H (j - \kappa_H)^+ \right]^{①} \tag{3.1}$$

当 $j \leqslant \kappa_H$ 时，$\pi_H = N_H \lambda p_L$；当 $j > \kappa_H$ 时，则 $\pi_H = \dfrac{N_H \lambda}{j} \left[p_H j - \kappa_H (p_H - p_L) \right]$。

当 $j \leqslant \kappa_H$ 时，π_H 是一个常数，因为高支付意愿的消费者只在价格为 p_L 时购买，而且购买可以持续到整个价格周期结束。当 $j > \kappa_H$ 时，π_H 随着周期长度 j/λ 的增加而增加，这是因为随着周期长度的增加，周期性定价策略近似于高价固定价格定价策略，而高价固定价格定价策略下仅从高支付意愿消费者那里获取收入是最优的。

现在我们考虑低支付意愿的消费者，他们只在每个定价周期结束时以 p_L 的价格购买。然而，与低价固定价格定价策略不同的是，由于定价周期阻止了低支付意愿消费者的持续购买行为，他们在满足感下降到 0 时不再只购买一个单位的产品。相反，他们可以购买额外的单位作为储备库存。类似于对高支付意愿消费者的分析，我们定义 κ_L 如下所示：

$$\kappa_L = \max\{\kappa \in N : \nu_L(\kappa - 1) - p_L \geqslant 0\}$$

命题 3.4　在循环定价策略下，当循环长度为 j/λ 时有如下结论，其中 $j \in N$。

（1）如果 $j \leqslant \kappa_L$，低支付意愿消费者在每个定价周期结束时以 p_L 的价格购买 j 个单位的产品。

---

① "+" 表示正向趋近于。

（2）如果 $j > \kappa_L$，低支付意愿消费者在每个定价周期结束时以 p_L 的价格购买 κ_L 单位的产品。

例 3.2　我们用下面的数值算例来说明命题 3.4。假设低支付意愿的消费者的 $v_L(0) = 20$，$v_L(1) = 15$，$v_L(2) = 9$。令 p_H 和 p_L 分别为 20 和 10。因为 $v_L(1) - p_L > 0$，$v_L(2) - p_L < 0$，所以 $\kappa_L = 2$。

令周期长度为 $2/\lambda$ 或 $5/\lambda$。当周期长度为 $2/\lambda$ 时，低支付意愿消费者的最优采购计划是在价格为 p_L 时购买 2 个单位的产品。他们获得的时间平均收益为 7.5。当周期长度延长到 $5/\lambda$ 时，低支付意愿消费者的最优采购计划仍然是在价格为 p_L 时购买 2 个单位的产品。然而，他们现在得到的时间平均收益为 3。相应地，企业可以从低支付意愿消费者那里获得的收入用 π_L 表示，可以写成：

$$\pi_L = \frac{N_L \lambda}{j} p_L \min\{j, \kappa_L\} \tag{3.2}$$

如果 $j \leqslant \kappa_L$，则 $\pi_L = N_L \lambda p_L$；如果 $j > \kappa_L$，则 $\pi_L = \frac{N_L \lambda p_L \kappa_L}{j}$。当 $j \leqslant \kappa_L$ 时，π_L 是一个常数，因为低支付意愿的消费者只购买足够的数量来满足在整个周期内的需求。当 $j > \kappa_L$ 时，π_L 在周期长度上是递减的，这与高支付意愿消费者的情况相反。这是因为随着周期长度的增加，低支付意愿消费者在一个定价周期内停止购买更多的东西，因此对企业的收入贡献较少。图 3-2（a）和 3-2（b）中的实线分别显示了高支付意愿和低支付意愿消费者的可能购买行为和估值时间的演变。请注意，p_L 只在每个定价周期结束时应用，而 p_H 则在定价周期内应用。在图 3-2（a）描述的情景中，高支付意愿消费者在价格为 p_L 时进行批量购买，然后在定价周期内满足感下降到 0 时每次购买一个单位的产品。在图 3-2（b）所描述的情景中，低支付意愿的消费者只在价格为 p_L 时购买，并在定价周期内停止购买。

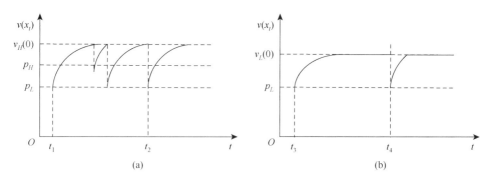

图 3-2　消费者的可能购买行为与估值时间的演变

正如在前面的分析中所显示的，定价周期的长度对来自高支付意愿和低支付意愿消费者的收入有相反的影响。图 3-3（a）和 3-3（b）分别说明了 π_H 和 π_L 随 j 的变化。

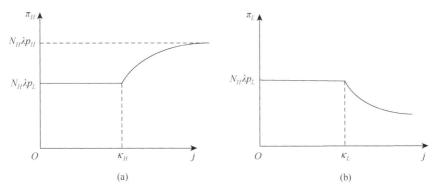

图 3-3　π_H 和 π_L 随 j 的变化

根据 κ_H，κ_L，N_H，N_L，p_H 和 p_L 的相对值，总利润 $\pi = \pi_H + \pi_L$ 可以呈现出多种形式。图 3-4 列出了总利润 π 的六种不同形式。在表 3-1 中，我们总结了这六种形式所对应的条件。以图 3-4（a）为例。因为 $\kappa_L < \kappa_H$，总利润首先在 $[\kappa_L, \kappa_H]$ 区间内下降。因为 $N_H(p_H - p_L)\kappa_H > N_L p_L \kappa_L$，所以当 $j > \kappa_H$ 时，总利润开始增加。随 j 的增加，总利润趋于 $N_H \lambda p_H$。图 3-4 中的其他形式可以用类似的方式来解释。因此，对于给定的 p_H 和 p_L，最佳周期长度根据 N_H，N_L，κ_H 和 κ_L 的值的变化而变化。

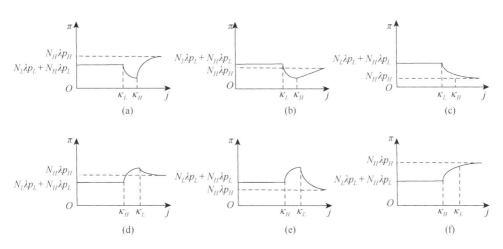

图 3-4　总利润 π 的六种不同形式

表 3-1 总利润

3-4（a）	$\kappa_L < \kappa_H$	$N_H(p_H-p_L)\kappa_H > N_L p_L \kappa_L$	$N_H\lambda p_H > N_L\lambda p_L + N_H\lambda p_L$
3-4（b）			$N_H\lambda p_H < N_L\lambda p_L + N_H\lambda p_L$
3-4（c）		$N_H(p_H-p_L)\kappa_H < N_L p_L \kappa_L$	$N_H\lambda p_H < N_L\lambda p_L + N_H\lambda p_L$
3-4（d）	$\kappa_L > \kappa_H$	$N_H(p_H-p_L)\kappa_H < N_L p_L \kappa_L$	$N_H\lambda p_H > N_L\lambda p_L + N_H\lambda p_L$
3-4（e）			$N_H\lambda p_H < N_L\lambda p_L + N_H\lambda p_L$
3-4（f）		$N_H(p_H-p_L)\kappa_H > N_L p_L \kappa_L$	$N_H\lambda p_H > N_L\lambda p_L + N_H\lambda p_L$

命题 3.5 循环长度参数 j 的最佳值，用 j^* 表示，则有以下结论。

（1）当 $\kappa_H \geqslant \kappa_L$ 和 $N_H(p_H-p_L) < N_L p_L$ 时，j^* 为 $[1,\kappa_L]$ 内的任何数值。

（2）当 $\kappa_H < \kappa_L$ 和 $N_H(p_H-p_L)\kappa_H < N_L p_L \kappa_L$ 时，$j^* = \kappa_L$。

（3）当 $\kappa_H \geqslant \kappa_L$ 和 $N_H(p_H-p_L) \geqslant N_L p_L$ 时，或者当 $\kappa_H < \kappa_L$ 和 $N_H(p_H-p_L)\kappa_H \geqslant N_L p_L \kappa_L$ 时，$j^* \to \infty$。

证明 以上结果可以通过简单的计算来证明，此处省略。

例 3.3 在例 3.1 和例 3.2 中，我们推导出 $\kappa_H = 3$，$\kappa_L = 2$。因为 $\kappa_H > \kappa_L$，所以总利润可能采取三种形式之一：图 3-4（a）、图 3-4（b）或图 3-4（c）。此外，我们可以通过简单的计算得到以下结果。当 $N_H > N_L$ 时，总利润采取图 3-4（a）的形式，$j^* \to \infty$。当 $2N_L/3 < N_H < N_L$ 时，总利润采取图 3-4（b）的形式，$j^* = 1$ 或 2。当 $N_H < 2N_L/3$ 时，总利润采取图 3-4（c）的形式，$j^* = 1$ 或 2。

根据命题 3.5，在例 3.1 中，如图 3-4（b）和 3-4（c）所示，j^* 在 $[1,\kappa_L]$ 内取任何值，最大利润等于 $(N_H+N_L)\lambda p_L$，这与低价固定价格定价策略下获得的利润相同。同样，在例 3.2 中，如图 3-4（a）和 3-4（f）所示，j^* 无穷大时的利润等于高价固定价格定价策略下的利润。因此，如图 3-4（d）和 3-4（e）所示，当 $j^* = \kappa_L$ 时，存在唯一不寻常的情况，需满足条件 $\kappa_H < \kappa_L$ 和 $N_H(p_H-p_L)\kappa_H < N_L p_L \kappa_L$。例如，如果高支付意愿的消费者比低支付意愿的消费者更容易被满足，那么第一个不等式就可以使其满足。在提高收入方面，低支付意愿消费者的贡献超过了高支付意愿消费者。

当 $j^* = \kappa_L$ 时，可以得出

$$\pi^* = N_L\lambda p_L + N_H\lambda p_H - \frac{N_H\lambda(p_H-p_L)\kappa_H}{\kappa_L} \tag{3.3}$$

由于 $N_H(p_H-p_L)\kappa_H < N_L p_L \kappa_L$ 和 $\kappa_H < \kappa_L$，很容易证明 $\pi^* > N_H\lambda p_H$ 和 $\pi^* > (N_H+N_L)\lambda p_L$。

上述不等式保证了在最优循环定价策略下获得的利润高于在两个固定价格定价策略下获得的利润。

我们现在简要地研究在循环定价策略下，满足感衰减过程如何影响跨期价格歧视的效率。考虑两个参数：κ_L 和 κ_H。当 κ_L 增加时，低支付意愿消费者在价格为 p_L 时购买更多产品。在这种情况下，企业的利润也会增加。当 κ_H 增加时，这意味着高支付意愿的消费者最好使他们的购买价格与折扣价格 p_L 一致。这就损害了循环定价策略的效率，从而降低了企业的利润。

3.3.4　同质化的最大消费者估值

我们现在分析一个简单而有意义的情况，即所有的消费者都有相同的最大估值。我们假设消费者对产品有一个共同的估值，消费者在零满足感时对产品有一个共同的评价，用 $\nu(0)$ 表示，但可能有不同的满足感衰减率。日常使用的产品或服务可能就是这种情况。考虑一个具有满足感衰减率 λ_i 的消费者 i。正如我们在前面的分析中所表明的，对于单个消费者，企业最好采取固定价格定价策略，将价格设定为消费者的最大估值 $\nu(0)$。在这种情况下，消费者 i 每次在零满足感的情况下正好购买一个单位的产品，企业可以获得 $\lambda_i \nu(0)$ 的利润。因为市场上所有的消费者都有相同的最大估值，所以将价格设定为 $\nu(0)$ 的固定价格定价策略也是企业在整个市场上的最优定价策略。企业可以获得的最大利润等于

$$\nu(0)\sum_{i=1}^{N}\lambda_i \tag{3.4}$$

最佳定价文献中的传统观点是企业应将其价格设定在市场上所有消费者的估值范围内的某个水平。然而前面描述的特殊情况表明，当存在动态的消费者满足感并随后影响到消费者的估值时，这种定价规则往往会导致定价过低。企业应该无视消费者的暂时满足，等待消费者的估值恢复，而不应为了迎合消费者估值的暂时性下降而降低价格。

3.4　加入固定采购成本和将购买和消费决策分开的模型拓展

我们可以通过对基础模型进行适当的推广在更一般的情景中解决上述问题。例如，我们可以在基础模型中加入预算约束。当预算约束起作用时，消费者倾向于在定价周期内减少购买。对于低支付意愿的消费者，他们只是在每次购买时减少购买的数量。对于高支付意愿消费者来说，情况就比较复杂了。他们需要决定放弃哪些购买。一般规则如下：在购买价格相同的情况下，回报率较高的产品在购买时具有较高的优先权。如果购买价格不同，价格较低的购买有较高的优先权。

通过类似于基础模型的分析，我们可以根据上述规则划定消费者的购买行为。我们还可以通过增加一个外部替代品来扩展垄断基础模型。我们假设这个替代品是一个完美的替代品，其价格 p_A 介于 p_L 和 p_H 之间。外部替代品的存在改变了消费者购买行为。对于高支付意愿的消费者来说，他们放弃在价格为 p_H 时购买，而购买替代品。他们在价格为 p_L 时的购买量也可能减少。对于低支付意愿的消费者，根据 p_A 的值，他们也可能选择购买替代品，然后采取与高支付意愿消费者类似的购买模式。我们在此不做详细讨论。

然而，分析需要对其他一些扩展进行更严格的修改。在本节中，我们考虑基础模型的两个扩展：加入固定采购成本和将购买和消费决策分开。我们将展示这些变化对前述结果的影响。

3.4.1 加入固定采购成本模型

回顾一下，在固定价格定价策略下，基础模型中消费者的最优购买行为是在他们的满足感降到 0 时购买最少数量的产品。这种购买模式使他们从跨期购买中获得最大收益。然而，当一些模型的假设被放宽时这种购买行为并不保持最优，如当固定采购成本被纳入时。固定采购成本是现实世界中常见的一个实际问题。例如，它可以被理解为访问商店或服务提供者所产生的旅行成本。Bell 等（1998）、Bell 和 Lattin（1998）、Erdem 等（2003）、Ho 等（1998）、Tang 等（2001）揭示了固定成本与购物频率之间的关系。一个观察结果是，较高的采购成本"会促使一个人（消费者）降低购买的频率，并在购买时大量购买"（Erdem et al., 2003）。在本节中，我们在重复购买的背景下重新审视这个问题。从直观上看，固定采购成本的加入应该会提高批量采购的效益，因此一般来说，会诱使消费者将采购集中起来，减少购买次数的同时增加每次购买的数量。

我们仍然遵循前面对基础模型进行分析的过程。将低支付意愿和高支付意愿消费者的采购成本分别表示为 k_L 和 k_H。对于低支付意愿消费者来说，他们只在每个定价周期结束时以 p_L 的价格购买。然而，当涉及采购成本时，他们的购买行为不能再通过简单地对不同购买选项的边际收益进行排序来确定。时间平均收益用 w_L 表示，现在由以下公式计算。假设周期长度为 j/λ，低支付意愿消费者每次购买 q_L 单位的产品。当 $q_L \leqslant j$ 时，我们有

$$w_L = \frac{\lambda \left[\sum\limits_{r=0}^{q_L-1} v_L(r) - q_L p_L - k_L \right]}{j} \tag{3.5}$$

其中，$\sum\limits_{r=0}^{q_L-1} v_L(r) - q_L p_L - k_L$ 为低支付意愿消费者在一个定价周期内得到的总收益。

将总收益除以周期长度 j/λ，我们得到时间平均收益。因为只要 q_L 是正的，就会产生采购成本，所以对于任何 q_L 的值，时间平均收益 w_L 不一定是正的。基于边际效用递减的假设，我们知道在这种情况下，w_L 关于 q_L 是凹的。回顾第 3.3 节中 κ_L 的定义。κ_L 代表低支付意愿消费者的最大的满足感水平，超过这个水平，即使没有采购成本，低支付意愿消费者也会停止购买。如果不考虑采购成本的最大总收益，即 $\sum_{r=0}^{\min\{\kappa_L,q_L\}-1} v_L(r) - \min\{\kappa_L,q_L\}p_L$，当超过了采购成本 k_L 时，低支付意愿的消费者应该进行购买；否则，他们应该干脆放弃购买。由于采购成本的存在，低支付意愿的消费者购买的数量可以维持一段时间，而不是一个定价周期。这在基础模型中是不可能的。

当 $q_L > j$ 且 q_L 是 j 的精确倍数时，

$$w_L = \frac{\lambda\left[\sum_{r=0}^{q_L-1} v_L(r) - q_L p_L - k_L\right]}{q_L} \tag{3.6}$$

当 w_L 的形式如式（3.6）所示时，可以用分数规划的工具推导 w_L 在购买量为 q_L 时的结构性质（Avriel et al.，1988）。

引理 3.1 如果 f 是非负的和凹的，g 是正的和凸的，那么函数 $h = f/g$ 是半严格拟凹的（Avriel et al.，1988）。

引理 3.2 如果 f 是一个定义在凸集 $C \subset \mathbf{R}^n$ 上的半连续半严格拟凹函数，那么 f 也是拟凹函数（Karamardian，1967）。

$V_L(x)$ 关于满足感水平 x 是递减的。因此，$\lambda\left[\sum_{r=0}^{q_L-1} v_L(r) - q_L p_L - k_L\right]$ 关于 q_L 是拟凹的，w_L 关于 q_L 是拟凹的。因此，对消费者而言，存在一个最佳购买量。

然而，当 q_L 不是 j 的精确倍数时，就会出现不同步的问题，这存在于消费者的购买周期和企业的定价周期之间（请注意，这与消费和购买决定是耦合的假设密切相关）。也就是说，每次购买 q_L 单位的产品可能跨越多个定价周期，当 q_L 不是 j 的精确倍数时，在最后一个定价周期，存在一个长度等于 $j-(q_L \bmod j)$ 的闲置时期。这段空闲时间必然会降低时间平均收益率，现在 w_L 的计算公式为

$$w_L = \frac{\lambda\left[\sum_{r=0}^{q_L-1} v_L(r) - q_L p_L - k_L\right]}{q_L + j - (q_L \bmod j)} \tag{3.7}$$

此外，在 q_L 是 j 的精确倍数的情况下，异步化可能会使我们得出的拟凹性失效，正如下面的数值例子所说明的。

例 3.4 假设对于低支付意愿的消费者有 $v_L(0) = 20$，$v_L(1) = 19$，$v_L(2) = 18$，

$\nu_L(3) = 12$，且 $\nu_L(4) = 9$。折扣价格 $p_L = 10$，采购成本 $k_L = 9$。设周期长度为 $1/\lambda$。可以计算出对购买量为 1、2、3、4 的反应的时间平均收益为：$w_L(1) = 1$，$w_L(2) = 5$，$w_L(3) = 6$，$w_L(4) = 5$。对于低支付意愿的消费者来说，在价格为 p_L 时每次购买 3 个单位的产品是最理想的。然而，当周期长度增加到 $2/\lambda$ 时，尽管 $w_L(1)$、$w_L(2)$ 和 $w_L(4)$ 保持不变，但 $w_L(3)$ 下降到 4.5，因为异步化产生了一段持续 $1/\lambda$ 的空闲时间。在这种情况下，最佳购买量是 2 或 4。

对于企业来说，仅针对低支付意愿消费者而言，将周期长度设置得越短越好，即设置为 $1/\lambda$。然而，与基础模型不同的是，周期长度参数 j 的时间平均利润 π_L，现在不一定是单调的，但不存在上述异步现象。

假设最优循环长度是 j/λ，其中 $j > 1$。当周期长度设置为 $1/\lambda$ 时，低支付意愿消费者购买得更频繁，同一时间段内的总购买量更大。因此，通过将周期长度设置为 $1/\lambda$，企业至少不会变得更糟。

现在我们来分析一下高支付意愿消费者的购买计划。一般来说，高支付意愿消费者仍然遵循我们在基础模型中得出的类似的购买模式。也就是说，他们在每个定价周期结束时，以 p_L 的价格开始他们的购买计划。随着周期长度的增加，他们在定价周期内以 p_H 的价格恢复采购。然而，由于采购成本 k_H 的存在，详细的最优采购计划与基础模型中的最优采购计划是不同的。采购成本可能会影响采购量在 p_L 和 p_H 之间的分配。此外，我们讨论过的低支付意愿消费者的不同步现象也存在。

例 3.5　对于高支付意愿消费者，我们假设 $\nu_H(0) = 12$，$\nu_H(1) = 8$，$\nu_H(2) = 7$，$\nu_H(3) = 3$。正常价格 $p_H = 3$，折扣价格 $p_L = 2$，采购成本 $k_H = 8$。假设周期长度为 j/λ，其中 $j \in N$。高支付意愿消费者的最优采购计划总结如表 3-2 所示。

表 3-2　高支付意愿消费者的最优采购计划（一）

j	采购计划
1	以 p_L 的价格购买一个单位
2	以 p_L 的价格购买两个单位
3	以 p_L 的价格购买三个单位
4	以 p_L 的价格购买两个单位，在定价周期内满足感下降到零时，以 p_H 的价格再购买两个单位

如表 3-2 所示，当 $j \leq 3$ 时，高支付意愿的消费者只在价格为 p_L 时购买，企业获得的利润等于 $N_H \lambda p_L$。然而，当 $j = 4$ 时，消费者的最优采购计划是在每个定价周期结束时以 p_L 的价格购买两个单位的产品，并在定价周期内满足感下降到零时再以 p_H 的价格购买两个单位。企业获得的利润等于 $N_H(\lambda p_L + \lambda p_H)/2$。与

基础模型中的购买行为相比，周期长度的增加不仅促使高支付意愿的消费者在定价周期的中间阶段恢复购买，而且使其在定价周期内将部分 p_H 处的购买重新分配到 p_H 处。

前面的分析表明，加入固定的采购成本会促使消费者减少购买次数，但每次购买的数量会更多。例如，消费者现在购买的数量可以维持几个价格周期。另外，采购成本导致高支付意愿消费者更有可能在 p_L 处囤积，而不是分开购买。然而，由于异步化和上述高支付意愿消费者的再分配现象同时存在，要获得两类消费者的最优采购计划和企业的利润的明确形式并不简单。然而，关于采购成本对企业利润的影响，我们可以得出以下结果。

命题 3.6　企业的最优利润关于采购成本 k_L 或 k_H 是递减的。

证明　对于给定的 p_L、p_H 和周期长度，当任何一个采购成本增加时，企业的利润都会减少，从而证明这一结果。证毕。

当 k_L 增加时，低支付意愿的消费者购买的频率会降低。这发生在两个方面。首先，在某些情况下，当采购成本超过支付意愿时，消费者会停止购买。其次，在采购成本较高的情况下，消费者的购买频率降低。无论哪种方式，企业都会获得较低的利润。当 k_H 增加时，它对高支付意愿的消费者也有类似的影响。此外，正如例 3.6 所显示的，高支付意愿的客户更多地按 p_L 的价格分配他们的购买行为，而更少地按 p_H 的价格分配，这进一步降低了企业的利润。

例 3.6　我们用一个例子来说明 k_H 对高支付意愿消费者的购买行为的影响。令所有的参数和例 3.5 中的一样，除了 k_H，其现在有三个不同的值：0、8 和 12。考虑周期长度为 $4/\lambda$ 的情况。表 3-3 总结了高支付意愿消费者的最优采购计划。在这三种情况下，企业的利润为 $9.25N_H\lambda$、$3.5N_H\lambda$ 以及 $2.5N_H\lambda$。

表 3-3　高支付意愿消费者的最优采购计划（二）

k_H	采购计划
0	以 p_L 的价格购买一个单位并且在定价周期内满足感下降到零时以 p_H 的价格购买一个单位三次
8	以 p_L 的价格购买两个单位并且在定价周期内满足感下降到零时以 p_H 的价格再购买两个单位
12	以 p_L 的价格购买四个单位

3.4.2　将购买和消费决策分开模型

基础模型中的一个关键假设是，消费者的购买和消费决策是同时发生的。因此，消费者不需要携带实物库存。这个假设将这两个决策合并为一个统一的采购决策，大大简化了分析。这种购买和消费决策结合的例子在一些服务行业中可以见到，如餐饮和娱乐行业。然而，对于像消费品这样的实体产品，如米面和卷纸，购买和消费决策通常是分开的。这意味着消费者可以策略性地以低价囤积产品以备日后消费。因此，现在存在两种库存：一种是与消费者的产品库存相对应的实物库存，另一种是与消费者的满足感相对应的心理库存。实物库存因消费者的购买而增加，因消费而减少，而心理库存则因消费而增加，并在购买间隔的时间内随着时间的推移而逐渐减少。这两种库存之间的联系是，消费数量受到实物库存数量的约束。在下文中，我们将研究独立的购买和消费决策如何改变我们在基础模型中得出的结果。

消费者的目标仍然是通过优化他们的购买和消费决策来最大化他们的时间平均收益。当这两个决策分开时，他们有更大的灵活性，因为他们可以同时优化购买和消费计划。这两个计划是通过实物库存连接起来的，因此消费数量不能超过实物库存数量，而购买数量则取决于消费历史。考虑一个简单的案例，其中不涉及与库存相关的成本（在消费者方面）。低支付意愿和高支付意愿的消费者都可以在每个定价周期结束时以 p_L 的价格储存他们所有的需求，并遵循随后的最优消费模式，即每当他们的满足感下降到零时就消费一个单位的产品。

为了避免上述情况变得过于简单，我们引入库存持有成本。实际存货会产生持有成本，假设每单位产品在单位时间内的持有成本为 h（用 $1/\lambda$ 衡量）。持有成本的一个明显效果是，它促使消费者在采购时尽可能使购买时间接近消费时间。因为如果购买时间和消费时间间隔太长，消费者对产品的持有成本就会过高。

对于低支付意愿的消费者，他们只在定价周期结束时以 p_L 的价格购买。然后，他们制订下一个定价周期的最佳消费计划。由于持有成本的存在，在一个定价周期内，消费者应该倾向于早期消费而不是后期消费。因此，对于低支付意愿的消费者来说，坚持以前的最佳消费模式，即在满足感下降到零时消费一个单位的产品，可能不是最佳选择。假设购买量等于 l 个单位的产品，定价周期长度为 j/λ，很明显，$l \leqslant j$。考虑消费 l 个单位的产品，在一个定价周期内，消费应该发生在时间点 m/λ，其中 $m = 0,1,\cdots,j-1$。在图 3-5 中，我们提供了一个消费路径的简单图示，横轴表示定价周期内的时间，纵轴表示满足感。

平面上的一个点，用向量 (t,x) 表示，其中 t 是定价周期内的时间，x 是满足感，称为状态。实点对应定价周期内消费者最后一次消费后的可能状态（以下称为最后状态），空心点对应满足感降至零时的结束状态。如果消费水平为 l 个单位产品，则有 l 种可能的最后状态。此外，对于给定的消费水平，相应的最后状态和结束状态位于同一对角虚线上。例如，如果消费水平为 2 个单位产品，则相应的最后状态为 $(0,2)$ 和 $(1/\lambda,1)$，结束状态为 $(2/\lambda,0)$。消费者的消费路径可以通过状态之间的转换来充分表示。假设在一个定价周期内，当前时间为 m/λ，满足感水平是 $x \geqslant 1$。

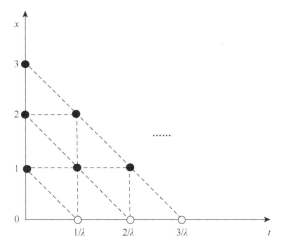

图 3-5　低支付意愿顾客的消费路径

如果消费者不消费，状态将改变为 $((m+1)/\lambda, x-1)$。如果消费者消费了 y 个单位产品，状态将首先向上跳到 $(m/\lambda, x+y)$，其次衰减到 $((m+1)/\lambda, x+y-1)$。例如，如果消费水平是 2 个单位产品，则消费者可以选择在时间 0 消费 2 个单位，或者在时间 0 和 $1/\lambda$ 分别消费 1 个单位。前者的状态转换是 $(0,0) \rightarrow (0,2) \rightarrow (1/\lambda, 1) \rightarrow (2/\lambda, 0)$，而后者是 $(0,0) \rightarrow (0,1) \rightarrow (1/\lambda, 0) \rightarrow (1/\lambda, 1) \rightarrow (2/\lambda, 0)$。

然而，我们在基础模型中使用的将边际收益与替代消费选项排序的方法在这里并不适用，因为"贪婪"方法可能实现局部最优而不是全局最优，从下面的例子中可以看出。

例 3.7　考虑一个有以下参数值的例子：$v_L(0) = 10$，$v_L(1) = 6$，以及 $v_L(2) = 6$；折现价格 $p_L = 0$；持有成本 $h = 3$。当低支付意愿消费者消费 1 个单位的产品时，在时间 0 处消费该单位是最佳的。当消费水平提高到 2 个单位产品时，在时间 0 和 $1/\lambda$ 处分别消费 1 个单位是最佳的。然而当消费水平为 3 个单位产品时，最佳的消费计划是在时间 0 处消费所有 3 个单位的产品。

为了获得给定消费水平的最佳消费计划，一般的解决方案是推导出每个最后状态相应的最优总消费效用，然后选择最高的。这可以用动态规划的方式来完成。也就是说，对于 l 个单位产品的消费水平，可以根据 $l-1$ 个单位产品的消费水平在 $l-1$ 个最后状态的值来计算其 l 个最后状态的消费效用。我们在下面的分步算法中进行说明。用 $u(t,x)$ 表示状态 (t,x) 下的最佳消费效用。

第 1 步：定价周期开始时，将消费 1 个单位产品的时刻记为时间 0。因此，对应于状态 $(0,1)$ 的消费效用为 $u(0,1) = v_L(0)$。

第 2 步：对于 l 个单位产品的消费水平，其最后状态集合为 $\{(l-n)/\lambda, n\}$，其中 $n = 0, 1, \cdots, l-1$。最后这些状态的消费效用是根据消费水平 $l-1$ 的值计算的。

$$
\begin{cases}
u\left(\dfrac{l-n}{\lambda},n\right) = \max\limits_{m\in[n-1,l-1]}\left[u\left(\dfrac{l-1-m}{\lambda},m\right)+v_L(m)-(l-1-m)h\right], & n>1 \\[4mm]
u\left(\dfrac{l-1}{\lambda},1\right) = \max\limits_{m\in[1,l-1]}\left[u\left(\dfrac{l-1-m}{\lambda},m\right)+v_L(m)-(l-1-m)h\right], & n=1
\end{cases}
\tag{3.8}
$$

如果对 $\forall m\in[1,l-1]$，有 $v_L(m)-(l-1-m)h\leqslant p_L$，则结束程序；否则，对 $l+1$ 重复第 2 步。

上述算法给出了最后状态下的最优消费效用。另外，我们可以推导出最优购买量和相应的消费计划：对于每个消费水平，我们可以找到使总消费效用最高的最后状态。令

$$
u^*(l) = \max_{n\in[1,l-1]} u\left(\frac{1-n}{\lambda},n\right)
\tag{3.9}
$$

效用 $u^*(l)$ 在 l 中既不凹也不增加。这意味着应该通过比较所有 $u^*(l)$ 和选择使 $u^*(l)-lp_L$ 最大的最优解来实现全局最优，然后通过连接最优的最后状态导出最优消费计划。

例3.8　在图 3-6 中，我们说明了如何使用逐步算法来计算消费效用（我们进一步令 $v_L(3)=6$）。边旁边的数字（以下简称边数）表示相应消费的持有成本的效用净额，实点旁边的数字（以下简称点数）表示相应的最优消费效用。我们首先展示如何推导边数。在时间 0 处，边数仅仅是消费者对相应满足感的评估。在时间 $1/\lambda$ 处，这些边数是通过从消费者估值中扣除持有成本得到的。所有的边数都可以

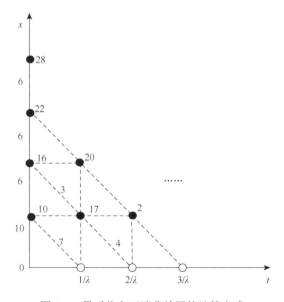

图 3-6　最后状态下消费效用的计算方式

用这种方法推导出来。我们用类似的方法来推导点数。我们每次根据边数和前一个消费水平的点数计算某个消费水平的点数。例如，当消费水平为 2 时，与点 (0, 2) 和 (1/λ, 1) 相关联的数字分别计算为 10 + 6 = 16 和 10 + 7 = 17。所以当消费水平为 2 时，最优总消费效用是 17。对于给定的消费水平，其最后状态的消费效用也不显示凹性，如本例中消费水平为 3 时所示。

当进一步表征函数 ν_L 时，可以详细阐述最优消费计划。

命题 3.7　如果 $\nu_L(j-1) - h \geqslant \nu_L(j)$，$\forall j \in N$，低支付意愿消费者的最佳消费计划是当满足感降至零时消费一个单位的产品。

上述命题直观易懂。当消费的边际效用的下降速度快于持有成本下降速度时，持有成本变得微不足道，低支付意愿的消费者应该总是在满足感为零的情况下消费。

高支付意愿消费者的购买和消费计划可以通过类似但更复杂的程序获得，因为他们可以在必要时在定价周期的中间以 p_H 的价格购买。在最小化持有成本的目标下，以下结果是简单的。

引理 3.3　如果高支付意愿消费者在定价周期内在 p_H 处购买，则他们每次只购买一个单位的产品，并在购买后立即消费。

换句话说，高支付意愿的消费者只在 p_H 处购买，以便立即消费。因此，这种购买和消费行为的回报等于 $\nu_H(0) - p_H$，其可以作为确定高支付意愿消费者在 p_L 处的购买行为的一个基准。请注意，由于消费是即时的，所以持有成本并没有在计算中显示出来。

高支付意愿消费者确定其最佳购买数量和消费计划的程序与低支付意愿消费者的相似，只是将第 2 步中的结束标准改为 $\nu_H(m) - (l-1-m)h \leqslant \nu_H(0) - p_H + p_L$。

尽管两类消费者的购买计划与基础模型中的不同，但以下单调性结果仍然成立。然而，总利润并不像基础模型中那样可以直接明确地得出。

命题 3.8　企业从低支付意愿消费者那里获得的利润 π_L，随周期长度参数 j 的增大而递减，而从高支付意愿消费者那里获得的利润 π_H，随 j 的增大而递增。

图 3-7 和图 3-8 描述了两类消费者的购买和消费行为的例子。将实物库存表示为 I_t。为了更好地了解情况，我们用一个脉冲来表示消费者在购买后立即进行消费的情况。在图 3-7（b）描述的情景中，消费在一个定价周期内发生了三次，从实线曲线所示的消费者估值的先上升后下降中可以看出。相应地，高支付意愿的消费者在前两次消费活动中以 p_L 的价格囤积，然后在定价周期内以 p_H 的价格购买他们在最后一次消费活动中消费的东西。在图 3-8 描述的场景中，根据实线曲线可以看出，消费在一个定价周期内发生了两次。然而，低支付意愿的消费者在价格为 p_L 时购买了他们消费的所有产品。

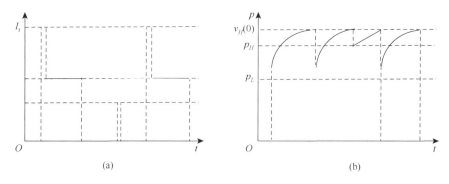

图 3-7   高支付意愿消费者的购买和消费行为

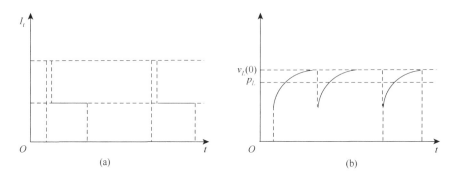

图 3-8   低支付意愿消费者的购买和消费行为

3.5   本 章 小 结

在本章中，我们认为消费者的重复购买行为是由短暂满足感的演变所驱动的。消费者对产品的估值是由满足感通过一个递减的映射函数决定的。我们使用一个确定性的两类消费者模型，得到消费者的最优重复购买计划（购买时间和购买数量）和垄断企业的相应的最佳循环定价策略。结果表明，消费者的重复购买行为往往会使企业忽视暂时的市场地位，不愿意降低价格。我们发现，企业使用动态循环定价策略获得的利润与固定价格定价策略下的相同。当循环定价策略更有利可图时，最佳定价策略取决于消费者评价对消费者满足感的依赖性。通过本章的研究结果可以发现，忽视短暂的满足感的影响往往会导致企业定价过低。为了实施一个合理的跨期价格歧视策略，企业有必要对由满足感驱动的消费者的重复购买行为进行更深入的研究。

目前我们的分析还有几个局限性。例如，我们可以允许每个消费者有不同的衰减率，并研究这样差异化的衰减率对跨期定价策略的影响，如企业是否会从高支付意愿消费者的更高衰减率中受益？同样，价格可以是决策变量，而不是只能为常数。在这些对模型的一般化中，我们期望对消费者购买行为的分析仍然适用。此外，行为分析可以作为进一步分析的基础，如推导最优定价周期长度和最优价格。我们还可以研究信息不完全的情况。本章的模型假设企业拥有关于消费者的满足感和估值演变的完整信息。企业如何通过各种渠道获得或推断这种信息，如何对这种信息的价值进行量化，都将是非常有趣的研究方向。

第 4 章　数字经济下 App 平台的营收模式

4.1　引　　言

进入互联网时代，移动终端（主要是手机）成为大众的主要日常工具。本章研究的移动 App 平台主要是指移动终端上的 App，如视频类、音乐类、阅读类等 App。这些 App 可以从应用商店下载到手机等移动终端设备，给用户提供了休闲娱乐的模式，也丰富了用户的生活。随着信息技术的快速发展和互联网的普及，数字经济已经成为推动全球经济增长和社会变革的重要引擎。在这个数字化时代，App 平台不仅成为人们获取信息、娱乐和交流的主要渠道，同时也成为商业运作的重要组成部分。App 平台的营收模式是数字经济中的关键议题之一。数字经济时代，企业必须以创新的方式来获取收入和实现盈利。App 平台通过巧妙地整合数字技术、用户数据和市场需求，为企业提供了许多全新的盈利机会。

首先，广告是 App 平台主要的收入来源之一。通过收集和分析用户数据，App 平台能够精确地定位和投放广告，实现广告主与目标受众的精准匹配。这种个性化广告不仅提高了广告主的转化率和回报率，也为 App 平台带来了丰厚的广告费用。其次，许多 App 平台通过提供付费内容或增值服务来获取收入。这些内容可以是独家的新闻、音乐、电影、游戏等，也可以是高级会员特权或增强的用户体验。用户愿意为独特和优质的内容或服务支付费用，从而为 App 平台创造了持续的收入流。再次，一些 App 平台还通过电子商务模式来实现盈利。它们建立自己的电子商务平台或将第三方企业纳入平台，提供在线购物、支付和配送服务。通过收取佣金、广告费用或物流服务费用，App 平台从每笔交易中获得利润。随着移动支付和电子商务的普及，这种模式在数字经济中发挥着越来越重要的作用。最后，数据开发和数据交易也成为数字经济中一个新兴的盈利模式。App 平台通过分析和挖掘用户数据，帮助企业洞察市场，并提供决策支持。同时，App 平台也可以将经过脱敏和匿名处理的数据出售给其他企业，从中获得收益。数据的价值在数字经济中愈发凸显，数据开发和数据交易将成为 App 平台未来的重要收入来源之一。

随着数字化时代的来临，App 平台的营收模式成为数字经济中重要的商业模式。通过广告、付费内容、电子商务和数据交易等多种方式，App 平台为企业创造了新的盈利机会，并且不断推动着数字经济的发展。然而，App 平台也需要应对数据隐私泄漏风险，盗版内容泛滥、竞争压力激增和用户体验欠佳等新挑战。近年来，App 平台的数量与日俱增，竞争日益激烈。App 平台如何获取用户流量并实现流量变现是 App 运营者首要关注的问题。App 运营者的常见决策包括以下两种。一是平台营收模式。平台营收模式是指将用户流量转化为收益的方式，从需求端（用户）考虑，合理控制用户获取信息产品的成本，进而扩大平台的用户群体。二是平台创作资金奖励决策。从供给端（内容提供者）考虑，通过提供创作资金奖励，提高内容提供者的创作努力程度，进而使其为平台提供更多的高质量内容。因为高质量内容才是平台吸引用户，并保持用户高活跃度的关键。

4.1.1　平台营收模式的选择

本章将 App 平台将用户流量转化为收益的方式称为平台营收模式。具体来说，常见的平台营收模式包括在内容中插入广告、向广告商收取广告费用和向用户收取订阅费等。

如表 4-1 所示，App 平台采用的营收模式通常包括三种：①广告盈利模式，平台内所有的内容免费，在内容中植入广告，平台通过用户流量获取广告收益，如抖音、Bilibili（Zhang and Sarvary，2015）；②用户订阅模式，平台内所有内容不免费，用户需支付订阅费获取平台内容的阅读权限，如 Tidal、Netflix 等海外平台（Amaldoss et al.，2021）；③混合模式，低质量内容免费提供，但会在其中植入广告，高质量内容需支付订阅费后阅读，两种营收模式相互独立，如快看漫画；或者在所有内容中投放广告，低质量内容免费阅读，高质量内容既需要付费同时还需要浏览其中的广告，两种营收模式不独立，如喜马拉雅（罗欢，2020）。

表 4-1　App 平台的营收模式

营收模式	示例	参考文献	模式特征
广告盈利模式	抖音等	Zhang 和 Sarvary（2015）	平台内所有内容免费，平台通过投放广告获取收益
用户订阅模式	Tidal、Netflix 等	Amaldoss 等（2021）	用户需支付订阅费后获取平台内容，平台通过收取订阅费获取收益
混合模式	喜马拉雅等	罗欢（2020）	低质量内容免费阅读，高质量内容既需要付费，又需要浏览其中的广告

App 平台选择投放广告时，平台收益取决于边际广告收益和用户数量，但是广告的数量会对用户造成一定的影响。通常来说，用户对广告是厌恶的，广告的存在会对用户的效用造成损失。若用户对广告的敏感程度较高，平台投放的广告数量过多就会导致用户流失。若平台选择收取订阅费，订阅费的价格决定了平台的单位收益，但是订阅费会给用户带来一种成本的负担。混合模式是指两种营收模式共同存

在。混合模式为用户提供了选择，用户可根据内容价值、对广告的敏感程度、订阅费的价格选择浏览的内容。以上营收模式各有利弊，平台如何选择营收模式、决策广告投放数量或订阅费，既影响用户获取信息产品的成本，同时又影响平台的边际收益。因此，选择合理的营收模式是平台获取收益，同时避免用户流失的关键。

以往的文献大多将平台和内容提供者视为一体，来比较研究 App 平台的营收模式。但实际中 App 平台和内容提供者群体往往为两个独立的决策主体，App 平台和内容提供者群体通常是合作关系，多数 App 平台会采取创作激励计划来鼓励内容提供者创作高质量内容。本章在此基础上研究考虑内容创作资金奖励决策下的 App 平台的最优营收模式及其条件。

4.1.2 平台的创作激励计划

创作激励计划是 App 平台为鼓励内容提供者提交更好的创作内容而提供的一系列资金奖励或权益。平台通过提供创作激励，提高内容提供者创作的努力程度，进而获取更多的高质量内容，为平台吸引更多的用户，并实现用户留存。近几年，许多 App 平台纷纷推出创作激励计划，如表 4-2 所示。

表 4-2　App 平台的创作激励计划

App 平台	创作激励计划	相关描述
起点读书	北斗第四星计划	鼓励青年作家潜心创作，提供高额版权预购金、千万级别流量扶持
知乎	海盐计划	鼓励内容提供者深耕创作，产出更多优质内容，提升用户好感；投入 1 亿元资金作为创作激励基金
华为视频	MCN①城市计划	鼓励内容提供者创作关于城市特点、凸显城市属性的原创视频；设置 1000 万元创作奖金，并提供与其他平台合作的机会
网易云音乐	石头计划	鼓励原创独立音乐人创作，提供现金奖励、广告分成，提供虚拟货币等
抖音	繁星计划	鼓励具有发展潜力的创作者创作，提供保量商单、流量扶持、专属运营、培训晋级四大扶持政策

比如，抖音平台在 2020 年推出的"繁星计划"，鼓励内容提供者针对科技、游戏、汽车、美食、摄影等多品类进行创作，将抖音短视频应用渗透到多行业，实现抖音的高速发展。抖音平台向内容提供者提供 10 亿元现金奖励，投入 100 亿元的专属流量券，实现抖音平台和内容提供者一起做增量，进而实现共同获益。知乎在 2022 年 5 月 18 日推出"海盐计划 4.0"，鼓励内容提供者深耕创作，产出更多的优质内容，打造知乎的良好生态，提升用户的获得感和好感。平台从流量扶持、现金奖励等多个方面鼓励优质内容提供者积极创作，产出更多的高质量内容。

---

① MCN，为 multi-channel network（多频道网络）的缩写。

App 市场竞争激烈，数以百万的 App 供用户选择，App 平台必须充分凸显其使用价值或者提供大量的高质量内容，通过丰富的高质量内容与用户互动，提高用户的效用并实现对用户的留存。由此可见，内容创作激励计划是平台鼓励内容提供者努力创作，获取更多高质量内容的关键决策，会极大地影响平台中的用户流量。但是平台需合理决策创作资金奖励，其一，内容提供者的努力程度与创作成本息息相关，平台提供的创作资金奖励必须能够对内容提供者起到激励作用。其二，创作资金奖励的支出影响平台收益，合理预期创作资金奖励支出带来的高质量内容的数量能够为平台吸引的用户增量和实现的收益，避免入不敷出，对平台收益造成损失。因此，平台需重视创作资金奖励决策，既要使其能够起到激励作用，鼓励内容提供者创作更多的高质量内容，以吸引用户；同时又要使其能够规避收益风险，避免造成损失。

本章围绕考虑内容创作资金奖励决策下的平台最优营收模式这一主题展开，以往的研究（Gritckevich et al.，2021，Dey et al.，2019，Lahiri and Dey，2012）通常将平台和内容提供者合并为平台，本章将二者分别视为独立的决策主体。本章不考虑盗版内容的影响，站在平台的角度去分析创作资金奖励决策以及平台营收模式的选择策略。具体的研究目标如下。

（1）不考虑盗版内容时，在不同的营收模式中平台应如何决策创作资金奖励、广告投放数量或订阅费？

（2）平台提供的创作资金奖励会对内容提供者的创作努力程度、用户剩余和平台收益产生怎样的影响？

（3）考虑市场环境的影响，平台应如何选择营收模式以实现收益最大化？

本章构建了三种平台营收模式（广告盈利模式、用户订阅模式和混合模式）下由内容提供者、App 平台和用户三个决策主体构成的博弈模型。App 平台决定创作资金奖励和营收模式，内容提供者根据平台提供的创作资金奖励，决定创作努力程度，用户根据平台提供的高质量内容的数量及获取成本，选择是否加入平台。首先，本章建立不考虑盗版内容的基础模型，并分析了三种平台营收模式下各主体的最优决策，其次从平台的角度出发对三种平台营收模式进行对比，从而得到最优的营收模式及其条件。

4.2 理 论 基 础

4.2.1 激励理论

激励理论是由美国心理学家亚伯拉罕·马斯洛于 1943 年提出的。他在其所著的《动机与人格》一书中，提出了著名的马斯洛需要层次论，认为人们的需求是分层次且递进的,对人们的激励必须依次提供才最为有效。Jones(1954)认为激励会对个体的目标及行为产生关键性影响,会进一步提高个体的努力程度和目标实现的概率。它定义了激励的三要素:激励的方式、激励的效果,以及对未来行为的影响。Robbins 和 Judge(2018)在其所著的《组织行为学》一书中提出,激励即为实现组织目标而鼓励每一个个体努力工作,这前提是组织采取的激励措施能够满足个体当前的需要。Kontz(1993)指出,激励有两层面的含义,不仅包含激发,还含有约束的意味。这与激励中常见的两种措施相一致:奖励和惩罚。不仅需要提供奖励促进个体行为的产生,同时也需要依靠惩罚来对其行为加以规范,确保其行为能够按照规定的方向发展。

传统的激励理论如下。一是马斯洛需要层次论,认为每个个体都有五个层次的需求,处于不同阶段的个体需求是不同,因此对个体需求层级的把握是进行激励的关键,主导需求得到满足才能够达到激励的目的。二是麦格雷戈的 X 理论和 Y 理论。X 理论更多体现的是对个体行为的监督与管控,通过监管来督促个体行为。Y 理论则认为个体积极向上,管理者应该给予个体更多的决策权利和自我管理权利,实现个体的自我激励和自我指导,通过个体内驱力实现激励效果。三是赫茨伯格的双因素理论:激励因素和保健因素。激励因素更多体现为内在因素,如个体的荣誉感、成就感以及工作满意度,这些有助于提高个体对工作的认同感进而提升个体的工作积极性和效率。保健因素则为外部环境因素,如办公环境、人际关系、公司政策等,对个体行为起到一定的限制或监督作用,较差的外部环境会令个体感到不满意,对工作产生一定的厌倦。

现代激励理论如下。一是目标设置理论。设定明确且具有挑战性、个体需要付出一定的努力才能够实现的目标。这种目标的设定通常能够给个体提供极强的激励力量,进而产生更好的激励效果。二是强化理论。当个体的努力使得某一目标实现时,管理者提供正向的奖励能够强化个体行为,促使个体保持较高的积极性,完成同类型的工作。但是如果个体未达到标准,管理者也不会因此而对其进行惩罚。三是期望理论。该理论通常包含三个变量:期望值、手段和效价。个体根据自身的努力程度判断实现目标的概率,达到某一绩效水平是否能够获得期望结果,实现期望结果所能获得的奖励对个体的吸引程度。管理者需合理决策奖励水平,只有与个体所预期的奖励相一致时,才能够有效地激励个体。

在移动 App 的运营管理中,众多学者也采用激励理论开展与相关干系人的协作研究。Sun 和 Zhu(2013)通过实证调查发现与内容提供者分享广告收入可以有效地提高内容提供者的创作热情,产出更多的高质量内容和热点新闻。Hu 等(2016)运用激励合同研究广告定价模型如何实现发布商和客户之间的风险分担,以及激励他们努力改善在线广告的效果。他们通过研究发现,采取激励措施能够有效地改善在线广告的效果，进而提高客户的购买率。在互联网时代，越来越多的人利用空闲时间发展个人副业，如加入 App 平台进行创作。Wu 和 Zhu（2022）通过实证研究发现，平台提供少量的创作奖励可大大提高零散作家的创作能力，使其产出更多的优质内容。相比于给固定作家支付报酬，App 平台提供创作资金奖励，更能鼓励内容提供者创作。

参考 App 平台实施的创作激励计划，本章采用平台向内容提供者支付创作资金奖励的方式体现平台的创作激励计划，如抖音、汤圆创作 App 等。抖音以用户创作的内容所产生的浏览量、用户的互动数量为基准，制订阶梯式的创作资金奖励计划，用户创作的高质量内容的数量越多，可获得的创作资金奖励越多。汤圆创作 App 会根据用户创作的高质量内容的数量或者根据其创作的高质量内容所引发的用户流量提供创作资金奖励。内容提供者则根据 App 平台提供的创作资金奖励标准，决定自身创作的努力程度，其努力程度通常会影响其创作的高质量内容的数量或者内容的质量，正如 Sun 和 Zhu（2013）的研究结果所显示的，向内容提供者提供创作资金奖励可以有效地提高其创作的积极性，并使其产出更多的优质内容。

根据期望理论模型，如图 4-1 所示，内容提供者决定创作努力程度，产出一定量的高质量内容，App 平台提供创作资金奖励，而内容提供者的目标则是实现收益最大化。本章包含两部分内容，第一部分假设平台提供的创作资金奖励总额与内容提供者创作的高质量内容的数量相关，即 wx，w 为单位创作资金奖励，x 为创作的高质量内容的数量。第二部分假设研究中平台提供的创作资金奖励总额与内容提供者创作的高质量内容所引发的用户流量正相关，即 $w\Pr(U(x) \geq 0)$，其中 $\Pr(U(x) \geq 0)$ 代表用户流量。App 平台率先决策给内容提供者单位创作资金奖励 w，内容提供者则根据单位创作资金奖励 w 和单位创作成本 k 决定创作的努力程度 e，内容提供者创作的高质量内容的数量 x 与其努力程度 e 呈相关。较多 App 平台采用的创作激励计划，正是运用激励理论来提高内容提供者的创作热情和工作效率；产出的高质量内容为平台吸引了更多的用户群体。创作激励计划的应用实现了平台和内容提供者的双赢。

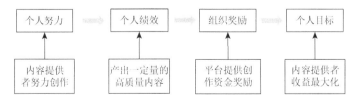

图 4-1　期望理论模型

4.2.2 博弈论

博弈论是一门研究决策者之间相互作用的数学理论（褚淑贞，2003；《运筹学》教材编写组，2005），它的历史可以追溯到18世纪的数学家达朗贝尔和拉普拉斯，正式的博弈论出现在20世纪初，最初是由经济学家冯·诺伊曼和数学家莫根施特恩共同研究的。他们在1944年发表了经典的著作《博弈论与经济行为》，系统地论述了博弈论的基本概念和方法，对博弈论的发展和应用做出了杰出的贡献。目前，博弈论被广泛应用于管理学、经济学研究中，成为微观经济学中的核心内容（张维迎，2004）。

本章主要涉及的是Stackelberg博弈，Stackelberg博弈理论是博弈论中的一个重要分支。经济学家Stackelberg在1934年出版的《市场结构与均衡》中率先提出Stackelberg博弈这一理论。描述的是一个领导者和一个或多个跟随者之间的博弈。Stackelberg博弈模型是非合作博弈模型，领导者和跟随者都是理性的，并且每个玩家都追求自己的最大利益。在Stackelberg博弈中，领导者可以先行动并制定策略，而跟随者只能观察并根据领导者的策略做出反应。Stackelberg博弈是一种序列博弈，因为玩家的行动是按照时间序列发生的。后来，众多研究学者也拓展了对Stackelberg博弈的研究。

Stackelberg博弈广泛应用于管理学和经济学的相关研究中。Liu等（2007）构建Stackelberg博弈模型分析考虑价格和交货时间敏感需求的供应商与制造商之间的博弈。Cho和Tang（2013）针对在产品需求的不确定性和季节性影响下制造商的三种销售策略分别建立模型：针对提前销售和定期销售策略分别建立单一阶段的Stackelberg博弈模型，针对动态销售策略建立两阶段的Stackelberg博弈模型。基于此，分别研究制造商与销售商之间的博弈对制造商库存、价格以及收益所产生的影响。在移动App的运营管理中，Gritckevich等（2021）运用Stackelberg博弈模型研究广告拦截商与App平台间的博弈策略，探究广告拦截商的最优定价和App平台的广告投放策略。Hao等（2017）建立Stackelberg模型分析App Store与App开发商之间的动态博弈，App Store率先决策收益分成，而App开发商则决定平台的质量或功能。

在本章，App平台作为创作激励计划的实施者和创作资金奖励的提供者，始终是博弈的领导者。内容提供者往往根据App平台提供的单位创作资金奖励和单位创作成本决定自身的创作努力程度，内容提供者的决策晚于App平台提供的创作激励计划，所以内容提供者是博弈中的跟随者。因此，App平台与内容提供者之间的博弈属于Stackelberg博弈，首先App平台向内容提供者提供创作资金奖励标准；其次内容提供者选择接受或拒绝以及决定创作努力程度。不同于以往的研究设定，本章将内容提供者视为决策主体，探究 App 平台提供的创作资金奖励对内容提供者创作努力程度的影响。App 平台和内容提供者均为理性决策者，二者均追求自身收益最大化，二者的均衡策略并不总是有利于 App 平台。因此研究 App 平台和内容提供者之间的 Stackelberg 博弈模型，对于 App 平台采取创作激励计划和决策创作资金奖励具有重要意义。

　　App 平台的收益等于平台用户流量带来的广告收益或订阅费收益，减去平台提供的创作资金奖励总额，而内容提供者的收益则等于其创作的高质量内容获取的创作资金奖励，减去创作成本。二者收益存在一致性，均与高质量内容数量或其引发的平台用户流量正相关，但是成本的不一致性导致二者的决策存在差别。首先，App 平台作为博弈的领导者，决策提供给内容提供者的单位创作资金奖励；其次，内容提供者作为博弈跟随者，根据 App 平台提供的单位创作资金奖励和单位创作成本决定自身的创作努力程度；最后，App 平台则根据内容提供者产出的高质量内容的数量选择最佳的营收模式，以实现收益最大化。二者的决策为 Stackelberg 博弈中的均衡策略，平台的激励策略在鼓励内容提供者积极创作并创作出更多的高质量内容的同时，追求低创作激励成本，实现收益最大化。内容提供者决策的创作努力程度同时考虑创作的成本和收益，实现收益最大化。这与以往的研究中将平台和内容提供者合并为平台，平台自主决策内容质量或高质量内容数量的均衡策略还是存在很大区别的。

4.2.3　效用理论

　　效用理论出现在 20 世纪初，最早由英国经济学家威廉·斯坦利·杰文斯（William Stanley Jevons）、奥地利经济学家卡尔·门格尔（Carl Menger）和法国经济学家莱昂·瓦尔拉斯（Léon Walras）等独立提出。20 世纪初，英国经济学家弗朗西斯·伊西德罗·埃奇沃思（Francis Ysidro Edgeworth）发展了效用理论，提出了边际效用概念，该概念成为效用理论的重要组成部分。此后，英国经济学家约翰·梅纳德·凯恩斯（John Maynard Keynes）进一步完善了效用理论，提出了效用函数的概念，以及将效用理论应用于宏观经济学的理论框架。

　　"效用"一词最早是在 1738 年由丹尼尔·伯努利（Daniel Bernoulli）解释圣彼得堡悖论时提出，可以理解为人们在消费某种事物时的满意度或享受程度。效用理论旨在解释人们在做出决策时如何考虑不同选项之间的效用，以及如何最大化效用。效用理论认为，人们在做出决策时总是希望最大化自己的效用。人们通常会考虑每个选项所能带来的效用，与此同时他们也会考虑不同选项所带来的风险，选择对他们最有利的选项。通常用户分为：①风险偏好型用户，他们通常愿意为潜在的效用承担较大的风险，他们的效用函数为凹函数；②风险中立型用户，他们认为风险与收益是呈线性关系的；③风险规避型用户，他们对风险较为敏感，不愿意承担任何损失，此类用户群体的效用函数为凸函数。

用户的效用决定了用户对产品的选择，当市场中的产品存在质量或价值差异时，可基于用户效用理论分析用户的选择，进而确定产品的需求量，为企业制定相应的管理策略提供参考。本书建立了关于产品质量和价格的用户效用函数：

$$U = mv - p$$

其中，m 为用户关于产品质量的价值参数，服从 $[a,b]$ 上的均匀分布，以此来体现用户的异质性，并通过用户的价值参数来划分用户群体，分析选择该产品的用户数量；v 为产品的质量或价值；p 为产品价格。Gritckevich 等（2021）建立了相似的用户效用函数，根据用户对信息产品价值以及对平台投放的广告数量的敏感参数对用户群体进行划分，指导 App 平台的广告投放策略以及对广告拦截的应对策略。

用户的异质性不仅可以体现为对产品的质量偏好，也可体现为用户对购买价格的敏感参数。

Amaldoss 等（2021）建立了相似的效用函数，用户加入平台可获取的价值为定值，通过 Hotelling 模型体现两大平台对用户的争夺，分析平台的产品定价策略。

本章建立了线性的用户效用模型，即假定用户是风险中性的，用户的效用函数与平台提供的高质量内容的价值正相关，与广告数量或订阅费负相关。通过用户对高质量内容价值的敏感参数来对用户群体进行划分，以此分析平台的创作资金奖励决策对高质量内容的创作数量以及平台中用户数量的影响。

4.3　不考虑盗版内容时 App 平台的营收模式研究

影响 App 平台收益的关键是用户流量，而用户流量取决于用户浏览内容的成本和效用。平台营收模式的选择不仅决定收益方式、广告盈利或订阅费，同时也影响用户获取内容的成本，进而影响用户加入平台的选择。收益方式和用户数量共同决定了平台的收入水平，因此平台营收模式的选择是至关重要的决策。目前，较为主流的营收模式包括三种。一是广告投放，如抖音 App，平台中的内容免费提供给用户，通过在内容中投放广告获取收益。二是收取订阅费，如 Apple Music 和 Netflix，平台提供的影视作品均需付费，即平台通过向用户收取订阅费的方式营利。三是混合模式，即广告 + 订阅费，许多平台开始探索"免费 + 增值"的商业模式，即 App 中低质量内容免费提供给用户，并在其中植入广告；同时也提供付费获取优质内容或特殊功能的服务，如喜马拉雅等听书类 App，平台中的部分内容免费但是会植入广告，对于精选书目，用户需额外付订阅费。

影响用户浏览内容的效用，主要体现为平台可提供的高质量内容的数量。平台提供的创作资金奖励决策通常会对内容提供者起到一定的激励作用，促使其提高创作努力程度，产出更多的高质量内容，进而用户加入平台以后可获取更高的效用。正如各大 App 平台推出的创作激励计划，如起点读书的"北斗第四星计划"，知乎的"海盐计划"，网易云音乐的"石头计划"等，为优质内容提供者提供大量的资金奖励，鼓励内容提供者精耕细作。App 平台已充分意识到创作激励计划的重要性以及高质量内容对平台营收的影响。

考虑到以上因素，本章将平台的营收模式分为广告盈利模式、用户订阅模式、混合模式，探究在三种模式下平台提供的创作资金奖励决策，比较分析平台最优的营收模式及其条件。与以往文献不同，本章将内容提供者视为决策主体，平台主导内容创作资金奖励决策，内容提供者决策创作努力程度，用户根据平台提供的高质量内容的数量以及获取成本决定是否加入平台，在此背景下比较三种营收模式下的平台收益，分析平台最优的创作资金奖励决策和营收模式选择策略。

4.3.1　内容提供者收益

本章将内容提供者设定为决策主体，用户阅读的内容由内容提供者提供，而非由平台提供。例如，汤圆创作 App 向内容提供者提供创作资金奖励或收益分成，鼓励移动创作者创作优质小说，App 公布数据显示，平台中的移动创作者数量已超过 85 万人，月活跃作者数量超过 20 万人，汤圆创作 App 拥有旺盛的移动读写生命力。虎嗅开设的秒投专栏，截至目前包含 1753 位内容提供者，涉及 30 个热点行业，共创作出 3568 篇优质研究内容，研究内容独立、新颖，提供宏观和新技术的权威解读。

根据曾润滋（2021）等的模型设定，我们将内容提供者创作的成果分为高质量内容和低质量内容。内容提供者的创作努力程度能够影响其产出高质量内容的数量，创作努力程度越高则产出的高质量内容数量越多。我们假设内容提供者提供的内容数量为

$$
\begin{cases}
x_H = \dfrac{1-\gamma+e}{2}, & \text{高质量内容} \\
x_L = \dfrac{1+\gamma-e}{2}, & \text{低质量内容}
\end{cases}
\tag{4.1}
$$

参考 Bernstein 等（2022），Jain 和 Qian（2021）等的设定，式（4.1）中 γ 体现的是外部环境对内容提供者创作所产生的影响，干扰其高质量内容的产出，$\gamma \in (0,1)$ 为外生变量；e 为创作努力程度，设定 $e \in [0,1]$，为内容提供者的决策变

量。由于单位时间内内容提供者创作的内容是有限的，所以设定单位时间内内容提供者创作的内容总数量为 1。

关于 App 平台推出的创作激励计划，本章仅采用资金奖励的方式，即分析平台提供创作资金奖励的决策。App 平台提供的创作资金奖励为

$$
\begin{cases}
w, & \text{创作单位高质量内容} \\
0, & \text{创作单位低质量内容}
\end{cases}
\tag{4.2}
$$

只有内容提供者创作出高质量内容时，平台才会给予相应的资金奖励，即 w 为 App 平台决策的单位创作资金奖励。反之，由于低质量内容对用户的效用产生的影响较弱，故平台并不会就低质量内容提供创作资金奖励。本章设定内容提供者的机会成本为 0。综上，内容提供者的决策问题为

$$
\max{}_e \pi_{cp} = wx_H - \frac{ke^2}{2}
\tag{4.3}
$$

其中，下标 cp 表示内容提供者。内容提供者根据平台提供的单位高质量内容创作资金奖励 w 和单位创作成本 k，选择最优的创作努力程度 e，以追求自身收益 π_{cp} 最大化。正如 de Cornière 和 Sarvary（2022），Gritckevich 等（2021），Jain 和 Qian（2021）等的设定，内容提供者的创作成本与其努力程度构成的函数为凸函数，即随着努力程度的上升，边际努力成本是逐渐增加的。

4.3.2 用户效用

用户加入平台可获得的效用通常包含两部分。其一就是阅读平台内容可获取的价值，这部分价值与高质量内容的数量正相关。平台可提供的高质量内容数量越多，则用户所获得的价值就越高。其二则是用户加入平台所付出的代价，如广告盈利模式下的广告投放对用户产生的干扰、用户订阅模式下支付的订阅费、混合模式下的广告＋订阅费。我们设定高质量内容的价值为 q_H，低质量内容的价值为 q_L。正如喜马拉雅的会员精选栏目和知乎盐选的内容，根据平台对内容的审核标准将其定义为高质量内容专栏，可给用户带来更高的效用。由于低质量内容对用户的效用产生的影响较弱，所以我们设定 $q_H > q_L$。在三种营收模式下，用户的效用如下。

（1）当平台采用广告盈利模式时，用户可免费浏览平台内容，但是需要观看广告，广告会对用户效用产生一定的负面影响，且广告数量越多，负面影响越大。当前抖音等平台采用这种营收模式，我们用符号 Ad 来代表这种营收模式。此时用户加入平台可获得的效用为

$$
U^{Ad} = v(x_H q_H + x_L q_L) - \theta\beta
\tag{4.4}
$$

其中，v 为用户关于内容质量的价值参数。本章设定 v 为随机变量，服从 $[0,V]$ 上的均匀分布，体现了用户的异质性（Gritckevich et al.，2021），为简化后续的计算，我们在下文的推导过程中均假设 $v=1$。θ 为用户的广告敏感程度，为外生给定变量，我们设定用户的广告敏感程度是同质。β 为平台的广告投放数量，为平台的决策变量。此时用户剩余为

$$\text{CS}^{\text{Ad}} = \int_{\frac{\theta\beta}{x_H q_H + x_L q_L}}^{1} [v(x_H q_H + x_L q_L) - \theta\beta]\mathrm{d}v \tag{4.5}$$

（2）当平台采用用户订阅模式时，用户必须支付订阅费后才可加入平台浏览内容，平台中的高、低质量内容均可阅读，当前 Apple Music 采用这种营收模式。我们用符号 S 代表该模式。此时用户加入平台可获得的效用为

$$U^S = v(x_H q_H + x_L q_L) - s \tag{4.6}$$

其中，s 为该模式下平台向用户收取的订阅费。用户剩余为

$$\text{CS}^S = \int_{\frac{s}{x_H q_H + x_L q_L}}^{1} [v(x_H q_H + x_L q_L) - s]\mathrm{d}v \tag{4.7}$$

（3）当平台采用混合模式时，平台提供的高质量内容不展示任何广告，用户支付订阅费成为会员后可浏览高质量内容；平台提供的低质量内容，免费供用户阅读，但是平台会植入一定数量的广告。当前喜马拉雅、汤圆创作等 App 平台采用这种营收模式。我们用符号 M 代表这种模式。

在混合模式中，高质量内容和低质量内容是两种不同质量的不同内容。例如，起点读书 App 中，精选栏目中的小说属于高质量内容，用户需要支付订阅费以后才可阅读。同时该 App 中也存在部分免费的小说供用户选择，这部分内容质量低，内容的情节、文笔不够有吸引力，而且通常会在内容中植入广告。这也为用户提供了更多的选择：①用户可根据低质量内容的价值以及低质量内容中植入的广告对其效用的影响，选择是否阅读低质量内容；②用户根据高质量内容的价值以及订阅费的价格，决定是否阅读高质量内容。

对用户而言，高质量内容和低质量内容并非互斥的关系，高质量内容和低质量内容不仅质量不同，内容的实质也存在一定的区别。所以用户对高质量内容的选择并不会影响其对低质量内容的偏好。不同内容有不同的价值，用户根据每一类内容的价值及付出的成本选择阅读的内容的种类。例如，用户可选择只阅读低质量内容或只阅读高质量内容，若阅读每一种内容均能够带来正效用，则用户会选择两种内容均阅读。

根据用户阅读每一部分内容所获取的效用，可将用户群体划分为以下四部分。

第一部分，即只阅读高质量内容，而不阅读低质量内容的用户：

$$\begin{cases} vx_L q_L - \theta\beta \leqslant 0 \\ vx_H q_H - s \geqslant 0 \end{cases}$$

第二部分，即高质量内容和低质量内容均阅读的用户：

$$\begin{cases} vx_L q_L - \theta\beta > 0 \\ vx_H q_H - s \geqslant 0 \end{cases}$$

第三部分，即只阅读低质量内容，而不阅读高质量内容的用户：

$$\begin{cases} vx_L q_L - \theta\beta > 0 \\ vx_H q_H - s < 0 \end{cases}$$

第四部分，即不阅读任何内容的用户：

$$\begin{cases} vx_L q_L - \theta\beta \leqslant 0 \\ vx_H q_H - s < 0 \end{cases}$$

通过计算可得，如果 $\dfrac{\theta\beta}{x_L q_L} \geqslant \dfrac{s}{x_H q_H}$ ，此时平台以出售高质量内容为主导，则用户群体的划分如图 4-2 所示。

图 4-2　以出售高质量内容为主导的用户群体的划分

显然该情况与实际不符，平台通常以低质量内容进行引流，并将高质量内容出售给平台的忠实用户。高质量内容为原创作品，更能够吸引用户的眼球，能够给用户带来更高的效用，因此平台对高质量内容通常会设定较高的订阅费，故购买高质量内容的用户应为少数。在后续的求解分析中，平台关于广告投放数量以及订阅费的决策也进一步印证了这一点。

如果 $\dfrac{\theta\beta}{x_L q_L} < \dfrac{s}{x_H q_H}$ ，平台以低质量内容进行引流，并将高质量内容出售给平台的忠实用户，则用户群体的划分如图 4-3 所示。

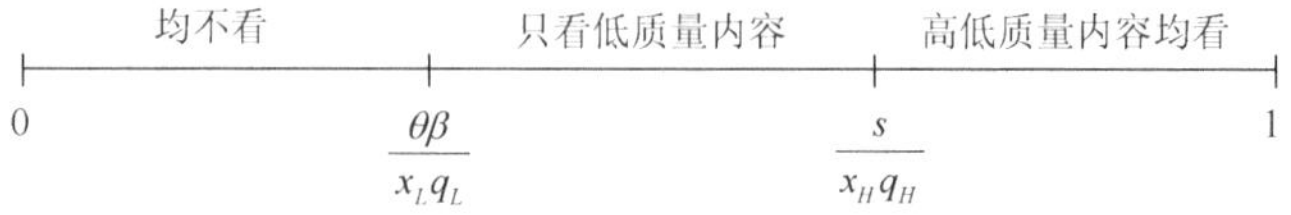

图 4-3　以低质量内容引流，以高质量内容盈利的用户群体的划分

在此种情况下，用户剩余为

$$CS^M = \int_{\frac{\theta\beta}{x_L q_L}}^{1} (v x_L q_L - \theta\beta)\mathrm{d}v + \int_{\frac{s}{x_H q_H}}^{1} (v x_H q_H - s)\mathrm{d}v \qquad (4.8)$$

其中，M 为混合模式。

4.3.3　平台收益

内容提供者创作的高质量内容是平台获取用户流量并实现收益的关键，但是平台往往需要根据内容提供者创作的高质量内容提供创作资金奖励。首先，平台对内容提供者产出的内容进行核查鉴定，判断内容的质量，如抖音通常根据内容本身的质量、内容带来的流量以及用户互动量等因素综合评价，选出优质内容，并对优质内容提供创作资金奖励。在本章中我们设定平台自主审核内容质量，并根据产出的高质量内容的数量向内容提供者提供创作资金奖励。

平台在三种营收模式下的收益及决策问题如下。

（1）在广告盈利模式下，平台免费提供内容供用户浏览，但会在内容中植入广告以获取广告收益。此时平台获取的广告收益与广告浏览量，即加入平台的用户数量成正比，但是广告的投放会对用户产生一定的干扰，因此平台需合理决策广告的投放数量。吸引用户的关键是平台中内容的质量，所以平台必须提供合理的创作资金奖励，以鼓励内容提供者产出更多的高质量内容，进而为平台创造更多的广告浏览量。综上，平台在广告盈利模式下需要决策的变量包括广告投放数量和创作资金奖励：

$$\max_{w,\beta} \pi_p^{\mathrm{Ad}} = m\beta \Pr(U^{\mathrm{Ad}}(q) \geqslant 0) - W$$
$$= m\beta\left(1 - \frac{\theta\beta}{x_H q_H + x_L q_L}\right) - w x_H \qquad (4.9)$$

其中，m 为平台向广告商收取的单位流量的广告收益，即平台的边际广告收益，参考 Amaldoss 等（2021）的设置，我们将平台的边际广告收益设为固定值（Guo et al.，2019）；W 为平台提供的创作资金奖励总额。

（2）在用户订阅模式下，用户需支付订阅费成为会员后才可浏览平台提供的内容，所有内容是不植入广告的。此时平台的收益与支付订阅费的用户数量成正比，加入平台的用户数量越多，平台的收益则越高。但是，订阅费的价格会对用户造成一定的效用损失，所以要谨慎决策避免造成用户的流失。另外，平台中的用户数量依旧取决于内容的质量，对内容提供者的创作激励仍是关键。因此，在用户订阅模式下，平台需要决策的变量包括订阅费和创作资金奖励：

$$\max_{w,s} \pi_p^S = s\mathrm{Pr}(U^S(q) \geqslant 0) - W$$

$$= s\left(1 - \frac{s}{x_H q_H + x_L q_L}\right) - wx_H \qquad (4.10)$$

（3）在混合模式下，平台免费提供低质量内容给用户，但是会在其中植入广告，赚取广告收益；高质量内容收取订阅费，用户需付费阅读，其中不含有广告。由于低质量内容价值低，所以平台要合理决策广告投放数量。再者高质量内容价值高，也是平台实现营收的关键，因此对订阅费的决策既要实现收益又要留住用户。高质量内容源自内容提供者，平台对内容提供者的创作资金奖励始终是平台的重要决策。因此，在混合模式下，平台需要决策的变量包括广告投放数量、订阅费和创作资金奖励：

$$\max_{w,s,\beta} \pi_p^M = s\left(1 - \frac{s}{x_H q_H}\right) + m\beta\left(1 - \frac{\theta\beta}{x_L q_L}\right) - wx_H \qquad (4.11)$$

4.3.4 事件发生顺序

本章探究平台在三种营收模式下的创作资金奖励决策，比较分析内容提供者的创作努力程度和平台收益，选择最优的营收模式以实现平台收益最大化。事件发生顺序如图 4-4 所示：首先，平台决策提供的单位创作资金奖励；其次，内容提供者根据平台提供的创作资金奖励和创作成本决定创作努力程度；再次，平台根据内容提供者产出的高质量内容的数量选择营收模式，决策广告投放数量或订阅费；最后，用户根据自身效用决定是否加入平台进行内容消费。

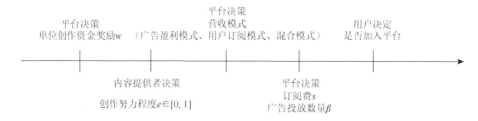

图 4-4 事件发生顺序

4.4 模型求解与分析

4.4.1 广告盈利模式下的平台创作资金奖励决策及分析

对平台内的所有内容，无论是高质量的还是低质量的，用户均可免费浏览，

但是内容中会植入广告。平台通过用户流量来赚取广告收入，此时平台的决策问题为

$$\max_{w,\beta} \pi_p^{\mathrm{Ad}} = m\beta\mathrm{Pr}(U^{\mathrm{Ad}}(q) \geq 0) - wx_H$$

$$= m\beta\left(1 - \frac{\theta\beta}{\dfrac{1-\gamma+e}{2}q_H + \dfrac{1+\gamma-e}{2}q_L}\right) - w\frac{1-\gamma+e}{2} \qquad (4.12)$$

$$\mathrm{s.t.}\ \pi_{\mathrm{cp}} \geq 0$$

引理 4.1　广告盈利模式下平台及内容提供者的最优决策如表 4-3 所示。

表 4-3　广告盈利模式下平台及内容提供者的最优决策

单位创作成本 k	最优单位创作资金奖励 w^{Ad^*}	最优广告投放数量 β^{Ad^*}	最优创作努力程度 e^{Ad^*}
$0 \leq k \leq \dfrac{m(q_H-q_L)}{8\theta(3-\gamma)}$	$2k$	$\dfrac{(2-\gamma)q_H + \gamma q_L}{4\theta}$	1
$\dfrac{m(q_H-q_L)}{8\theta(3-\gamma)} < k$ $\leq \dfrac{m(q_H-q_L)}{8\theta(1-\gamma)}$	$\dfrac{m(q_H-q_L)-8k\theta(1-\gamma)}{8\theta}$	$\dfrac{8[(1-\gamma)q_H+(\gamma+3)q_L]k\theta}{64k\theta^2}$ $+\dfrac{m(q_H-q_L)^2}{64k\theta^2}$	$\dfrac{m(q_H-q_L)-8k\theta(1-\gamma)}{16k\theta}$
$k > \dfrac{m(q_H-q_L)}{8\theta(1-\gamma)}$	0	$\dfrac{q_H(1-\gamma)+q_L(1+\gamma)}{4\theta}$	0

* 参数取得最优的情形

证明　根据逆序求解的次序，首先分析平台关于广告投放数量的最优解。根据公式（4.12）可得，平台的决策问题为

$$\max_{w,\beta} \pi_p^{\mathrm{Ad}} = m\beta\left(1 - \frac{\theta\beta}{\dfrac{1-\gamma+e}{2}q_H + \dfrac{1+\gamma-e}{2}q_L}\right) - w\frac{1-\gamma+e}{2}$$

$$\mathrm{s.t.}\ \pi_{\mathrm{cp}} \geq 0$$

对 π_p^{Ad} 关于 β 求导可得 $\dfrac{\mathrm{d}^2\pi_p^{\mathrm{Ad}}}{\mathrm{d}\beta^2} = -\dfrac{2m\theta}{\dfrac{(1-\gamma+e)q_H}{2} + \dfrac{(1+\gamma-e)q_L}{2}} \leq 0$，所以 π_p^{Ad} 是

关于 β 的凹函数。通过一阶条件可得，$\beta = \dfrac{(1-\gamma+e)q_H + (1+\gamma-e)q_L}{4\theta}$。

其次分析内容提供者的决策：

$$\max_e \pi_{\mathrm{cp}} = wx_H - \frac{ke^2}{2} = w\frac{1-\gamma+e}{2} - \frac{ke^2}{2}$$

$$\mathrm{s.t.}\ 0 \leq e \leq 1$$

因为 $\dfrac{\mathrm{d}^2 \pi_{\mathrm{cp}}}{\mathrm{d}e^2} = -k \leq 0$ ，所以 π_{cp} 是关于创作努力程度 e 的凹函数。通过一阶条

件可得 $e = \min\left\{\dfrac{w}{2k}, 1\right\}$ ，即 $e = \begin{cases} \dfrac{w}{2k}, & 0 \leq w \leq 2k \\ 1, & w > 2k \end{cases}$ 。

最后分析App平台关于创作资金奖励的决策：如果 $0 \leq w \leq 2k$ ，将 $e = \dfrac{w}{2k}$ 代入 π_p^{Ad}

并对 w 求导可得， $\dfrac{\mathrm{d}^2 \pi_p^{\mathrm{Ad}}}{\mathrm{d}w^2} = -\dfrac{1}{2k} \leq 0$ 。所以 π_p^{Ad} 是关于 w 的凹函数，通过一阶条件可

得 $w^{\mathrm{Ad}} = \dfrac{m(q_H - q_L) - 8k\theta(1-\gamma)}{8\theta}$ ，此时 w 满足 $\min\left\{\dfrac{m(q_H - q_L) - 8k\theta(1-\gamma)}{8\theta}, 2k\right\} =$

$\dfrac{m(q_H - q_L) - 8k\theta(1-\gamma)}{8\theta}$ ，即 $k > \dfrac{m(q_H - q_L)}{8\theta(3-\gamma)}$ 。同时本章只考虑平台提供正向创作

资金奖励，即 $w \geq 0$ ，因此 $k \leq \dfrac{m(q_H - q_L)}{8\theta(1-\gamma)}$ 。如果 $\dfrac{m(q_H - q_L) - 8k\theta(1-\gamma)}{8\theta} > 2k$ ，

即 $0 \leq k \leq \dfrac{m(q_H - q_L)}{8\theta(3-\gamma)}$ ，则 $\dfrac{\mathrm{d}\pi_p^{\mathrm{Ad}}}{\mathrm{d}w} = \dfrac{\gamma}{2} - 1 \leq 0$ ，此时平台收益关于创作资金奖励单

调递减，因此 $w^{\mathrm{Ad}} = 2k$ 。综上，在广告盈利模式下平台提供的最优单位创作资金
奖励为

$$w^{\mathrm{Ad}^*} = \begin{cases} 2k, & 0 \leq k \leq \dfrac{m(q_H - q_L)}{8\theta(3-\gamma)} \\[3mm] \dfrac{m(q_H - q_L) - 8k\theta(1-\gamma)}{8\theta}, & \dfrac{m(q_H - q_L)}{8\theta(3-\gamma)} < k \leq \dfrac{m(q_H - q_L)}{8\theta(1-\gamma)} \\[3mm] 0, & k > \dfrac{m(q_H - q_L)}{8\theta(1-\gamma)} \end{cases}$$

证毕。

命题 4.1 在广告盈利模式下：①若单位创作成本较低，平台提供的最优单位
创作资金奖励 w^{Ad^*} 与单位创作成本 k 正相关；②若单位创作成本适中，平台提供
的最优单位创作资金奖励 w^{Ad^*} 与单位创作成本 k 负相关；③若单位创作成本较高，
平台不提供创作资金奖励。

证明 根据引理 4.1，当单位创作成本较低时（ $0 \leq k \leq \dfrac{m(q_H - q_L)}{8\theta(3-\gamma)}$ ），App

平台提供的最优单位创作资金奖励为 $w^{\mathrm{Ad}^*} = 2k$ ，显然与单位创作成本成正比。当

单位创作成本适中时（ $\dfrac{m(q_H - q_L)}{8\theta(3-\gamma)} < k \leq \dfrac{m(q_H - q_L)}{8\theta(1-\gamma)}$ ），平台提供的最优单位创作

资金奖励为 $w^{Ad^*} = \dfrac{m(q_H - q_L) - 8k\theta(1-\gamma)}{8\theta}$ ，通过求导可得 $\dfrac{\mathrm{d}w^{Ad^*}}{\mathrm{d}k} = -(1-\gamma) < 0$ ，所以此时平台提供的最优单位创作资金奖励与单位创作成本负相关。证毕。

若内容提供者的单位创作成本较低，平台获取的广告收益足以支付创作资金奖励，则即使单位创作成本增加，平台也会不断提高创作资金奖励以满足内容提供者的需求，鼓励其产出尽可能多的高质量内容，为平台吸引用户。但是当单位创作成本适中时，平台为获取单位高质量内容付出的创作资金奖励成本高于单位高质量内容为平台所带来的边际收益，故平台只能不断降低创作资金奖励，以维持收益。若内容提供者的单位创作成本较高，高质量内容为平台所创造的收益不足以负担高额的创作奖励成本，则平台只得放弃提供创作资金奖励。

命题 4.2　在广告盈利模式下：①若单位创作成本较低，平台的最优广告投放数量 β^{Ad^*}、内容提供者的最优创作努力程度 e^{Ad^*} 和用户剩余 CS^{Ad^*} 均与单位创作成本 k 无关；②若单位创作成本适中，平台的最优广告投放数量 β^{Ad^*}、内容提供者的最优创作努力程度 e^{Ad^*} 和用户剩余 CS^{Ad^*} 均与单位创作成本 k 负相关。

证明　首先，证明在广告盈利模式下平台的最优广告投放数量 β^{Ad^*} 与单位创作成本 k 的关系。根据引理 4.1 可知，当单位创作成本较低时（ $0 \leqslant k \leqslant \dfrac{m(q_H - q_L)}{8\theta(3-\gamma)}$ ），平台的最优广告投放数量 $\beta^{Ad^*} = \dfrac{(2-\gamma)q_H + \gamma q_L}{4\theta}$ ，显然与内容提供者的创作成本无关。当单位创作成本适中时（ $\dfrac{m(q_H - q_L)}{8\theta(3-\gamma)} < k \leqslant \dfrac{m(q_H - q_L)}{8\theta(1-\gamma)}$ ），平台的最优广告投放数量 $\beta^{Ad^*} = \dfrac{8[(1-\gamma)q_H + (\gamma+3)q_L]k\theta + m(q_H - q_L)^2}{64k\theta^2}$ ，通过对 k 求导可得 $\dfrac{\mathrm{d}\beta^{Ad^*}}{\mathrm{d}k} = -\dfrac{m(q_H - q_L)^2}{64k^2\theta^2} \leqslant 0$ ，此时平台的最优广告投放数量与内容提供者的单位创作成本负相关。当单位创作成本较高时（ $k > \dfrac{m(q_H - q_L)}{8\theta(1-\gamma)}$ ），由于此时 App 平台不提供创作资金奖励，所以平台的最优广告投放数量与内容提供者的单位创作成本无关。

其次，证明内容提供者的最优创作努力程度 e^{Ad^*} 与单位创作成本 k 的相关关系。根据引理 4.1 可知，当单位创作成本较低时（ $0 \leqslant k \leqslant \dfrac{m(q_H - q_L)}{8\theta(3-\gamma)}$ ），内容提供者的最优创作努力程度 $e^{Ad^*} = 1$ ，显然与单位创作成本无关。当单位创作成本适中时（ $\dfrac{m(q_H - q_L)}{8\theta(3-\gamma)} < k \leqslant \dfrac{m(q_H - q_L)}{8\theta(1-\gamma)}$ ），内容提供者的最优创作努力程度为

$e^{\text{Ad}^*} = \dfrac{m(q_H - q_L) - 8k\theta(1-\gamma)}{16k\theta}$，通过对 k 求导可得 $\dfrac{de^{\text{Ad}^*}}{dk} = -\dfrac{m(q_H - q_L)}{16k^2\theta} < 0$，此时内容提供者的最优创作努力程度与单位创作成本负相关。

最后，证明在广告盈利模式下，用户剩余 CS^{Ad^*} 与内容提供者创作成本的相关关系。根据公式（4.5）可知，广告盈利模式下用户剩余为

$$\text{CS}^{\text{Ad}} = \int_{\frac{\theta\beta}{x_H q_H + x_L q_L}}^{1} [v(x_H q_H + x_L q_L) - \theta\beta] dv$$

当单位创作成本较低时，用户剩余为 $\text{CS}^{\text{Ad}^*} = \dfrac{(2-\gamma)q_H + \gamma q_L}{16}$，显然此时用户剩余与内容提供者的单位创作成本无关。当单位创作成本适中时，用户剩余为 $\text{CS}^{\text{Ad}^*} = \dfrac{8k\theta[(1-\gamma)q_H + (3+\gamma)q_L] + m(q_H - q_L)^2}{256k\theta}$，通过求导可得 $\dfrac{d\text{CS}^{\text{Ad}^*}}{dk} = -\dfrac{m(q_H - q_L)^2}{256k^2\theta} < 0$。当单位创作成本较高时，内容提供者不努力创作，所以用户剩余与其单位创作成本无关。证毕。

随着单位创作成本的增加，高质量内容为平台带来的边际收益低于创作成本的支出，平台逐渐减少创作资金奖励，所以内容提供者会降低创作努力程度。创作努力程度的降低，导致平台可提供的高质量内容减少，用户加入平台可获取的价值下降，因此平台必须减少广告的投放数量来减小对用户效用的损害，维持平台中的用户数量。影响用户剩余的关键在于平台中提供的高质量内容的数量，单位创作成本的增加导致内容提供者的创作努力程度降低，高质量内容的减少造成了用户剩余的下降。尽管广告投放数量减少了，却无法弥补高质量内容减少造成的用户可获取价值的损失。

命题 4.3 广告盈利模式下，平台收益 π_p^{Ad} 与内容提供者的单位创作成本 k、用户的广告敏感程度 θ 负相关。

证明 首先，证明 App 平台收益与单位创作成本的相关性。根据公式（4.12）和引理 4.1 可得，当单位创作成本较低时，平台收益为 $\pi_p^{\text{Ad}^*} = \dfrac{m[2q_H - \gamma(q_H - q_L)] - 8k(2-\gamma)\theta}{8\theta}$。通过求导可得 $\dfrac{d\pi_p^{\text{Ad}^*}}{dk} = -(2-\gamma) < 0$。当单位创作成本适中时，平台收益为

$$\pi_p^{\text{Ad}^*} = \dfrac{64k^2\theta^2(1-\gamma)^2 + 16m[(1-\gamma)q_H + (3+\gamma)q_L]k\theta + m^2(q_H - q_L)^2}{256k\theta^2}$$

通过对 k 求导可得 $\dfrac{d\pi_p^{\text{Ad}^*}}{dk} = \dfrac{64\theta^2 k^2(1-\gamma)^2 - m^2(q_H - q_L)^2}{256k^2\theta^2} < 0$。综上，广告盈利模

式下平台收益关于单位创作成本始终是单调递减的。

其次，证明广告盈利模式下平台收益 $\pi_p^{\mathrm{Ad}^*}$ 与用户的广告敏感程度的相关性。

当用户的广告敏感程度较低时（ $0 \leqslant \theta \leqslant \dfrac{m(q_H - q_L)}{8k(3-\gamma)}$ ），平台收益为 $\pi_p^{\mathrm{Ad}^*} =$

$\dfrac{m[2q_H - \gamma(q_H - q_L)] - 8k(2-\gamma)\theta}{8\theta}$ ，通过求导可得 $\dfrac{\mathrm{d}\pi_p^{\mathrm{Ad}}}{\mathrm{d}\theta} = -\dfrac{m[2q_H - \gamma(q_H - q_L)]}{8\theta^2} \leqslant 0$ ，

不等式成立是因为 $k \leqslant \dfrac{m(q_H - q_L)}{8\theta(1-\gamma)}$ 。当用户的广告敏感程度适中时（ $\dfrac{m(q_H - q_L)}{8k(3-\gamma)} <$

$\theta \leqslant \dfrac{m(q_H - q_L)}{8k(1-\gamma)}$ ），平台收益为

$$\pi_p^{\mathrm{Ad}^*} = \frac{64k^2\theta^2(1-\gamma)^2 + 16m[(1-\gamma)q_H + (3+\gamma)q_L]k\theta + m^2(q_H - q_L)^2}{256k\theta^2}$$

通过求导可得 $\dfrac{\mathrm{d}\pi_p^{\mathrm{Ad}^*}}{\mathrm{d}\theta} = -\dfrac{16mk[(1-\gamma)q_H + (3+\gamma)q_L]}{256k\theta^2} - \dfrac{m^2(q_H - q_L)^2}{128k\theta^3} \leqslant 0$ 。当用户的广

告敏感程度较高时（ $k > \dfrac{m(q_H - q_L)}{8\theta(1-\gamma)}$ ），平台收益为 $\pi_p^{\mathrm{Ad}^*} = \dfrac{m[(1-\gamma)q_H + (1+\gamma)q_L]}{8\theta}$ ，

通过求导可得， $\dfrac{\mathrm{d}\pi_p^{\mathrm{Ad}^*}}{\mathrm{d}\theta} = -\dfrac{m[(1-\gamma)q_H + (1+\gamma)q_L]}{8\theta^2} < 0$ 。

综上，广告盈利模式下平台收益 $\pi_p^{\mathrm{Ad}^*}$ 始终与用户的广告敏感程度 θ 负相关。证毕。

当单位创作成本较低时，随着创作成本的增加，平台需要增加创作资金奖励支出来维持对内容提供者的创作激励，保障高质量内容的创作数量。创作成本的增加导致平台收益下降。若单位创作成本适中，随着创作成本的增加，高质量内容为平台带来的边际收益低于创作成本，因此平台会减少创作资金奖励，进而导致内容提供者的创作积极性下降，高质量内容减少，用户群体流失，进一步损害平台收益。

广告盈利模式下，用户浏览平台内容必须观看平台广告。用户的广告敏感程度越高，使用平台的用户就会越少，为避免用户流失，平台只能减少广告投放数量。由于平台的广告收益与用户数量和广告投放数量相关联，用户流量和广告投放数量的下降会共同导致平台收益下降。

命题 4.4　广告敏感系数影响研究：①若用户的广告敏感程度较低，平台提供的最优单位创作资金奖励 w^{Ad^*} 和内容提供者的最优创作努力程度 e^{Ad^*} 与用户的广告敏感程度 θ 无关；②若用户的广告敏感程度适中，平台提供的最优单位创作资金奖励 w^{Ad^*}、内容提供者的最优创作努力程度 e^{Ad^*} 与用户的广告敏感程度 θ 负相关；③若用户的广告敏感程度较高，则平台不提供创作资金奖励。

证明 当用户的广告敏感程度较低时，平台提供的最优单位创作资金奖励为 $w^{\mathrm{Ad}^*}=2k$，内容提供者的最优创作努力程度为 $e^{\mathrm{Ad}^*}=1$，显然与用户的广告敏感程度无关。当用户的广告敏感程度适中时，平台提供的最优单位创作资金奖励为 $w^{\mathrm{Ad}^*}=\dfrac{m(q_H-q_L)-8k\theta(1-\gamma)}{8\theta}$，通过对 θ 求导可得 $\dfrac{\mathrm{d}w^{\mathrm{Ad}^*}}{\mathrm{d}\theta}=-\dfrac{m(q_H-q_L)}{8\theta^2}<0$；内容提供者的最优创作努力程度为 $e^{\mathrm{Ad}^*}=\dfrac{m(q_H-q_L)-8k\theta(1-\gamma)}{16k\theta}$，通过对 θ 求导可得 $\dfrac{\mathrm{d}e^{\mathrm{Ad}^*}}{\mathrm{d}\theta}=-\dfrac{m(q_H-q_L)}{16k\theta^2}<0$。当用户的广告敏感程度较高时，平台不提供创作资金奖励。

广告盈利模式中平台通过在内容中投放广告，利用内容吸引用户来赚取广告收益。若用户的广告敏感程度较低，用户对广告的抵触并不会对平台收益造成较大的影响。此时平台提供的内容的价值远高于广告对用户的干扰，因而平台获得的广告收益可观，足以满足内容提供者的创作资金奖励需求。为了维持平台对用户的吸引力，平台会支付较高的创作资金奖励来保障内容提供者的创作积极性，进而使其能够提供更多的高质量内容供用户阅读。

若用户的广告敏感程度适中，随着用户的广告敏感程度的提高，广告投放造成的用户流失不可忽视。平台必须减少广告投放数量，但用户流失加之广告投放数量减少，导致平台收益下降，所以平台只能降低给予内容提供者的创作资金奖励，这打击了内容提供者的创作热情，因而其创作努力程度随着用户的广告敏感程度的上升而下降。

若用户的广告敏感程度较高，平台中的用户流量稀少，即使提供高质量内容也无法弥补广告对用户造成的负面影响，平台所获取的广告收益低于内容提供者的创作成本，平台只得放弃提供创作资金奖励。

4.4.2 用户订阅模式下的平台创作资金奖励决策及分析

平台向所有的用户收取订阅费，用户在支付订阅费成为会员后可浏览平台内的所有内容。平台通过收取订阅费来实现盈利。此时平台的决策问题为

$$\max_{w,s} \pi_p^S = s\mathrm{Pr}(U^S(q)\geq 0)-wx_H$$

$$= s\left(1-\dfrac{s}{\dfrac{1-\gamma+e}{2}q_H+\dfrac{1+\gamma-e}{2}q_L}\right)-w\dfrac{1-\gamma+e}{2} \qquad (4.13)$$

$$\text{s.t. } \pi_{\mathrm{cp}}\geq 0$$

引理 4.2　用户订阅模式下平台及内容提供者的最优决策如表 4-4 所示。

表 4-4　用户订阅模式下平台及内容提供者的最优决策

单位创作成本 k	最优单位创作资金奖励 w^S	最优订阅费 s^S	最优创作努力程度 e^S
$0 \leqslant k \leqslant \dfrac{q_H - q_L}{8(3-\gamma)}$	$2k$	$\dfrac{(2-\gamma)q_H + \gamma q_L}{4}$	1
$\dfrac{q_H - q_L}{8(3-\gamma)} < k \leqslant \dfrac{q_H - q_L}{8(1-\gamma)}$	$\dfrac{q_H - q_L - 8k(1-\gamma)}{8}$	$\dfrac{8k[(1-\gamma)q_H + (\gamma+3)q_L]}{64k}$ $+ \dfrac{(q_H - q_L)^2}{64k}$	$\dfrac{q_H - q_L - 8k(1-\gamma)}{16k\theta}$
$k > \dfrac{q_H - q_L}{8(1-\gamma)}$	0	$\dfrac{q_H(1-\gamma) + q_L(1+\gamma)}{4}$	0

证明　首先分析平台关于订阅费的决策，根据公式（4.13）可知

$$\max_s \pi_p^S = s\left(1 - \frac{s}{\dfrac{1-\gamma+e}{2}q_H + \dfrac{1+\gamma-e}{2}q_L}\right) - w\frac{1-\gamma+e}{2}$$

$$\text{s.t. } \pi_{cp} \geqslant 0$$

通过对 π_p^S 关于 s 求导可得 $\dfrac{\mathrm{d}^2\pi_p^S}{\mathrm{d}s^2} = -\dfrac{2}{\dfrac{1-\gamma+e}{2}q_H + \dfrac{1+\gamma-e}{2}q_L} \leqslant 0$，所以 π_p^S 是关于

s 的凹函数，通过一阶条件可得 $s = \dfrac{(1-\gamma+e)q_H + (1+\gamma-e)q_L}{4}$。

其次分析内容提供者关于创作努力程度的决策，沿袭引理 4.1 的证明，内容提供者的创作努力程度为

$$e^S = \begin{cases} \dfrac{w}{2k}, & 0 \leqslant w \leqslant 2k \\ 1, & w > 2k \end{cases}$$

最后分析 App 平台关于创作资金奖励的决策：当 $w \in [0, 2k]$ 时，将 $e^S = \dfrac{w}{2k}$ 代

入 π_p^S 并对其求导可得，$\dfrac{\mathrm{d}^2\pi_p^S}{\mathrm{d}w^2} = -\dfrac{1}{2k} \leqslant 0$，$\pi_p^S$ 是关于 w 的凹函数。通过一阶条件

可得 $w^S = \dfrac{q_H - q_L - 8k(1-\gamma)}{8}$，此时 w 满足 $\min\left\{\dfrac{q_H - q_L - 8k(1-\gamma)}{8}, 2k\right\} =$

$\dfrac{q_H - q_L - 8k(1-\gamma)}{8}$，即 $k > \dfrac{q_H - q_L}{8(3-\gamma)}$。又因为 $w \geqslant 0$，所以 $k \leqslant \dfrac{q_H - q_L}{8(1-\gamma)}$。如果

$\dfrac{q_H - q_L - 8k(1-\gamma)}{8} > 2k$，即 $0 \leqslant k \leqslant \dfrac{q_H - q_L}{8(3-\gamma)}$，则将 $e^S = 1$ 代入 π_p^S 并对 w 求导可

得 $\dfrac{\mathrm{d}\pi_p^S}{\mathrm{d}w} = \dfrac{\gamma}{2} - 1 \leqslant 0$，此时平台收益关于 w 是单调递减的，故 $w^S = 2k$。综上，在

用户订阅模式下，平台提供的最优单位创作资金奖励为

$$w^{S^*} = \begin{cases} 2k, & 0 \leqslant k \leqslant \dfrac{q_H - q_L}{8(3-\gamma)} \\ \dfrac{q_H - q_L - 8k(1-\gamma)}{8}, & \dfrac{q_H - q_L}{8(3-\gamma)} < k \leqslant \dfrac{q_H - q_L}{8(1-\gamma)} \\ 0, & k > \dfrac{q_H - q_L}{8(1-\gamma)} \end{cases}$$

证毕。

命题 4.5 在用户订阅模式下：①若内容提供者的单位创作成本较低，平台提供的最优单位创作资金奖励 w^{S^*} 与单位创作成本 k 正相关；②若内容提供者的单位创作成本适中，平台提供的最优单位创作资金奖励 w^{S^*} 与单位创作成本 k 负相关；③若内容提供者的单位创作成本较高，平台放弃提供创作资金奖励。

证明 根据引理 4.2 可知，当内容提供者的最优单位创作成本较低时（$0 \leqslant k \leqslant \dfrac{q_H - q_L}{8(3-\gamma)}$），在用户订阅模式下平台提供的最优单位创作资金奖励为 $w^{S^*} = 2k$，显然与单位创作成本成正比。当内容提供者的单位创作成本适中时（$\dfrac{q_H - q_L}{8(3-\gamma)} < k \leqslant \dfrac{q_H - q_L}{8(1-\gamma)}$），平台提供的最优单位创作资金奖励为 $w^{S^*} = \dfrac{q_H - q_L - 8k(1-\gamma)}{8}$，通过对 k 求导可得 $\dfrac{\mathrm{d}w^{S^*}}{\mathrm{d}k} = -(1-\gamma) < 0$，所以此时在用户订阅模式下平台提供的最优单位创作资金奖励与单位创作成本负相关。

在用户订阅模式下，平台通过用高质量内容吸引用户进而收取订阅费的方式实现盈利。若内容提供者的单位创作成本较低，平台的订阅费收益足以满足对内容提供者的创作资金奖励，则平台会随着单位创作成本的提升不断增加创作资金奖励来维持对内容提供者的创作激励，保障高质量内容的产出，保持平台内用户的高活跃度。

当单位创作成本适中时，高质量内容所带来的用户增量为平台带来的边际收益低于创作激励成本，这会导致平台提供的创作资金奖励减少、内容提供者创作努力程度下降和高质量内容减少。由于高质量内容减少，用户加入平台可获取的效用下降，因而部分用户会放弃加入平台。平台用户流失导致平台收益减少，收益的减少进一步迫使平台减少提供给内容提供者的创作资金奖励。

若内容提供者的单位创作成本较高，平台支付的创作资金奖励成本要高于内容提供者产生的高质量内容为平台带来的流量收益，则平台会放弃提供创作资金奖励。证毕。

命题 4.6　在用户订阅模式下：①内容提供者的单位创作成本较低时，平台收取的最优订阅费 s^{s^*} 和用户剩余 CS^{s^*} 均与单位创作成本 k 无关；②内容提供者的单位创作成本适中时，平台收取的最优订阅费 s^{s^*} 和用户剩余 CS^{s^*} 均与单位创作成本 k 负相关。

证明　首先证明在用户订阅模式下平台收取的订阅费与单位创作成本的相关性。当内容提供者的单位创作成本较低时，最优订阅费为 $s^{s^*}=\dfrac{(2-\gamma)q_H+\gamma q_L}{4}$，此时其与内容提供者的单位创作成本无关。当内容提供者的单位创作成本适中时，最优订阅费为 $s^{s^*}=\dfrac{8k[(1-\gamma)q_H+(\gamma+3)q_L]+(q_H-q_L)^2}{64k}$，通过对 k 求导可得 $\dfrac{\mathrm{d}s^{s^*}}{\mathrm{d}k}=-\dfrac{(q_H-q_L)^2}{64k^2}<0$。因此，此时平台的订阅费与内容提供者的单位创作成本负相关。

其次证明用户剩余 CS^{s^*} 与单位创作成本的相关性。根据公式（4.7），在用户订阅模式下用户剩余为

$$\mathrm{CS}^s=\int_{\frac{s}{x_H q_H+x_L q_L}}^{1}[v(x_H q_H+x_L q_L)-s]\mathrm{d}v$$

当内容提供者的单位创作成本较低时，用户剩余为 $\mathrm{CS}^{s^*}=\dfrac{(2-\gamma)q_H+\gamma q_L}{16}$，与内容提供者的单位创作成本无关。当内容提供者的单位创作成本适中时，用户剩余为 $\mathrm{CS}^{s^*}=\dfrac{8k[(1-\gamma)q_H+(3+\gamma)q_L]+(q_H-q_L)^2}{256k}$，通过对 k 求导可得 $\dfrac{\mathrm{d}\mathrm{CS}^{s^*}}{\mathrm{d}k}=-\dfrac{(q_H-q_L)^2}{256k^2}<0$。当内容提供者的单位创作成本较高时，内容提供者不努力创作，所以此时用户剩余与单位创作成本无关。证毕。

正如上文所述，内容提供者的单位创作成本较低时，平台会根据单位创作成本的上升不断增加创作资金奖励，以保证高质量内容的创作数量。由于内容提供者始终尽最大的努力创作，其产出的高质量内容数量并未变化，所以用户加入平台可获得的信息价值不变。若平台提高订阅费则会造成用户流失，因此不会改变订阅费的价格。用户阅读高质量内容获得的价值与获取内容的成本均未发生变化，所以用户剩余保持不变。

但是，随着内容提供者单位创作成本的降低，平台无法负担高额的创作资金奖励支出，导致内容提供者产出的高质量内容减少。用户加入平台可获取的价值

降低，平台只能降低订阅费，以此来降低用户的效用损失。但是，影响用户剩余的关键仍在于用户加入平台浏览内容可获取的价值。创作成本的增加会导致内容提供者产出的高质量内容减少，用户加入平台可获取的价值降低，用户剩余受到损害。

命题 4.7 在用户订阅模式下，平台收益 $\pi_p^{S^*}$ 始终与内容提供者的单位创作成本 k 呈负相关关系。

证明 平台采用用户订阅模式时，根据公式（4.10）可得

$$\max_{w,s} \pi_p^S = s\left(1 - \frac{s}{x_H q_H + x_L q_L}\right) - w x_H$$

当内容提供者的单位创作成本较低时，平台收益为 $\pi_p^{S^*} = \dfrac{(-q_H + q_L)\gamma}{8} - k + \dfrac{q_H}{4}$，与内容提供者的单位创作成本负相关。当内容提供者的单位创作成本适中时，平台收益为 $\pi_p^{S^*} = \dfrac{64k^2(1-\gamma)^2 + 16[(1-\gamma)q_H + (3+\gamma)q_L]k + (q_H - q_L)^2}{256k}$，求导可得 $\dfrac{\mathrm{d}\pi_p^{S^*}}{\mathrm{d}k} = -\dfrac{(q_H - q_L)^2 - 64(1-\gamma)^2 k^2}{256k^2} < 0$，不等式成立是因为 $\dfrac{q_H - q_L}{8(3-\gamma)} < k \leqslant \dfrac{q_H - q_L}{8(1-\gamma)}$。因此，用户订阅模式下平台收益与内容提供者的单位创作成本负相关。证毕。

内容提供者的单位创作成本的上升对平台收益的潜在影响体现在两方面：其一，平台的创作资金奖励的支出增加；其二，内容提供者的创作努力程度降低，平台中高质量内容减少，支付订阅费的用户数量减少。二者均会导致平台收益下降。

4.4.3 混合模式下的平台创作资金奖励决策及分析

平台采用混合模式时，平台中的低质量内容免费供用户进行浏览，但平台会在其中植入广告，通过用户流量赚取广告收益；对于平台提供的高质量内容，用户需支付订阅费以后才可阅读。此时平台的决策问题为

$$\max_{w,s,\beta} \pi_p = s\left(1 - \frac{s}{\frac{1-\gamma+e}{2}q_H}\right) + m\beta\left(1 - \frac{\theta\beta}{\frac{1+\gamma-e}{2}q_L}\right) - w\frac{1-\gamma+e}{2} \quad (4.14)$$

$$\text{s.t. } \pi_{cp} \geqslant 0$$

引理 4.3 混合模式下平台和内容提供者的最优决策如表 4-5 所示。

表 4-5　混合模式下平台和内容提供者的最优决策

单位创作成本 k	最优单位创作资金奖励 w^{M^*}	最优广告投放数量 β^{M^*}	最优订阅费 s^{M^*}	最优创作努力程度 e^{M^*}
$\left[0, \dfrac{\theta q_H - m q_L}{8\theta(3-\gamma)}\right]$	$2k$	$\dfrac{\gamma q_L}{4\theta}$	$\dfrac{(2-\gamma)q_H}{4}$	1
$\left(\dfrac{\theta q_H - m q_L}{8\theta(3-\gamma)}, \dfrac{\theta q_H - m q_L}{8\theta(1-\gamma)}\right]$	$\dfrac{\theta q_H - m q_L}{8\theta}$ $-k(1-\gamma)$	$\dfrac{q_L\left\{\dfrac{m q_L}{8} + \theta\left[(3+\gamma)k - \dfrac{q_H}{8}\right]\right\}}{8k\theta^2}$	$\dfrac{q_H\left\{\theta\left[(1-\gamma)k + \dfrac{q_H}{8}\right] - \dfrac{m q_L}{8}\right\}}{8k\theta}$	$\dfrac{\theta q_H - m q_L}{16k\theta}$ $-\dfrac{8k\theta(1-\gamma)}{16k\theta}$
$\left(\dfrac{\theta q_H - m q_L}{8\theta(1-\gamma)}, +\infty\right)$	0	$\dfrac{q_L(1+\gamma)}{4\theta}$	$\dfrac{q_H(1-\gamma)}{4}$	0

命题 4.8　在混合模式下：①内容提供者的单位创作成本较低时，平台提供的单位创作资金奖励 w^{M^*} 与最优单位创作成本 k 正相关；②内容提供者的单位创作成本适中时，平台提供的最优单位创作资金奖励 w^{M^*} 与最优单位创作成本 k 负相关；③内容提供者的单位创作成本较高时，平台不提供创作资金奖励。

证明　平台采用混合模式时，当内容提供者的单位创作成本较低时（ $0 \leqslant k \leqslant \dfrac{\theta q_H - m q_L}{8\theta(3-\gamma)}$ ），平台提供的最优单位创作资金奖励 $w^{M^*} = 2k$ ，与单位创作成本正相关。当内容提供者的单位创作成本适中时（ $\dfrac{\theta q_H - m q_L}{8\theta(3-\gamma)} < k \leqslant \dfrac{\theta q_H - m q_L}{8\theta(1-\gamma)}$ ），平台提供的最优单位创作资金奖励 $w^{M^*} = \dfrac{\theta q_H - m q_L}{8\theta} - k(1-\gamma)$ ，与单位创作成本负相关。当单位创作成本较高时（ $k > \dfrac{\theta q_H - m q_L}{8\theta(1-\gamma)}$ ），平台不提供创作资金奖励。证毕。

混合模式下，平台中内容的质量是吸引用户并实现获利的关键，低质量内容吸引用户观看广告，高质量内容吸引用户付费阅读。当内容提供者的单位创作成本较低时，平台会提供较高的创作资金奖励来鼓励内容提供者产出更多的高质量内容，提高平台中内容的整体质量。随着单位创作成本的上升，平台收益的有限性限制了其提供创作资金奖励的能力，导致内容提供者创作的高质量内容数量减少，平台内容的整体质量下降，造成平台用户效用的损失，用户的流失导致平台收益减少，平台只得减少创作资金奖励，以此恶性循环。

命题 4.9　在混合模式下，平台的最优广告投放数量 β^{M^*} 关于单位创作成本 k 单调不减，收取的最优订阅费 s^{M^*} 关于单位创作成本 k 单调不增。

证明　在平台采用混合模式时，首先分析平台在低质量内容中的最优广告投放数量 β^{M^*} 与单位创作成本 k 的相关性。根据引理 4.3，当单位创作成本较低时，平台的最优广告投放数量 $\beta^{M^*} = \dfrac{\gamma q_L}{4\theta}$ ，与单位创作成本无关。当单位创作成本适中时，

平台的最优广告投放数量 $\beta^{M^*} = \dfrac{q_L\left\{\dfrac{mq_L}{8} + \theta\left[(3+\gamma)k - \dfrac{q_H}{8}\right]\right\}}{8k\theta^2}$ ，对 k 求导可得

$\dfrac{\mathrm{d}\beta^{M^*}}{\mathrm{d}k} = \dfrac{q_L(\theta q_H - mq_L)}{64k^2\theta^2} > 0$ ，不等式成立是因为 $\theta q_H - mq_L > 0$ 。当单位创作成本较

高时，平台的最优广告投放数量为 $\beta^{M^*} = \dfrac{q_L(1+\gamma)}{4\theta}$ ，与内容提供者的创作成本无关。

其次分析混合模式下，平台的最优订阅费 s^{M^*} 与内容提供者的单位创作成本 k 之间的相关性。当单位创作成本较低时，平台的最优订阅费为 $s^{M^*} = \dfrac{(2-\gamma)q_H}{4}$ ，

与单位创作成本无关。当单位创作成本适中时，平台的最优订阅费为 $s^{M^*} =$

$\dfrac{q_H\left\{\theta\left[(1-\gamma)k + \dfrac{q_H}{8}\right] - \dfrac{mq_L}{8}\right\}}{8k\theta}$ ，对 k 求导可得，$\dfrac{\mathrm{d}s^{M^*}}{\mathrm{d}k} = -\dfrac{q_H(\theta q_H - mq_L)}{64k^2\theta} < 0$ ，此

时平台收取的最优订阅费随着单位创作成本的上升而下降。当单位创作成本较高

时，平台收取的最优订阅费 $s^{M^*} = \dfrac{q_H(1-\gamma)}{4}$ ，由于此时平台不提供创作资金奖励，

所以内容提供者的单位创作成本不对平台决策产生影响，如图 4-5 所示。证毕。

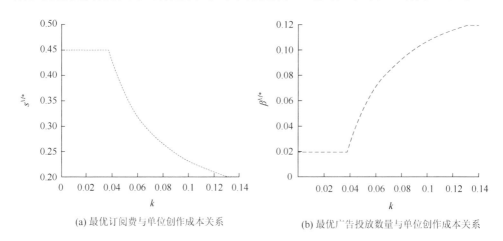

(a) 最优订阅费与单位创作成本关系　　(b) 最优广告投放数量与单位创作成本关系

图 4-5　混合模式下单位创作成本对最优广告投放数量和订阅费的影响

$m = 0.4$，$q_H = 1$，$q_L = 0.2$，$\gamma = 0.2$，$\theta = 0.5$

广告投放数量和订阅费均是平台实现盈利的决策。在混合模式下，广告的投放取决于用户的广告敏感程度以及平台提供的低质量内容的价值；订阅费的收取

关键在于平台提供的高质量内容的数量。单位创作成本是影响内容提供者创作努力程度的关键因素,影响内容提供者创作的高质量内容的数量。单位创作成本较低时,平台提供的创作资金奖励足以弥补创作的支出,故内容提供者会以最大的努力程度进行创作,产出大量的高质量内容和少量的低质量内容。因此平台可以收取较高的订阅费,投放较少的广告来赚取收益。但是随着创作成本的升高,高质量内容为平台吸引的用户转化的收益不足以支付创作资金奖励,平台只能减少创作资金奖励的支出,内容提供者产出的高质量内容的数量也会随之减少。高质量内容减少,用户阅读内容可获得的效用就会降低,因而平台必须降低订阅费,避免造成用户的流失。随着内容提供者创作的低质量内容数量的增加,平台则可增加在低质量内容中投放的广告数量,以此赚取广告收益。

命题 4.10　在混合模式下:①随着用户的广告敏感程度的提高,平台的最优广告投放数量 β^{M^*} 减少;②平台收取的最优订阅费 s^{M^*} 关于用户的广告敏感程度 θ 单调不减;③平台提供的最优单位创作资金奖励 w^{M^*} 关于用户的广告敏感程度 θ 单调不减。

证明　首先证明在混合模式下平台的广告投放数量 β^M 与用户的广告敏感程度 θ 的相关性。当用户的广告敏感程度较高时($0 < \theta \leqslant \dfrac{mq_L}{q_H - 8k(3-\gamma)}$),平台的最优广告投放数量为 $\beta^{M^*} = \dfrac{q_L(1+\gamma)}{4\theta}$,与用户的广告敏感程度成反比。

当用户的广告敏感程度适中时($\dfrac{mq_L}{q_H - 8k(3-\gamma)} < \theta \leqslant \dfrac{mq_L}{q_H - 8k(1-\gamma)}$),平台的最优

广告投放数量为 $\beta^{M^*} = \dfrac{q_L\left\{\dfrac{mq_L}{8} + \theta\left[(3+\gamma)k - \dfrac{q_H}{8}\right]\right\}}{8k\theta^2}$,对 θ 求导可得, $\dfrac{\mathrm{d}\beta^{M^*}}{\mathrm{d}\theta} =$

$-\dfrac{q_L\left\{\dfrac{mq_L}{4} + \theta\left[(3+\gamma)k - \dfrac{q_H}{8}\right]\right\}}{8k\theta^3} < 0$ 。当用户的广告敏感程度较低时($\theta >$

$\dfrac{mq_L}{q_H - 8k(1-\gamma)}$),平台的广告投放数量为 $\beta^{M^*} = \dfrac{q_L(1+\gamma)}{4\theta}$,与用户的广告敏感程度成反比。

其次证明混合模式下平台的订阅费 s^M 与用户的广告敏感程度 θ 的相关性。用户的广告敏感程度较高时,平台的订阅费为 $s^{M^*} = \dfrac{q_H(1-\gamma)}{4}$,与用户的广告敏感程度无关。用户的广告敏感程度适中时,平台的订阅费为 $s^{M^*} =$

$\dfrac{q_H\left\{\theta\left[(1-\gamma)k + \dfrac{q_H}{8}\right] - \dfrac{mq_L}{8}\right\}}{8k\theta}$,对 θ 求导可得 $\dfrac{\mathrm{d}s^{M^*}}{\mathrm{d}\theta} = \dfrac{q_H q_L m}{64k\theta^2} \geqslant 0$,所以平台收取的订

阅费与单位创作成本正相关。用户的广告敏感程度较低时，平台的最优订阅费为 $s^{M^*} = \dfrac{(2-\gamma)q_H}{4}$，与用户的广告敏感程度无关。

最后证明混合模式下平台提供的单位创作资金奖励 w^M 与用户的广告敏感程度 θ 的相关关系。用户的广告敏感程度较低时，平台不提供创作资金奖励。用户的广告敏感程度适中时，平台提供的最优单位创作资金奖励为 $w^{M^*} = \dfrac{\theta q_H - mq_L}{8\theta} - k(1-\gamma)$，对 θ 求导可得 $\dfrac{\mathrm{d}w^{M^*}}{\mathrm{d}\theta} = \dfrac{mq_L}{8\theta^2} > 0$，此时平台提供的最优单位创作资金奖励与用户的广告敏感程度正相关。当用户的广告敏感程度较高时，平台提供的最优单位创作资金奖励为 $w^{M^*} = 2k$，与用户的广告敏感程度无关。证毕。

用户的广告敏感程度体现了用户对广告的抵触与厌恶程度，而平台获取广告收益的前提则是增加平台用户流量。因此随着用户的广告敏感程度的上升，广告会对用户产生较强的干扰，平台必须减少广告的投放数量，降低广告对用户造成的负效用。

用户的广告敏感程度较低时，相比于收取订阅费，用户更能接受在内容中植入广告，所以此时平台可以投放较多的广告来获取广告收益。由于混合模式下高质量内容与低质量内容相互独立，平台只能设置较低的订阅费来吸引用户阅读高质量内容。但是随着用户的广告敏感程度的上升，广告投放对用户造成的负效用增大，平台会减少向低质量内容中投放的广告数量，而且随着用户的广告敏感程度的上升，投放广告可为平台创造的收益越来越少，因此平台会增加创作资金奖励以鼓励内容提供者产出尽可能多的高质量内容，通过收取订阅费的方式获利。但是内容提供者创作的努力程度越高，其创作成本增长得就会越快，因而平台必须增加创作资金奖励以满足内容提供者的创作成本约束，同时平台为确保收益就必须提高订阅费。

4.5　三种营收模式下的最优决策对比分析

本节对三种营收模式下的最优决策进行对比分析，得出了相应的理论结论，并对结论做出了分析。为进一步增强结论的可靠性，本章加以数值实验验证，下文涉及的数值实验研究均基于 $q_H = 1$，$q_L = 0.2$，$\gamma = 0.2$，$m = 0.4$，$\theta = 0.3$（0.4或0.5）的设定。

4.5.1　平台收益及创作资金奖励的对比分析

命题 4.11　平台收益 π_p 的比较：①若平台的边际广告收益不低于用户的广告

敏感程度（$m \geq \theta$），平台会选择广告盈利模式（$\pi_p^{\text{Ad}^*} \geq \pi_p^{M^*} \geq \pi_p^{S^*}$）；②若平台的边际广告收益低于用户的广告敏感程度（$m < \theta$），平台会选择用户订阅模式（$\pi_p^{S^*} \geq \pi_p^{M^*} \geq \pi_p^{\text{Ad}^*}$）。

证明 首先，当平台的边际广告收益低于用户的广告敏感程度时（$\tau = \dfrac{m}{\theta} < 1$），我们根据不同模式下不同创作成本阈值点的大小关系分为三种情况：①若 $\tau \in \left[0, \dfrac{1-\gamma}{3-\gamma}\right]$，此时 $\dfrac{m(q_H - q_L)}{8\theta(3-\gamma)} < \dfrac{m(q_H - q_L)}{8\theta(1-\gamma)} < \dfrac{q_H - q_L}{8(3-\gamma)} < \dfrac{\theta q_H - mq_L}{8\theta(3-\gamma)} < \dfrac{q_H - q_L}{8(1-\gamma)} < \dfrac{\theta q_H - mq_L}{8\theta(1-\gamma)}$；②若 $\tau \in \left(\dfrac{1-\gamma}{3-\gamma}, \dfrac{(1-\gamma)q_H}{(1-\gamma)q_H + 2(q_H - q_L)}\right]$，此时 $\dfrac{m(q_H - q_L)}{8\theta(3-\gamma)} < \dfrac{q_H - q_L}{8(3-\gamma)} < \dfrac{m(q_H - q_L)}{8\theta(1-\gamma)} < \dfrac{\theta q_H - mq_L}{8\theta(3-\gamma)} < \dfrac{q_H - q_L}{8(1-\gamma)} < \dfrac{\theta q_H - mq_L}{8\theta(1-\gamma)}$；③若 $\tau \in \left(\dfrac{(1-\gamma)q_H}{(1-\gamma)q_H + 2(q_H - q_L)}, 1\right)$，此时 $\dfrac{m(q_H - q_L)}{8\theta(3-\gamma)} < \dfrac{q_H - q_L}{8(3-\gamma)} < \dfrac{\theta q_H - mq_L}{8\theta(3-\gamma)} < \dfrac{m(q_H - q_L)}{8\theta(1-\gamma)} < \dfrac{q_H - q_L}{8(1-\gamma)} < \dfrac{\theta q_H - mq_L}{8\theta(1-\gamma)}$。

其次，当平台的边际广告收益不低于用户的广告敏感程度时（$\tau = \dfrac{m}{\theta} \geq 1$），如果 $\dfrac{q_H}{q_L} \geq \dfrac{2-\gamma}{1-\gamma}$，根据 $\dfrac{3-\gamma}{1-\gamma} \leq \dfrac{2q_H + (1-\gamma)q_L}{q_L(3-\gamma)}$，则此时有以下四种情况：① $\tau \in \left[1, \dfrac{(3-\gamma)q_H}{(1-\gamma)q_H + 2q_L}\right]$，此时 $\dfrac{\theta q_H - mq_L}{8\theta(3-\gamma)} < \dfrac{q_H - q_L}{8(3-\gamma)} < \dfrac{m(q_H - q_L)}{8\theta(3-\gamma)} < \dfrac{\theta q_H - mq_L}{8\theta(1-\gamma)} < \dfrac{q_H - q_L}{8(1-\gamma)} < \dfrac{m(q_H - q_L)}{8\theta(1-\gamma)}$；② $\tau \in \left(\dfrac{(3-\gamma)q_H}{(1-\gamma)q_H + 2q_L}, \dfrac{3-\gamma}{1-\gamma}\right]$，此时 $\dfrac{\theta q_H - mq_L}{8\theta(3-\gamma)} < \dfrac{q_H - q_L}{8(3-\gamma)} < \dfrac{\theta q_H - mq_L}{8\theta(1-\gamma)} < \dfrac{m(q_H - q_L)}{8\theta(3-\gamma)} < \dfrac{q_H - q_L}{8(1-\gamma)} < \dfrac{m(q_H - q_L)}{8\theta(1-\gamma)}$；③ $\tau \in \left(\dfrac{3-\gamma}{1-\gamma}, \dfrac{2q_H + (1-\gamma)q_L}{q_L(3-\gamma)}\right]$，此时 $\dfrac{\theta q_H - mq_L}{8\theta(3-\gamma)} < \dfrac{q_H - q_L}{8(3-\gamma)} < \dfrac{\theta q_H - mq_L}{8\theta(1-\gamma)} < \dfrac{q_H - q_L}{8(1-\gamma)} < \dfrac{m(q_H - q_L)}{8\theta(3-\gamma)} < \dfrac{m(q_H - q_L)}{8\theta(1-\gamma)}$；④ $\tau \in \left(\dfrac{2q_H + (1-\gamma)q_L}{q_L(3-\gamma)}, +\infty\right)$，此时 $\dfrac{\theta q_H - mq_L}{8\theta(3-\gamma)} < \dfrac{\theta q_H - mq_L}{8\theta(1-\gamma)} < \dfrac{q_H - q_L}{8(3-\gamma)} < \dfrac{q_H - q_L}{8(1-\gamma)} < \dfrac{m(q_H - q_L)}{8\theta(3-\gamma)} < \dfrac{m(q_H - q_L)}{8\theta(1-\gamma)}$。

若 $\tau = \dfrac{m}{\theta} \geq 1$ 且 $\dfrac{q_H}{q_L} < \dfrac{2-\gamma}{1-\gamma}$，即 $\dfrac{3-\gamma}{1-\gamma} > \dfrac{2q_H + (1-\gamma)q_L}{q_L(3-\gamma)}$，此时则有以下四种情况：① $\tau \in \left(1, \dfrac{(3-\gamma)q_H}{(1-\gamma)q_H + 2q_L}\right]$，此时 $\dfrac{\theta q_H - mq_L}{8\theta(3-\gamma)} < \dfrac{q_H - q_L}{8(3-\gamma)} < \dfrac{m(q_H - q_L)}{8\theta(3-\gamma)} <$

$$\frac{\theta q_H - m q_L}{8\theta(1-\gamma)} < \frac{q_H - q_L}{8(1-\gamma)} < \frac{m(q_H - q_L)}{8\theta(1-\gamma)} \; ; \; ② \; \tau \in \left(\frac{(3-\gamma)q_H}{(1-\gamma)q_H + 2q_L}, \frac{2q_H + (1-\gamma)q_L}{q_L(3-\gamma)} \right] ,$$

此时 $\dfrac{\theta q_H - m q_L}{8\theta(3-\gamma)} < \dfrac{q_H - q_L}{8(3-\gamma)} < \dfrac{\theta q_H - m q_L}{8\theta(1-\gamma)} < \dfrac{m(q_H - q_L)}{8\theta(3-\gamma)} < \dfrac{q_H - q_L}{8(1-\gamma)} < \dfrac{m(q_H - q_L)}{8\theta(1-\gamma)}$ ；

③ $\tau \in \left(\dfrac{2q_H + (1-\gamma)q_L}{q_L(3-\gamma)}, \dfrac{3-\gamma}{1-\gamma} \right]$ ，此时 $\dfrac{\theta q_H - m q_L}{8\theta(3-\gamma)} < \dfrac{\theta q_H - m q_L}{8\theta(1-\gamma)} < \dfrac{q_H - q_L}{8(3-\gamma)} < \dfrac{q_H - q_L}{8(1-\gamma)} <$

$\dfrac{m(q_H - q_L)}{8\theta(3-\gamma)} < \dfrac{m(q_H - q_L)}{8\theta(1-\gamma)}$ ； ④ $\tau \in \left(\dfrac{2q_H + (1-\gamma)q_L}{q_L(3-\gamma)}, +\infty \right)$ ，此时 $\dfrac{\theta q_H - m q_L}{8\theta(3-\gamma)} <$

$\dfrac{\theta q_H - m q_L}{8\theta(1-\gamma)} < \dfrac{q_H - q_L}{8(3-\gamma)} < \dfrac{q_H - q_L}{8(1-\gamma)} < \dfrac{m(q_H - q_L)}{8\theta(3-\gamma)} < \dfrac{m(q_H - q_L)}{8\theta(1-\gamma)}$ 。

首先，我们证明 $\dfrac{m}{\theta} < 1$ 时的情况，平台不同盈利模式的收益水平排序。

（1）若 $\tau \in \left[0, \dfrac{1-\gamma}{3-\gamma} \right]$ ，此时 $\dfrac{m(q_H - q_L)}{8\theta(3-\gamma)} < \dfrac{m(q_H - q_L)}{8\theta(1-\gamma)} < \dfrac{q_H - q_L}{8(3-\gamma)} < \dfrac{\theta q_H - m q_L}{8\theta(3-\gamma)} <$

$\dfrac{q_H - q_L}{8(1-\gamma)} < \dfrac{\theta q_H - m q_L}{8\theta(1-\gamma)}$ 。

若 $k \in \left(0, \dfrac{m(q_H - q_L)}{8\theta(3-\gamma)} \right)$ ，此时广告盈利模式的收益水平为 $\pi_p^{\mathrm{Ad}} =$

$\dfrac{-8k(2-\gamma)\theta - m[(q_H - q_L)\gamma - 2q_H]}{8\theta}$ ，用户订阅模式的收益水平为 $\pi_p^{S} =$

$\dfrac{(8k - q_H + q_L)\gamma + 2q_H}{8} - 2k$ ，混合模式的收益水平为 $\pi_p^{M} = \dfrac{(2-\gamma)q_H\theta + m q_L\gamma}{8\theta} -$

$k(2-\gamma)$ 。 $\pi_p^{S} - \pi_p^{M} = \dfrac{\gamma q_L(\theta - m)}{8\theta} \geqslant 0$ ， $\pi_p^{M} - \pi_p^{\mathrm{Ad}} = \dfrac{q_H(2-\gamma)(\theta - m)}{8\theta} \geqslant 0$ ，因此

$\pi_p^{S} \geqslant \pi_p^{M} \geqslant \pi_p^{\mathrm{Ad}}$ 。

若 $k \in \left(\dfrac{m(q_H - q_L)}{8\theta(3-\gamma)}, \dfrac{m(q_H - q_L)}{8\theta(1-\gamma)} \right)$ ，此时广告盈利模式的收益为

$\pi_p^{\mathrm{Ad}} = \dfrac{64k^2(1-\gamma)^2\theta^2 + 16[(1-\gamma)q_H + q_L(\gamma+3)]mk\theta + m^2(q_H - q_L)^2}{256k\theta^2}$ ， $\pi_p^{M} - \pi_p^{\mathrm{Ad}} =$

$\dfrac{-64k\left[(3-\gamma)^2 k - \dfrac{(2-\gamma)q_H}{2} \right]\theta^2}{256k\theta^2} - \dfrac{16[(1-\gamma)q_H + (3-\gamma)q_L]mk\theta - m^2(q_H - q_L)^2}{256k\theta^2}$ ，求导

可得 $\dfrac{\mathrm{d}\left(\pi_p^{M} - \pi_p^{\mathrm{Ad}} \right)}{\mathrm{d}k} = \dfrac{-64(3-\gamma)^2 k^2\theta^2 + (q_H - q_L)^2 m^2}{256k^2\theta^2} \leqslant 0$ ，不等式成立是因为 $k \geqslant$

$\dfrac{m(q_H - q_L)}{8\theta(3-\gamma)}$。所以 $\pi_p^M - \pi_p^{\mathrm{Ad}}$ 关于 k 是单调递减的，又因为 $\left(\pi_p^M - \pi_p^{\mathrm{Ad}}\right)\Big|_{k=\frac{m(q_H-q_L)}{8\theta(3-\gamma)}} \geqslant$

0，$\left(\pi_p^M - \pi_p^{\mathrm{Ad}}\right)\Big|_{k=\frac{m(q_H-q_L)}{8\theta(1-\gamma)}} = \dfrac{-\left[(\gamma^2 - 3\gamma + 3)q_H - q_L\right]\tau}{8(1-\gamma)} + \dfrac{(\gamma^2 - 3\gamma + 2)q_H}{8(1-\gamma)}$，关于 τ 是单

调递减的。又因为 $\tau \in \left[0, \dfrac{1-\gamma}{3-\gamma}\right]$，且 $\left(\pi_p^M - \pi_p^{\mathrm{Ad}}\right)\Big|_{\tau=\frac{1-\gamma}{3-\gamma}} = \dfrac{(2\gamma - 3)q_H - q_L}{8\gamma - 24} \geqslant 0$。因此，

$\pi_p^M - \pi_p^{\mathrm{Ad}} \geqslant 0$，即 $\pi_p^{\mathrm{Ad}} \leqslant \pi_p^M$。

若 $k \in \left(\dfrac{m(q_H - q_L)}{8\theta(1-\gamma)}, \dfrac{q_H - q_L}{8(3-\gamma)}\right)$，此时广告盈利模式下平台不提供创作资金奖励，

即此时平台的收益为不进行创作激励时的收益。若 $k \in \left(\dfrac{q_H - q_L}{8(3-\gamma)}, \dfrac{\theta q_H - m q_L}{8\theta(3-\gamma)}\right)$，此时

用户订阅模式下的平台收益为 $\pi_p^S = \dfrac{64(1-\gamma)^2 k^2 + 16k[(1-\gamma)q_H + q_L(\gamma+3)] + (q_H - q_L)^2}{256k}$，

$\pi_p^S - \pi_p^M = \dfrac{\left\{64(3-\gamma)^2 k^2 + [16(3+\gamma)q_L - 16(3-\gamma)q_H]k + (q_H - q_L)^2\right\}\theta - 32m\gamma q_L k}{256k\theta}$。求

导可得，$\dfrac{\mathrm{d}\left(\pi_p^S - \pi_p^M\right)}{\mathrm{d}k} = \dfrac{64k^2(3-\gamma)^3 - (q_H - q_L)^2}{256k^2} \geqslant 0$，因为 $k > \dfrac{q_H - q_L}{8(3-\gamma)}$。所以

$\pi_p^S - \pi_p^M$ 关于 k 是单调递增的，又因为 $\left(\pi_p^S - \pi_p^M\right)\Big|_{k=\frac{q_H-q_L}{8(3-\gamma)}} \geqslant 0$，因此 $\pi_p^S \geqslant \pi_p^M$。

若 $k \in \left(\dfrac{\theta q_H - m q_L}{8\theta(3-\gamma)}, \dfrac{q_H - q_L}{8(1-\gamma)}\right)$，此时平台收益为 $\pi_p^M = \dfrac{64\left[(1-\gamma)k + \dfrac{q_H}{8}\right]^2 \theta^2}{256\theta^2 k} +$

$\dfrac{16m\left[(\gamma+3)k - \dfrac{q_H}{8}\right]q_L \theta + m^2 q_L^2}{256\theta^2 k}$，$\pi_p^S - \pi_p^M = \dfrac{(\theta - m)q_L \left\{\left[k(3+\gamma) - \dfrac{q_H}{8} + \dfrac{q_L}{16}\right]\theta + \dfrac{m q_L}{16}\right\}}{16k\theta^2} \geqslant$

$\dfrac{(\theta - m)q_L \left\{\left[k(3-\gamma) - \dfrac{q_H}{8} + \dfrac{q_L}{16}\right]\theta + \dfrac{m q_L}{16}\right\}}{16k\theta^2} \geqslant 0$，不等式成立是因为 $k > \dfrac{\theta q_H - m q_L}{8\theta(3-\gamma)}$。

若 $k \in \left(\dfrac{q_H - q_L}{8(1-\gamma)}, \dfrac{\theta q_H - m q_L}{8\theta(1-\gamma)}\right)$，此时，用户订阅模式下平台无法负担创作资金

奖励，平台的收益为 $\pi_p^S = \dfrac{(1-\gamma)q_H + (1+\gamma)q_L}{8}$。因为 π_p^M 关于 k 始终是单调递减的，

所以用户订阅模式下的平台收益始终是高于混合模式的。综上，若 $\dfrac{m}{\theta} < 1$，平台

只会选择用户订阅模式。

（2）若 $\tau \in \left(\dfrac{1-\gamma}{3-\gamma}, \dfrac{(1-\gamma)q_H}{(1-\gamma)q_H + 2(q_H - q_L)} \right]$，此时 $\dfrac{m(q_H - q_L)}{8\theta(3-\gamma)} < \dfrac{q_H - q_L}{8(3-\gamma)} < \dfrac{m(q_H - q_L)}{8\theta(1-\gamma)} <$

$\dfrac{\theta q_H - m q_L}{8\theta(3-\gamma)} < \dfrac{q_H - q_L}{8(1-\gamma)} < \dfrac{\theta q_H - m q_L}{8\theta(1-\gamma)}$。

（3）若 $\tau \in \left(\dfrac{(1-\gamma)q_H}{(1-\gamma)q_H + 2(q_H - q_L)}, 1 \right]$，此时 $\dfrac{m(q_H - q_L)}{8\theta(3-\gamma)} < \dfrac{q_H - q_L}{8(3-\gamma)} < \dfrac{\theta q_H - m q_L}{8\theta(3-\gamma)} <$

$\dfrac{m(q_H - q_L)}{8\theta(1-\gamma)} < \dfrac{q_H - q_L}{8(1-\gamma)} < \dfrac{\theta q_H - m q_L}{8\theta(1-\gamma)}$。以上两种情况的证明方式与情况（1）相同，

故不在此赘述。综上所述，当 $\tau = \dfrac{m}{\theta} < 1$ 时，平台选择用户订阅模式可实现最大化

的收益。

其次当 $\tau = \dfrac{m}{\theta} \geqslant 1$ 时，如果 $\dfrac{q_H}{q_L} \geqslant \dfrac{2-\gamma}{1-\gamma}$，根据不等式 $\dfrac{3-\gamma}{1-\gamma} \leqslant \dfrac{2q_H + (1-\gamma)q_L}{q_L(3-\gamma)}$，

我们有如下证明。

（1）当 $\tau \in \left[1, \dfrac{(3-\gamma)q_H}{(1-\gamma)q_H + 2q_L} \right]$ 时，则 $\dfrac{\theta q_H - m q_L}{8\theta(3-\gamma)} < \dfrac{q_H - q_L}{8(3-\gamma)} < \dfrac{m(q_H - q_L)}{8\theta(3-\gamma)} <$

$\dfrac{\theta q_H - m q_L}{8\theta(1-\gamma)} < \dfrac{q_H - q_L}{8(1-\gamma)} < \dfrac{m(q_H - q_L)}{8\theta(1-\gamma)}$。

若 $k \in \left(0, \dfrac{\theta q_H - m q_L}{8\theta(3-\gamma)} \right)$，此时广告盈利模式的平台收益为 $\pi_p^{\mathrm{Ad}} =$

$\dfrac{-8k(2-\gamma)\theta - m[(q_H - q_L)\gamma - 2q_H]}{8\theta}$，用户订阅模式的平台收益为 $\pi_p^S = \dfrac{(-q_H + q_L)\gamma}{8}$，

$-k + \dfrac{q_H}{4}$ 混合模式的平台收益为 $\pi_p^M = \dfrac{(2-\gamma)q_H\theta + m q_L\gamma}{8\theta} - k(2-\gamma)$。$\pi_p^S - \pi_p^M =$

$\dfrac{\gamma q_L(\theta - m)}{8\theta} \leqslant 0$，$\pi_p^M - \pi_p^{\mathrm{Ad}} = \dfrac{q_H(2-\gamma)(\theta - m)}{8\theta} \leqslant 0$，因此 $\pi_p^S \leqslant \pi_p^M \leqslant \pi_p^{\mathrm{Ad}}$。

若 $k \in \left(\dfrac{\theta q_H - m q_L}{8\theta(3-\gamma)}, \dfrac{q_H - q_L}{8(3-\gamma)} \right)$，混合模式的平台收益为 $\pi_p^M = \dfrac{64\left[(1-\gamma)k + \dfrac{q_H}{8}\right]^2 \theta^2}{256\theta^2 k} +$

$\dfrac{16m\left[(\gamma+3)k - \dfrac{q_H}{8}\right]q_L\theta + m^2 q_L^2}{256\theta^2 k}$，$\pi_p^M - \pi_p^S = \dfrac{\left\{64(3-\gamma)^2 k^2 - [32q_L\gamma + 16q_H(3-\gamma)]k + q_H^2\right\}\theta^2}{256k\theta} +$

$\dfrac{16m\left[k(3+\gamma) - \dfrac{q_H}{8}\right]q_L\theta + m^2 q_L^2}{256k\theta}$，通过求导可得 $\dfrac{\mathrm{d}\left(\pi_p^M - \pi_p^S \right)}{\mathrm{d}k} =$

$\dfrac{\left[64(3-\gamma)^2 k^2 - q_H^2\right]\theta^2 + 2m q_H q_L\theta - m^2 q_L^2}{256k^2\theta^2} \geqslant 0$，不等式成立是因为 $k > \dfrac{\theta q_H - m q_L}{8\theta(3-\gamma)}$。

所以 $\pi_p^M - \pi_p^S$ 关于 k 是单调递增的，又因为 $\left(\pi_p^M - \pi_p^S\right)\Big|_{k=\frac{\theta q_H - mq_L}{8\theta(3-\gamma)}} \geqslant 0$，因此 $\pi_p^M \geqslant \pi_p^S$。

$$\pi_p^{\mathrm{Ad}} - \pi_p^M = \frac{\left[-64(3-\gamma)^2 k^2 - 16q_H(1-\gamma) - q_H^2\right]\theta^2 + 32m\left\{\left[q_H(2-\gamma) - \dfrac{q_L(3-\gamma)}{2}\right]k - \dfrac{q_H q_L}{16}\right\}\theta - m^2 q_L^2}{256k\theta^2}$$ 。

对 $\pi_p^{\mathrm{Ad}} - \pi_p^M$ 关于 k 求导可得，$\dfrac{\mathrm{d}\left(\pi_p^{\mathrm{Ad}} - \pi_p^M\right)}{\mathrm{d}k} = -\dfrac{\left[64(3-\gamma)^2 k^2 - q_H^2\right]\theta^2 + 2mq_H q_L \theta - m^2 q_L^2}{256k^2\theta^2} \leqslant 0$，所以 $\pi_p^{\mathrm{Ad}} - \pi_p^M$ 关于 k 是单调递减的，又因为 $\left(\pi_p^{\mathrm{Ad}} - \pi_p^M\right)\Big|_{k=\frac{q_H - q_L}{8(3-\gamma)}} \geqslant 0$，所以在该范围内 $\pi_p^{\mathrm{Ad}} \geqslant \pi_p^M$。

若 $k \in \left(\dfrac{q_H - q_L}{8(3-\gamma)}, \dfrac{m(q_H - q_L)}{8\theta(3-\gamma)}\right)$，用户订阅模式的平台收益为 $\pi_p^S = \dfrac{16k[(1-\gamma)q_H + q_L(\gamma+3)]}{256k} + $

$\dfrac{64(1-\gamma)^2 k^2 + (q_H - q_L)^2}{256k}$，则 $\pi_p^M - \pi_p^S = \dfrac{\left\{\left[k(3+\gamma)k - \dfrac{q_H}{8} + \dfrac{q_L}{16}\right]\theta + \dfrac{mq_L}{16}\right\}(m-\theta)q_L}{16k\theta^2} \geqslant 0$。

若 $k \in \left(\dfrac{m(q_H - q_L)}{8\theta(3-\gamma)}, \dfrac{\theta q_H - mq_L}{8\theta(1-\gamma)}\right)$，广告盈利模式下平台的收益为 $\pi_p^{\mathrm{Ad}} = \dfrac{64k^2(1-\gamma)^2\theta^2}{256k\theta^2} + $

$\dfrac{16[(1-\gamma)q_H + q_L(\gamma+3)]mk\theta + m^2(q_H - q_L)^2}{256k\theta^2}$。$\pi_p^{\mathrm{Ad}} - \pi_p^M = \dfrac{(m-\theta)q_H\left\{\left[k(1-\gamma) + \dfrac{q_H}{16}\right]\theta + \dfrac{m(q_H - 2q_L)}{16}\right\}}{16k\theta^2}$

$\geqslant 0$，此时广告盈利模式下的平台收益高于混合模式。

若 $k \in \left(\dfrac{\theta q_H - mq_L}{8\theta(1-\gamma)}, \dfrac{q_H - q_L}{8(1-\gamma)}\right)$，此时混合模式下平台不实施创作激励计划；若 $k \in \left(\dfrac{q_H - q_L}{8(1-\gamma)}, \dfrac{m(q_H - q_L)}{8\theta(1-\gamma)}\right)$，用户订阅模式下平台不实施创作激励计划。综上所述，对平台而言，广告盈利模式最优，混合模式次之，用户订阅模式最差。

（2）$\tau \in \left(\dfrac{(3-\gamma)q_H}{(1-\gamma)q_H + 2q_L}, \dfrac{3-\gamma}{1-\gamma}\right]$，此时 $\dfrac{\theta q_H - mq_L}{8\theta(3-\gamma)} < \dfrac{q_H - q_L}{8(3-\gamma)} < \dfrac{\theta q_H - mq_L}{8\theta(1-\gamma)} < $

$\dfrac{m(q_H - q_L)}{8\theta(3-\gamma)} < \dfrac{q_H - q_L}{8(1-\gamma)} < \dfrac{m(q_H - q_L)}{8\theta(1-\gamma)}$。

（3）$\tau \in \left(\dfrac{3-\gamma}{1-\gamma}, \dfrac{2q_H + (1-\gamma)q_L}{q_L(3-\gamma)}\right]$，此时 $\dfrac{\theta q_H - mq_L}{8\theta(3-\gamma)} < \dfrac{q_H - q_L}{8(3-\gamma)} < \dfrac{\theta q_H - mq_L}{8\theta(1-\gamma)} < $

$\dfrac{q_H - q_L}{8(1-\gamma)} < \dfrac{m(q_H - q_L)}{8\theta(3-\gamma)} < \dfrac{m(q_H - q_L)}{8\theta(1-\gamma)}$。

（4）$\tau \in \left(\dfrac{2q_H + (1-\gamma)q_L}{q_L(3-\gamma)}, +\infty\right)$，此时 $\dfrac{\theta q_H - mq_L}{8\theta(3-\gamma)} < \dfrac{\theta q_H - mq_L}{8\theta(1-\gamma)} < \dfrac{q_H - q_L}{8(3-\gamma)} < $

$$\frac{q_H - q_L}{8(1-\gamma)} < \frac{m(q_H - q_L)}{8\theta(3-\gamma)} < \frac{m(q_H - q_L)}{8\theta(1-\gamma)}$$。以上三种情况的证明同上，故不在此赘述。

综上所述，当 $\tau \geq 1$ 时，广告盈利模式可给平台带来最大化的收益，混合模式次之，用户订阅模式带来的收益最低。证毕。

图 4-6 展示了三种营收模式下平台收益 π_p 的比较结果。当平台的边际广告收益高于用户的广告敏感程度时（$m > \theta$），广告盈利模式可以给平台带来更高的收益，同时给用户造成的效用损失更低，而且此时平台提供的创作资金奖励最高，内容提供者创作了更多的高质量内容，吸引了更多的用户加入平台，因而为平台创造了更多的收益。需要注意的一点是，相比于混合模式，尽管用户订阅模式下平台提供给内容提供者的创作资金奖励更多，内容提供者创作的高质量内容也更多，但是创造的收益却低于混合模式。究其原因主要是投放广告可给平台带来更高的边际收益，在混合模式下平台可以减少对高质量内容的创作激励投资，通过

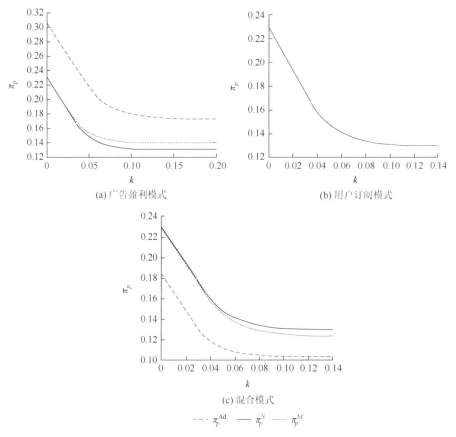

图 4-6　三种营收模式下平台收益（π_p）的比较结果

增加低质量内容进行引流进而获取更多的广告收益；而在用户订阅模式下，由于支付订阅费对用户效用造成的损失更高，平台只能通过激励内容提供者努力创作更多的高质量内容，提高用户可获得价值，以此来维持平台中用户的数量。但是较高的创作资金奖励支出限制了用户订阅模式下平台的收益。当平台的边际广告收益等于用户的广告敏感程度时（$m=\theta$），投放广告和收取订阅费这两种盈利方式对于平台而言无差异，故三种营收模式下平台的收益相同。

当平台的边际广告收益低于用户的广告敏感程度，即 $m<\theta$ 时，广告投放不仅损害了平台的边际收益，同时也损害了用户的效用，因此平台更偏向于收取订阅费。此时平台采用用户订阅模式可实现收益最大化。相比于用户订阅模式，混合模式下平台支付给内容提供者的创作资金奖励更高，内容提供者创作的高质量内容更多，但是却未实现最高收益。究其原因主要体现在两方面：其一混合模式并非捆绑销售，用户可单独选择高质量内容或低质量内容，但广告对用户产生的负面影响更大，平台只得减少低质量内容中的广告数量，因此低质量内容为平台创造的收益大打折扣；其二则是混合模式下，平台负担了较高的创作资金奖励，而且订阅费低，故削弱了平台的收益。

命题 4.12　单位创作资金奖励 w 的比较：①若平台的边际广告收益不低于用户的广告敏感程度（$m\geqslant\theta$），平台在广告盈利模式下提供的资金奖励最高，用户订阅模式次之，混合模式最低，即 $w^{Ad^*}\geqslant w^{S^*}\geqslant w^{M^*}$；②若平台的边际广告收益低于用户的广告敏感程度（$m<\theta$），混合模式下平台提供的资金奖励最高，用户订阅模式次之，广告盈利模式最低，即 $w^{Ad^*}\leqslant w^{S^*}\leqslant w^{M^*}$。

证明　参考创作努力程度的比较证明可知，根据 $\tau=\dfrac{m}{\theta}$ 的大小，我们可分为两大类即 $\dfrac{m}{\theta}\geqslant 1$ 和 $\dfrac{m}{\theta}<1$。当 $\tau=\dfrac{m}{\theta}<1$ 时，根据不同节点间的大小关系分为三种情况；当 $\tau=\dfrac{m}{\theta}\geqslant 1$ 时，根据节点的大小关系，可分为四种情况。

关于平台在三种营收模式下提供的单位创作资金奖励 w 的比较结果证明：根据内容提供者的决策 $e=\dfrac{w}{2k}$ 可知，w 和 e 的大小关系等价，因此只需证明 e 的大小关系即可。首先证明 $\tau=\dfrac{m}{\theta}<1$ 时的情况，在情况（1）中，即 $\tau\in\left[0,\dfrac{1-\gamma}{3-\gamma}\right]$，若 $k\in\left(0,\dfrac{m(q_H-q_L)}{8\theta(3-\gamma)}\right)$，三种模式下内容提供者的创作努力程度均为 1。在 $k\in\left(\dfrac{m(q_H-q_L)}{8\theta(3-\gamma)},\dfrac{m(q_H-q_L)}{8\theta(1-\gamma)}\right)$，广告盈利模式下内容提供者的创作努力程度为

$e^{\text{Ad}} = \dfrac{m(q_H - q_L) - 8k\theta(1-\gamma)}{16k\theta}$，此时 $e^{\text{Ad}} \leqslant 1$。若 $k \in \left(\dfrac{m(q_H - q_L)}{8\theta(1-\gamma)}, +\infty \right)$，广告盈利

模式不提供创作资金奖励，即 $w^{\text{Ad}} = 0, e^{\text{Ad}} = 0$。若 $k \in \left(\dfrac{q_H - q_L}{8(3-\gamma)}, \dfrac{q_H - q_L}{8(1-\gamma)} \right)$，此时

用户订阅模式下内容提供者的创作努力程度 $e^S = \dfrac{q_H - q_L - 8k(1-\gamma)}{16k\theta} \leqslant 1$。若

$k \in \left(\dfrac{\theta q_H - m q_L}{8\theta(3-\gamma)}, \dfrac{q_H - q_L}{8(1-\gamma)} \right)$，混合模式下内容提供者的创作努力程度 $e^M = $

$\dfrac{\theta q_H - m q_L - 8k\theta(1-\gamma)}{16k\theta} \geqslant \dfrac{q_H - q_L - 8k(1-\gamma)}{16k\theta} = e^S$。若 $k \in \left(\dfrac{q_H - q_L}{8(1-\gamma)}, +\infty \right)$，用户订

阅模式下平台不提供创作资金奖励。若 $k \in \left(\dfrac{q_H - q_L}{8(1-\gamma)}, \dfrac{\theta q_H - m q_L}{8\theta(1-\gamma)} \right)$，混合模式下

内容提供者的创作努力程度仍为 $e^M = \dfrac{\theta q_H - m q_L - 8k\theta(1-\gamma)}{16k\theta} \geqslant 0$。若

$k \in \left(\dfrac{\theta q_H - m q_L}{8\theta(1-\gamma)}, +\infty \right)$，则三种营收模式下平台均不提供创作资金奖励，内容提供

者不努力创作。

在其他情况下，证明同情况（1）。综上所述，当 $\tau = \dfrac{m}{\theta} < 1$ 时，内容提供者的

创作努力程度 e 及平台提供的单位创作资金奖励 w 均满足混合模式最优，用户订

阅模式次之，广告盈利模式最差。

其次证明当 $\tau = \dfrac{m}{\theta} \geqslant 1$ 时的情况，先考虑 $\dfrac{q_H}{q_L} \geqslant \dfrac{2-\gamma}{1-\gamma}$。当 $\tau \in$

$\left[1, \dfrac{(3-\gamma)q_H}{(1-\gamma)q_H + 2q_L} \right]$ 时，若 $k \in \left(0, \dfrac{\theta q_H - m q_L}{8\theta(3-\gamma)} \right)$，此时三种模式下内容提供者的努力

程度均为 1。若 $k \in \left(\dfrac{\theta q_H - m q_L}{8\theta(3-\gamma)}, \dfrac{q_H - q_L}{8(3-\gamma)} \right)$，此时混合模式下内容提供者的创作努

力程度为 $e^M = \dfrac{\theta q_H - m q_L - 8k\theta(1-\gamma)}{16k\theta} \leqslant 1$。如果 $\dfrac{q_H - q_L}{8(3-\gamma)} < k < \dfrac{\theta q_H - m q_L}{8\theta(1-\gamma)}$，用户

订阅模式下，内容提供者的创作努力程度为 $e^S = \dfrac{\theta q_H - m q_L - 8k\theta(1-\gamma)}{16k\theta} \geqslant e^M$。若

$k \in \left(\dfrac{m(q_H - q_L)}{8\theta(3-\gamma)}, \dfrac{\theta q_H - m q_L}{8\theta(1-\gamma)} \right)$，广告盈利模式下内容提供者的创作努力程度为

$e^{\text{Ad}} = \dfrac{m(q_H - q_L) - 8k\theta(1-\gamma)}{16k\theta} \geqslant e^S$。同理，$\tau \geqslant 1$ 的所有情况均适用上述证明方式。

综上所述，当 $\tau = \dfrac{m}{\theta} \geqslant 1$ 时，内容提供者的创作努力程度 e 及平台提供的单位创作资金奖励 w 均满足广告盈利模式最优，用户订阅模式次之，混合模式最差。证毕。

图 4-7 展示了三种营收模式下平台提供的单位创作资金奖励的比较结果。若平台的边际广告收益不低于用户的广告敏感程度，广告盈利模式下的边际广告收益高，且此时广告对用户的干扰程度低，平台可以通过增加广告投放数量来获取更高的广告收益。为吸引更多的用户群体以增加广告总收益，平台会尽可能地鼓励内容提供者产出更多的高质量内容，不断提高单位创作资金奖励，充分提高内容提供者的创作积极性。

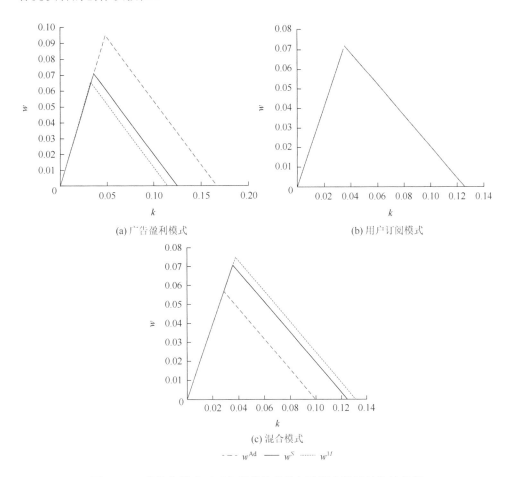

图 4-7　三种营收模式下平台提供的单位创作资金奖励的比较结果

若平台的边际广告收益低于用户的广告敏感程度，此时投放广告不仅边际收益低且对用户效用的干扰程度高，所以收取订阅费对平台而言才是比较好的营收方式。考虑到混合模式下对低质量内容采用的广告盈利方式，App 平台则希望尽可能地减少低质量内容造成的收益损失，故会以高于用户订阅模式下的创作资金奖励，鼓励内容提供者尽可能多地创作高质量内容。

4.5.2　内容提供者的创作努力程度及用户剩余比较分析

命题 4.13　创作努力程度及用户剩余的比较分析：①若平台的边际广告收益不低于用户的广告敏感程度，即 $m \geqslant \theta$，无论是内容提供者的创作努力程度 e 还是整体的用户剩余 CS，都是在广告盈利模式下实现最大化，混合模式下最低，用户订阅模式居于二者之间，即 $e^{\mathrm{Ad}^*} \geqslant e^{S^*} \geqslant e^{M^*}$，$\mathrm{CS}^{\mathrm{Ad}^*} \geqslant \mathrm{CS}^{S^*} \geqslant \mathrm{CS}^{M^*}$；②若平台的边际广告收益低于用户的广告敏感程度，即 $m < \theta$，则恰恰相反，即 $e^{\mathrm{Ad}^*} \leqslant e^{S^*} \leqslant e^{M^*}$，$\mathrm{CS}^{\mathrm{Ad}^*} \leqslant \mathrm{CS}^{S^*} \leqslant \mathrm{CS}^{M^*}$。

证明　关于三种模式下，内容提供者创作努力程度的比较证明参考命题 4.11 的证明，在此不重复证明。

三种模式下用户剩余的比较证明如下。

如果 $\tau = \dfrac{m}{\theta} < 1$，在情况（1）中，即 $\tau \in \left[0, \dfrac{1-\gamma}{3-\gamma}\right]$，若 $k \in \left(0, \dfrac{m(q_H - q_L)}{8\theta(3-\gamma)}\right)$，

三种模式的用户剩余均为 $\mathrm{CS} = \dfrac{(2-\gamma)q_H + \gamma q_L}{16}$。

若 $k \in \left(\dfrac{m(q_H - q_L)}{8\theta(3-\gamma)}, \dfrac{m(q_H - q_L)}{8\theta(1-\gamma)}\right)$，广告盈利模式下的用户剩余为 $\mathrm{CS}^{\mathrm{Ad}} = $

$\dfrac{8[(1-\gamma)q_H + (3+\gamma)q_L]k\theta + m(q_H - q_L)^2}{256k\theta}$。$\mathrm{CS}^M - \mathrm{CS}^{\mathrm{Ad}} = \dfrac{\left[k(3-\gamma)\theta - \dfrac{m(q_H - q_L)}{8}\right](q_H - q_L)}{32k\theta} \geqslant$

0，不等式成立是因为 $k > \dfrac{m(q_H - q_L)}{8\theta(3-\gamma)}$。

若 $k \in \left(\dfrac{m(q_H - q_L)}{8\theta(1-\gamma)}, +\infty\right)$，广告盈利模式下平台不提供创作资金奖励，此时平台提供的高质量内容最少，所以用户剩余最低。

若 $k \in \left(\dfrac{q_H - q_L}{8(3-\gamma)}, \dfrac{q_H - q_L}{8(1-\gamma)}\right)$，此时用户订阅模式下的用户剩余为 $\mathrm{CS}^S = $

$\dfrac{8[(1-\gamma)q_H + (\gamma+3)q_L]k + (q_H - q_L)^2}{256k}$。$\mathrm{CS}^M - \mathrm{CS}^S = \dfrac{(q_H - q_L)[8k(3-\gamma) - (q_H - q_L)]}{256k} \geqslant 0$，

不等式成立是因为 $k > \dfrac{q_H - q_L}{8(3-\gamma)}$。$\mathrm{CS}^S - \mathrm{CS}^{\mathrm{Ad}} = \dfrac{(q_H - q_L)^2(m-\theta)}{256k\theta} > 0$，因为 $m < \theta$。

若 $k \in \left(\dfrac{q_H - q_L}{8(1-\gamma)}, +\infty \right)$，用户订阅模式下平台不提供创作资金奖励，此时平台提供的高质量内容最少，所以用户剩余最低。

若 $k \in \left(\dfrac{q_H - q_L}{8(1-\gamma)}, \dfrac{\theta q_H - mq_L}{8\theta(1-\gamma)} \right)$，混 合 模 式 下 的 用 户 剩 余 为 $CS^M = \dfrac{\left\{ q_H^2 + [8(1-\gamma)k - q_L]q_H \right\}\theta + 8k(\gamma+3)q_L\theta - mq_L(q_H - q_L)}{256k\theta}$。$CS^M - CS^S = \dfrac{q_L(q_H - q_L)(\theta - m)}{256k\theta} \geqslant$ 0，此时，仍是平台采用混合模式时能给用户带来最高的用户剩余。

若 $k \in \left(\dfrac{\theta q_H - mq_L}{8\theta(1-\gamma)}, +\infty \right)$，则平台在三种营收模式下均不提供创作资金奖励，此时用户剩余均达到最低。

在其他情况下，证明同情况（1）。综上所述，当 $\tau = \dfrac{m}{\theta} < 1$ 时，用户剩余满足混合模式最优，用户订阅模式次之，广告盈利模式最差。

当 $\tau = \dfrac{m}{\theta} \geqslant 1$ 时，首先考虑 $\dfrac{q_H}{q_L} \geqslant \dfrac{2-\gamma}{1-\gamma}$。当 $\tau \in \left[1, \dfrac{(3-\gamma)q_H}{(1-\gamma)q_H + 2q_L} \right]$ 时，若 $k \in \left(0, \dfrac{\theta q_H - mq_L}{8\theta(3-\gamma)} \right)$，此时三种营收模式下的用户剩余均为 $CS = \dfrac{(2-\gamma)q_H + \gamma q_L}{16}$。

若 $k \in \left(\dfrac{\theta q_H - mq_L}{8\theta(3-\gamma)}, \dfrac{q_H - q_L}{8(3-\gamma)} \right)$，此 时 混 合 模 式 下 的 用 户 剩 余 为 $CS^M = \dfrac{\left\{ q_H^2 - [q_L - 8(1-\gamma)k]q_H + 8kq_L(3+\gamma) \right\}\theta - mq_L(q_H - q_L)}{256k\theta}$；$CS^S - CS^M = \dfrac{(q_H - q_L)\left[k(3-\gamma) - \dfrac{q_H}{8} \right]\theta + \dfrac{mq_L}{8}}{32k\theta} \geqslant 0$，不等式成立是因为 $k > \dfrac{\theta q_H - mq_L}{8\theta(3-\gamma)}$。

若 $k \in \left(\dfrac{q_H - q_L}{8(3-\gamma)}, \dfrac{\theta q_H - mq_L}{8\theta(1-\gamma)} \right)$，用户订阅模式下的用户剩余为 $CS^S = \dfrac{8[(1-\gamma)q_H + (3+\gamma)q_L]k + (q_H - q_L)^2}{256k}$，$CS^{Ad} - CS^S = \dfrac{(q_H - q_L)[8k(3-\gamma) - q_H + q_L]}{256k} \geqslant 0$；$CS^S - CS^M = \dfrac{(q_H - q_L)q_L(m - \theta)}{256k\theta} \geqslant 0$。

若 $k \in \left(\dfrac{m(q_H - q_L)}{8\theta(3-\gamma)}, \dfrac{\theta q_H - mq_L}{8\theta(1-\gamma)} \right)$，广告盈利模式下的用户剩余为 $CS^{Ad} = \dfrac{8[(1-\gamma)q_H + (3+\gamma)q_L]k\theta + m(q_H - q_L)^2}{256k\theta}$，$CS^{Ad} - CS^S = \dfrac{(q_H - q_L)^2(m - \theta)}{256k\theta} \geqslant 0$。

若 $k \in \left(\dfrac{\theta q_H - m q_L}{8\theta(1-\gamma)}, +\infty \right)$，此时在混合模式下，平台不提供创作资金奖励，内容提供者创作的高质量内容最少，所以带来的用户剩余也最少。

若 $k \in \left(\dfrac{q_H - q_L}{8(1-\gamma)}, +\infty \right)$，此时在用户订阅模式下，平台不提供创作资金奖励，内容提供者创作的高质量内容最少，所以带来的用户剩余也最少。

若 $k \in \left(\dfrac{m(q_H - q_L)}{8\theta(1-\gamma)}, +\infty \right)$，此时在三种营收模式下，平台均不提供创作资金奖励，三种模式下的高质量内容数量相同，实现的用户剩余均较低。

同理，$\tau \geqslant 1$ 的所有情况均适用上述证明方式。综上所述，当 $\tau = \dfrac{m}{\theta} \geqslant 1$ 时，用户剩余均满足广告盈利模式最优，用户订阅模式次之，混合模式最差。

图 4-8 和 4-9 分别展示了三种营收模式下内容提供者的创作努力程度的比较结果和用户剩余的比较结果。当平台的边际广告收益不低于用户的广告敏感程度，即 $m \geqslant \theta$ 时，广告盈利模式下平台始终提供给内容提供者最高的创作资金奖励，激励内容提供者进行高质量内容创作，使其产生的高质量内容更多，整体内容质量更高，用户阅读内容可获得的价值更高。相比于用户订阅模式，广告盈利模式下用户承担的效用损失更低，所以实现了较高的用户剩余。需要注意的是，在该种情况下，混合模式始终不占据优势。在混合模式中每一部分内容单独定价，但由于对低质量内容的广告投放更具获利优势，故平台会降低对内容提供者的资金激励，内容提供者的创作努力程度大打折扣，创作的高质量内容较少。尽管混合模式下平台投放的广告数量减少，用户订阅费降低，但用户可获取的高质量内容少，故导致平台中的用户数量减少，损害了用户剩余。

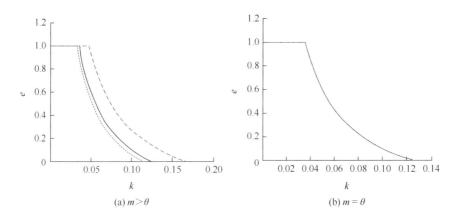

(a) $m > \theta$　　　　　　　　　　(b) $m = \theta$

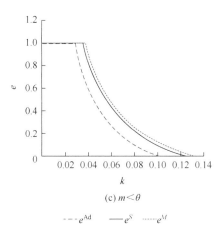

(c) $m < \theta$

$---\ e^{Ad}$　　$---\ e^{S}$　　$\cdots\cdots e^{M}$

图 4-8　三种营收模式下内容提供者的创作努力程度的比较结果

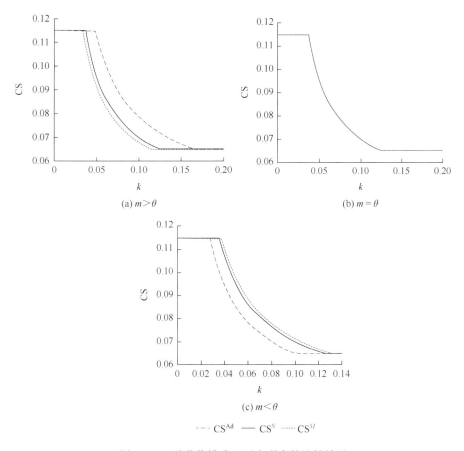

$---\ CS^{Ad}$　　$---\ CS^{S}$　　$\cdots\cdots CS^{M}$

图 4-9　三种营收模式下用户剩余的比较结果

反之,当 $m < \theta$ 时,投放广告给平台带来的收益不仅低,而且对用户效用的损害更大,故投放广告会造成大量用户的流失,广告盈利模式逐渐失去优势。鉴于投放广告对用户产生的负面影响较大,混合模式下平台会减少在低质量内容中投放的广告数量,降低用户阅读低质量内容时的效用损失,同时平台提高创作资金奖励以鼓励内容提供者产出尽可能多的高质量内容,来减少低质量内容造成的收益损失。整体内容质量提升了,用户加入平台阅读内容可获得的价值就会增大。混合模式下的订阅费低于用户订阅模式下的订阅费,降低了用户阅读内容的成本。相比于用户订阅模式,混合模式下的高质量内容数量更多,且用户获取信息产品的成本更低,二者共同造就了混合模式下的高用户剩余。

4.6 本 章 小 结

本章不考虑盗版内容的影响,立足于平台的角度,建立三种营收模式(广告盈利模式、用户订阅模式、混合模式)的模型,分别探究三种模式下平台的创作资金奖励决策、广告投放和/或订阅费策略,比较研究平台最优的营收模式及其条件。得到了如下管理启示及结论。

(1)若平台的边际广告收益不低于用户的广告敏感程度,App 平台在运营过程中应选择广告盈利模式。App 平台投入的创作资金奖励可鼓励内容提供者创作更多的高质量内容,为平台吸引更多的用户群体,平台可充分利用用户流量获取广告收益。而且从社会责任的角度来看,平台的创作资金奖励决策为用户带来了更多的剩余。

(2)若平台的边际广告收益低于用户的广告敏感程度,此时平台应选择用户订阅模式,尽管混合模式下平台提供的创作资金奖励鼓励内容提供者创作了更多的高质量内容,为平台吸引了更多的用户,实现了更多的用户剩余,却并不能实现平台的收益最大化。

(3)平台的创作资金奖励决策受内容创作成本的影响。在三种营收模式下,平台中高质量内容的数量始终是平台获取用户流量进而变现、获取收益的关键,当单位创作成本较低时,App 平台应提高单位创作资金奖励以鼓励内容提供者产出较多的高质量内容。当单位创作成本较高时,平台应量力而行,逐渐降低单位创作资金奖励,因为高质量内容为平台带来的边际收益有限。

第5章 数字经济下盗版内容对App平台营收模式的影响

5.1 引　　言

　　本章考虑市场中存在盗版内容的情况，在同样考虑创作资金奖励决策的模型框架下，比较研究了广告盈利模式和用户订阅模式下最优的营收模式及其条件。

　　盗版是指在未经版权所有人同意或授权的情况下，对其复制的作品进行分发销售的行为。相比于传统盗版内容，网络环境下的数字型盗版内容更具无形性、易复制性和可变性。盗版内容的存在对用户而言可能是有利的，在网络环境下盗版内容可通过复制、模仿等方式产生，创作成本低或无成本，所以用户可以免费或以较低的价格获取，而非花费较高的成本购买原创高质量内容，从而降低了用户获取信息产品的成本。但对于App平台与内容提供者而言，盗版内容的存在往往会对其产生不利影响。这是因为廉价的盗版内容会导致App平台用户流失，从而损害平台的收益，平台收益下降会使其减少对内容提供者的创作资金奖励支出，这又会降低内容提供者的创作积极性，导致高质量内容减少、平台用户进一步流失，以此恶性循环，严重损害了互联网下的创作生态。如图5-1所示，

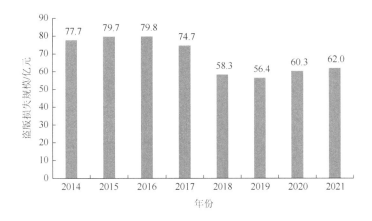

图5-1　2014～2021年中国网络文学盗版损失规模

资料来源：《2022年中国网络文学（网文）发展现状，盗版损失占17%，低线用户付费意愿待提升》，https://www.huaon.com/channel/trend/834844.html，2022-09-09

2014～2021 年盗版内容造成的中国网络文学的损失规模平均每年约 69 亿元，严重打击了内容提供者的创作积极性。

中国版权协会发布的《2021 年中国网络文学版权保护与发展报告》中提到，截至 2021 年 12 月，盗版平台整体月度活跃用户量（盗版月活用户量）为 4371 万人，年度盗版损失规模已高达 62 亿元，同比上升 2.8%，96.6% 的网络作家表示被盗版影响创作动力，盗版内容的存在让逾 8 成作家受侵害，如图 5-2 所示。

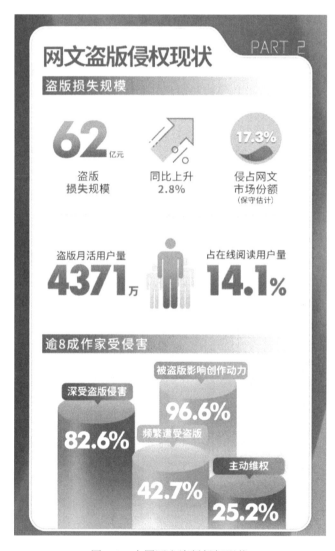

图 5-2　中国网文盗版侵权现状

资料来源：《盗版网文去年造成 62 亿元损失，522 名网络作家联名反侵权》，
https://www.thepaper.cn/newsDetail_forward_18280358，2022-05-26

　　无论是平台还是内容提供者，原创内容的在线营销是其获取收益和知名度的主要方式。但是，网络环境下高质量内容难免会受到各种盗版内容的冲击。例如，汤圆创作 App、每天读点故事 App，鼓励用户积极创作，根据用户创作的高质量内容数量或产生的用户流量提供资金奖励，但是网络中总会出现故事情节雷同、文章背景相似的盗版作品，进而会造成平台用户的流失并损害作者声誉。又如抖音、快手等短视频平台，其中的原创高质量短视频内容，如喜闻乐见的相声、真情实感的生活记录等，都是吸引用户并留住用户的关键，但盗版视频传播在不同的短视频 App 平台中，导致用户对各种盗版乃至正版内容产生厌倦，失去对平台内容的兴趣，造成 App 平台用户的流失，内容提供者也无法获取相应的创作奖励。因此，盗版内容的存在对于内容提供者或平台而言始终是一个亟待解决的难题。

　　但是从用户的角度来看，盗版内容的存在备受争议。有的用户认为，盗版内容可以降低用户的成本，用户可以以更加低廉的价格获取高质量内容；有的用户认为低俗的盗版内容扰乱了市场秩序，损害了优质内容提供者的创作热情，导致优质内容减少，这对于整个社会群体而言，是一项不可忽视的损失。基于以上争论，我们简化第 4 章中的模型，来探究盗版内容对平台决策所产生的影响。平台是否会提供创作资金奖励？如何决策创作资金奖励？盗版内容的存在对用户剩余而言是提高了还是降低了？是否间接地提高了或损害了内容提供者的创作热情？平台应如何选择营收模式，以在保障创作激励的同时实现收益最大化？

　　在学术界，针对盗版内容的存在是否有意义，及其对互联网产业的影响等一系列问题，学者也展开了深入的研究。部分学者对盗版内容持有积极态度，Smith 和 Telang（2009）认为盗版内容的存在不仅不会对正版内容的销量产生负面影响，还可以满足用户的需求，甚至促进正版内容或软件的传播与订阅，提升正版内容的收益（Chellappa and Shivendu，2005）。但也有部分学者持消极态度，Cho 和 Ahn（2010）、Jain（2008）认为盗版内容的存在在很大程度上损害了平台的收益，导致平台减少对内容质量提升的投资，整体内容质量下降。

　　盗版内容的存在会抢夺平台的用户，导致平台用户数量下降，影响平台营收模式选择、广告投放数量决策或订阅费决策。再者，内容提供者通过平台的创作激励计划提供的高质量内容被盗版内容复制，不仅使得高额的创作激励成本获得的高质量内容为平台创造的收益降低，而且还增强了平台与盗版内容之间的用户竞争，这难免会引起 App 平台对创作激励计划的质疑与否定。因此，盗版内容对平台收益、创作资金奖励决策、内容提供者的创作努力程度、用户剩余究竟产生了怎样的影响，平台应如何选择营收模式以规避盗版内容的影响，值得我们再次深入探究。

　　本章考虑盗版内容的影响，探究平台的创作资金奖励决策以及营收模式的选择策略。具体的研究问题如下。

（1）考虑盗版内容时，平台应如何决策创作资金奖励？

（2）考虑盗版内容会造成平台用户流失时，平台应如何决策广告的投放数量或订阅费以获取收益？

（3）盗版内容的存在和平台的创作资金奖励决策会对平台的最优营收模式选择产生怎样的影响？

本章发现，在考虑盗版内容的模型中，若平台的边际广告收益不低于用户的广告敏感程度，平台会选择广告盈利模式以实现收益最大化。即使盗版内容存在乃至盛行，平台也会始终提供创作资金奖励，通过大量的高质量内容以吸引用户，进而转化为广告收益。若平台的边际广告收益低于用户的广告敏感程度，平台会选择用户订阅模式以降低盗版内容的影响。盗版内容的存在会导致平台在广告盈利模式下不提供创作资金奖励，使高质量内容大幅减少，极大损害用户剩余。本章为 App 平台创作激励计划的推出和营收模式的选择及其相关的运营管理决策开拓了思路。

5.2　考虑盗版内容时 App 平台的营收模式研究

5.2.1　内容提供者收益

沿袭第 4 章的基本假设，我们仍设定内容提供者创作的高质量内容的数量与其创作努力程度正相关，创作努力程度是内容提供者根据平台提供的单位创作资金奖励和期望用户数量而进行的决策：

$$x = \frac{1 - \gamma + e}{2} \tag{5.1}$$

其中，x 为内容提供者创作的高质量内容数量；γ 为外部环境因素对内容提供者高质量创作所产生的影响；e 为内容提供者的创作努力程度。

由于本章的研究是为了进一步体现盗版内容的存在对平台创作资金奖励决策和营收模式的选择的影响，所以我们对第 4 章的模型加以简化。原设定内容提供者的创作努力程度 $e \in [0,1]$，是连续的决策变量，在本章中我们假设内容提供者的创作努力程度服从两点分布，即 $e = \begin{cases} 1, & 努力创作 \\ 0, & 不努力创作 \end{cases}$。同时，我们设定单位高质量内容给用户带来的价值为 $q = 1$，低质量内容带来的价值为 $q = 0$，即在本章的研究中忽视低质量内容给用户带来的价值。因此，内容提供者努力创作时（$e = 1$），可创作出的高质量内容数量为 $x_e = \frac{2 - \gamma}{2}$；内容提供者不努力创作时（$e = 0$），可创作出的高质量内容数量为 $x_n = \dfrac{1-\gamma}{2}$。在本章的后续研究中，下标 e 表示内容提供者努力创作，下标 n 表示内容提供者不努力创作。

当内容提供者努力创作（$e=1$）提供数量为 x_e 的高质量内容时，其获得的收益为

$$\pi_{cp} = \overline{w}\mathrm{Pr}(U(x_e) \geqslant 0) - \phi \qquad (5.2)$$

其中，$\overline{w}$ 为内容提供者努力创作时平台向内容提供者支付的单位创作资金奖励；ϕ 为内容提供者努力创作时的创作成本，盗版内容与正版高质量内容的不同体现在盗版内容的质量更低，所以我们引入质量折扣系数 $\xi \in (0,1)$，为体现本章的研究意义，我们假定内容提供者的创作成本不能过高，即 $\phi < \dfrac{(2-\gamma)(1-\xi)}{16}$；$\mathrm{Pr}(U(x_e) \geqslant 0)$ 为平台的用户流量，内容提供者创作的高质量内容为平台吸引的用户越多，内容提供者所获得的创作奖励总额就会越高（Hao et al.，2017；de Cornière and Sarvary，2022）。

当内容提供者不努力创作（$e=0$）提供数量为 x_n 的高质量内容时，其获得的收益为

$$\pi_{cp} = \underline{w}\mathrm{Pr}(U(x_n) \geqslant 0) \qquad (5.3)$$

其中，参数 $\underline{w}$ 为内容提供者不努力创作时平台向内容提供者支付的单位创作资金奖励。高质量内容是平台获取用户流量并实现收益的关键，所以平台更希望鼓励内容提供者努力创作，使其创作出更多的高质量内容。因而平台会设置较高的单位创作资金奖励 $\overline{w}$，鼓励内容提供者努力创作进而提供更多的高质量内容；当内容提供者不努力创作，提供的高质量内容较少时，平台设置一个较低的单位创作资金奖励 $\underline{w}$，迫使内容提供者放弃不努力的想法，即 $\overline{w} \geqslant \underline{w}$。本章设定内容提供者的机会成本为 0。

5.2.2　用户效用

网络中的原创高质量内容通常能够给用户带来较高的效用，为平台带来用户流量。正因如此，网络中才会存在抄袭和剽窃行为，一些盗版平台通过模仿原创的高质量内容，以低廉的价格出售给用户，获取不正当收益。但是模仿的内容质量会下降，给用户带来的价值会打折扣，低于正版高质量内容带来的价值。所有的用户均为理性人，追求个人效用最大化，面对两种不同质量的同类信息产品，用户有三种选择：其一是购买正版的高质量内容进行阅读，虽然正版高质量内容的获取成本高，但是其给用户带来的价值是高于盗版内容的，故而部分用户获取正版高质量内容能够实现效用最大化；其二是购买盗版内容进行阅读，低廉的价格弥补了价值的不足，部分用户可通过购买盗版内容实现效用最大化；其三是不

购买任何内容，获得信息产品的代价较高，部分用户的价值参数较低，无法获取正效用，因而该部分用户不购买任何信息产品。

购买正版高质量内容时，用户获得的效用值为 $U = vx_i - C_i$ ，其中，v 为效用系数；C_i 为用户购买高质量内容时所需要付出的成本，如用户订阅模式下支付订阅费 s 或广告盈利模式下观看广告产生的负效用 $\theta\beta$ ；θ 为用户的广告敏感程度；β 为平台的广告投放数量。$i \in \{e, n\}$ ，e 代表内容提供者努力创作，即创作努力程度为 $e = 1$ ；n 代表内容提供者不努力创作，即创作努力程度为 $e = 0$ 。

关于盗版内容，我们设定盗版内容是模仿平台的正版高质量内容产生的，且盗版内容的数量与正版高质量内容数量相一致，正版高质量内容产生的同时盗版内容即存在，不存在时间差。用户在购买盗版内容时获得的效用值为 $U = vx_i\xi - p$ （Lahiri and Dey，2012；Dey et al.，2019），其中 p 代表盗版内容的价格。

第一种情况：$C_i \geqslant \dfrac{p}{\xi}$ ，此时盗版内容在市场上盛行，与正版平台形成竞争，抢夺正版高质量内容的用户流量。

购买正版内容的用户：

$$\begin{cases} vx_i - C_i \geqslant 0 \\ vx_i - C_i \geqslant vx_i\xi - p \end{cases} \Rightarrow \frac{C_i - p}{x_i(1-\xi)} \leqslant v \leqslant 1$$

购买盗版内容的用户：

$$\begin{cases} vx_i\xi - p > vx_i - C_i \\ vx_i\xi - p \geqslant 0 \end{cases} \Rightarrow \frac{p}{x_i\xi} \leqslant v < \frac{C_i - p}{x_i(1-\xi)}$$

如图 5-3 所示，盗版内容和正版内容均不购买的用户：

$$\begin{cases} vx_i - C_i < 0 \\ vx_i\xi - p < 0 \end{cases} \Rightarrow 0 < v < \frac{p}{x_i\xi}$$

图 5-3　盗版内容抢夺正版平台用户

第二种情况：$C_i < \dfrac{p}{\xi}$ ，即购买正版高质量内容的性价比更高，盗版内容不产生任何影响。

购买正版内容的用户：

$$\begin{cases} vx_i - C_i \geqslant 0 \\ vx_i - C_i \geqslant vx_i\xi - p \end{cases} \Rightarrow \frac{C_i}{x_i} \leqslant v \leqslant 1$$

购买盗版内容的用户：

$$\begin{cases} vx_i\xi - p > vx_i - C_i \\ vx_i\xi - p \geqslant 0 \end{cases} \Rightarrow v \leqslant \frac{C_i - p}{x_i(1-\xi)} \, \text{或} \, v \geqslant \frac{p}{x_i\xi}$$

此种情况不满足 $C_i < \dfrac{p}{\xi}$，所以不存在购买盗版内容的用户。

如图 5-4 所示，盗版内容和正版内容均不购买的用户：

$$\begin{cases} vx_i - C_i < 0 \\ vx_i\xi - p < 0 \end{cases} \Rightarrow 0 < v < \frac{C_i}{x_i}$$

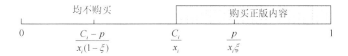

图 5-4　盗版内容无法抢夺正版平台用户

5.2.3　平台收益

　　平台会对内容提供者创作的内容进行审核，判断内容的质量。平台会针对内容提供者创作的高质量内容提供资金奖励，对低质量内容则忽略不计。为激励内容提供者努力创作，针对内容提供者不同的创作努力程度 $e \in \{0,1\}$，平台向其提供不同的单位创作资金奖励 $w \in \{\underline{w}, \overline{w}\}$，平台为鼓励内容提供者创作更多的高质量内容，会在内容提供者努力创作时提供更高的资金奖励，这样更具有激励作用，即 $\overline{w} \geqslant \underline{w}$。通常平台提供的创作资金奖励是以内容引发的用户流量为基础的，当且仅当内容的用户流量达到一定的数量标准时，平台才会给予创作资金奖励。因此，我们假设内容提供者不努力时，其产生的高质量内容数量较少，用户流量达不到奖励标准，故平台不提供创作资金奖励，即 $e = 0$ 时，$\underline{w} = 0$。

5.2.4　事件发生顺序

　　第一，平台向内容提供者提供创作资金奖励合同，即根据其创作的高质量内容所产生的用户流量决策单位创作资金奖励 w；第二，内容提供者根据平台提供的激励合同决定创作努力程度，即 $e \in \{0,1\}$；第三，平台选择营收模式，根据内容提供者产出的高质量内容的数量和盗版内容价格决策订阅费 s 或平台的广告投放数量 β；第四，用户根据平台的订阅费、广告投放数量以及盗版内容价格 p 决定是否加入平台进行正版内容消费；第五，平台根据高质量内容所产生的用户流量向内容提供者支付创作资金奖励。事件发生顺序如图 5-5 所示。

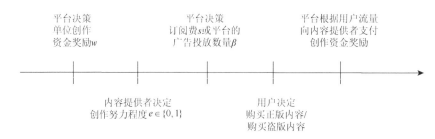

图 5-5　事件发生顺序

5.3　广告盈利模式下的平台创作资金奖励决策探究及分析

在广告盈利模式下，平台中的所有内容均可免费观看，平台通过投放广告来获取收益。平台的决策变量包括广告投放数量以及支付给内容提供者的单位创作资金奖励。这种模式通常应用在短视频 App 平台中，如抖音、快手等，平台内的所有短视频均可免费浏览，平台通过插入广告宣传视频或植入广告链接的形式赚取广告收益，广告收益赚取的前提是平台内容能够吸引足够多的用户群体，所以平台通常会根据内容的播放量向内容提供者提供创作资金奖励，以鼓励内容提供者努力创作。

但是正是由于这种免费的互联网生态，众多用户模仿他人的原创视频制作自己的作品，获取用户流量进而获取收益，这导致平台中存在较多雷同短视频，也就是盗版内容，对用户效用和平台收益都会产生不良的影响。结合上文中根据用户效用对用户群体的划分，平台在广告盈利模式下的决策问题如下。

情景 1：当内容提供者努力创作时，平台关于广告投放数量的决策问题为

$$\max_{\beta_e} \pi_p^{\mathrm{Ad}} = \begin{cases} (m\beta_e - \overline{w})\left(1 - \dfrac{\theta\beta_e}{x_e}\right), & 0 \leqslant \beta_e \leqslant \dfrac{p}{\theta\xi} \\ (m\beta_e - \overline{w})\left(1 - \dfrac{\theta\beta_e - p}{x_e(1-\xi)}\right), & \beta_e > \dfrac{p}{\theta\xi} \end{cases} \tag{5.4}$$

引理 5.1　当内容提供者努力创作时，平台的广告投放数量 β_e^* 如下所示：

$$\beta_e^* = \begin{cases} \dfrac{m(2-\gamma) + 2\theta\overline{w}}{4m\theta}, & 0 \leqslant \overline{w} \leqslant \dfrac{4mp - (2-\gamma)m\xi}{2\theta\xi} \\ \dfrac{p}{\theta\xi}, & \dfrac{4mp - (2-\gamma)m\xi}{2\theta\xi} < \overline{w} \leqslant \dfrac{4mp - [2p + (1-\xi)(2-\gamma)]m\xi}{2\theta\xi} \\ \dfrac{[(1-\xi)(2-\gamma) + 2p]m + 2\theta\overline{w}}{4m\theta}, & \overline{w} > \dfrac{4mp - [2p + (1-\xi)(2-\gamma)]m\xi}{2\theta\xi} \end{cases}$$

证明　当 $0 \leqslant \beta_e \leqslant \dfrac{p}{\theta\xi}$ 时，对平台收益进行求导可得，$\dfrac{\mathrm{d}\pi_p^{\mathrm{Ad}}}{\mathrm{d}\beta_e} = m - \dfrac{2m\theta\beta_e}{x_e} +$

$\dfrac{\theta\overline{w}}{x_e}$，$\dfrac{\mathrm{d}^2\pi_p^{\mathrm{Ad}}}{\mathrm{d}\beta_e^2} = -\dfrac{2m\theta}{x_e} < 0$。因为 $\dfrac{\mathrm{d}^2\pi_p^{\mathrm{Ad}}}{\mathrm{d}\beta_e^2} < 0$，所以 π_p^{Ad} 是关于 β_e 的凹函数。通过

一阶条件可得 $\beta_e = \dfrac{mx_e + \theta\overline{w}}{2m\theta} = \dfrac{m(2-\gamma) + 2\theta\overline{w}}{4m\theta}$。根据边界条件，此时

$\beta_e^* = \min\left\{\dfrac{m(2-\gamma) + 2\theta\overline{w}}{4m\theta}, \dfrac{p}{\theta\xi}\right\} = \dfrac{m(2-\gamma) + 2\theta\overline{w}}{4m\theta}$，即当 $0 \leqslant \overline{w} \leqslant \dfrac{4mp - (2-\gamma)m\xi}{2\theta\xi}$

时，$\beta_e^* = \dfrac{m(2-\gamma) + 2\theta\overline{w}}{4m\theta}$。

当 $\beta_e > \dfrac{p}{\theta\xi}$ 时，对平台收益进行求导可得 $\dfrac{\mathrm{d}\pi_p^{\mathrm{Ad}}}{\mathrm{d}\beta_e} = m - \dfrac{m\theta\beta_e - p}{x_e(1-\xi)} - \dfrac{m\theta\beta_e - \theta\overline{w}}{x_e(1-\xi)}$，

$\dfrac{\mathrm{d}^2\pi_p^{\mathrm{Ad}}}{\mathrm{d}\beta_e^2} = -\dfrac{2m\theta}{x_e(1-\xi)} < 0$。因为 $\dfrac{\mathrm{d}^2\pi_p^{\mathrm{Ad}}}{\mathrm{d}\beta_e^2} < 0$，所以平台收益是关于 β_e 的凹函数。经

过一阶条件可得 $\beta_e = \dfrac{m(1-\xi)x_e + mp + \theta\overline{w}}{2m\theta} = \dfrac{[(1-\xi)(2-\gamma) + 2p]m + 2\theta\overline{w}}{4m\theta}$。根据边界

条件，$\beta_e^* = \max\left\{\dfrac{[(1-\xi)(2-\gamma) + 2p]m + 2\theta\overline{w}}{4m\theta}, \dfrac{p}{\theta\xi}\right\} = \dfrac{[(1-\xi)(2-\gamma) + 2p]m + 2\theta\overline{w}}{4m\theta}$，

即当 $\overline{w} > \dfrac{4mp - [2p + (1-\xi)(2-\gamma)]m\xi}{2\theta\xi}$ 时，$\beta_e^* = \dfrac{[(1-\xi)(2-\gamma) + 2p]m + 2\theta\overline{w}}{4m\theta}$。

综上，平台在采取广告盈利模式时的最优的广告投放数量为

$$\beta_e^* = \begin{cases} \dfrac{m(2-\gamma) + 2\theta\overline{w}}{4m\theta}, & 0 \leqslant \overline{w} \leqslant \dfrac{4mp - (2-\gamma)m\xi}{2\theta\xi} \\[4mm] \dfrac{p}{\theta\xi}, & \dfrac{4mp - (2-\gamma)m\xi}{2\theta\xi} < \overline{w} \leqslant \dfrac{4mp - [2p + (1-\xi)(2-\gamma)]m\xi}{2\theta\xi} \\[4mm] \dfrac{[(1-\xi)(2-\gamma) + 2p]m + 2\theta\overline{w}}{4m\theta}, & \overline{w} > \dfrac{4mp - [2p + (1-\xi)(2-\gamma)]m\xi}{2\theta\xi} \end{cases}$$

证毕。

（1）盗版内容盛行时，其会抢夺 App 平台的正版高质量内容的用户。此时 $\dfrac{p}{\xi} < \theta\beta_e$，说明平台在正版高质量内容中投放的广告数量较多，用户承担了较多的效用损失。因此，部分用户会选择购买盗版内容。平台的收益以及单位创作资金奖励 $\overline{w}$ 的决策问题为

$$\max_{\overline{w}} \pi_p^{\mathrm{Ad}} = \left(m\beta_e^* - \overline{w} \right) \left[1 - \frac{\theta\beta_e^* - p}{x_e(1-\xi)} \right] \tag{5.5}$$

$$\mathrm{s.t.}\ \overline{w} \left[1 - \frac{\theta\beta_c^* - p}{x_e(1-\xi)} \right] - \phi \geqslant 0 \tag{5.6}$$

$$\overline{w} - \frac{4mp - [2p + (1-\xi)(2-\gamma)]m\xi}{2\theta\xi} \geqslant 0 \tag{5.7}$$

约束式（5.6）为内容提供者的参与约束，约束式（5.7）体现了相比于浏览广告获取正版高质量内容，购买盗版内容的性价比更高，因此盗版内容能够抢夺平台用户。

（2）存在盗版内容。从价格的角度来看，$\dfrac{p}{\xi} = \theta\beta_e$，即购买盗版内容与通过看广告获取正版高质量内容的性价比相同，盗版内容的存在会对正版高质量内容的潜在购买者产生威胁。此时平台的单位创作资金奖励 $\overline{w}$ 决策为

$$\max_{\overline{w}} \pi_p^{\mathrm{Ad}} = \left(m\beta_e^* - \overline{w} \right) \left[1 - \frac{\theta\beta_e^* - p}{x_e(1-\xi)} \right] \tag{5.8}$$

$$\mathrm{s.t.}\ \overline{w} \left[1 - \frac{\theta\beta_e^* - p}{x_e(1-\xi)} \right] - \phi \geqslant 0 \tag{5.9}$$

$$\frac{4mp - (2-\gamma)m\xi}{2\theta\xi} < \overline{w} \leqslant \frac{4mp - [2p + (1-\xi)(2-\gamma)]m\xi}{2\theta\xi} \tag{5.10}$$

约束式（5.9）为内容提供者的参与约束，约束式（5.10）体现了用户通过浏览广告获取正版高质量内容和购买盗版内容的性价比相同，所以盗版内容的存在会对平台产生威胁。

（3）不存在盗版内容，此时用户通过浏览广告阅读正版高质量内容的成本更低，性价比更高，所以用户都会选择获取正版高质量内容。此时平台的决策问题为

$$\max_{\overline{w}} \pi_p^{\mathrm{Ad}} = \left(m\beta_e^* - \overline{w} \right) \left(1 - \frac{\theta\beta_e^*}{x_e} \right) \tag{5.11}$$

$$\mathrm{s.t.}\ \overline{w} \left(1 - \frac{\theta\beta_e^*}{x_e} \right) - \phi \geqslant 0 \tag{5.12}$$

$$\frac{4mp - (2-\gamma)m\xi}{2\theta\xi} - \overline{w} \geqslant 0 \tag{5.13}$$

约束式（5.12）为内容提供者的参与约束，约束式（5.13）体现了盗版内容较高的价格对平台不构成威胁。

命题 5.1　在内容提供者努力创作时，广告盈利模式下平台提供的最优的单位创作资金奖励 $\overline{w}^{\mathrm{Ad}^*}$ 为

$$
\overline{w}^{\mathrm{Ad}^*} = \begin{cases}
0, 0 \leqslant p < \min\left\{0, \sqrt{\dfrac{16\theta\phi(2-\gamma)(1-\xi)}{4m}} - \dfrac{(2-\gamma)(1-\xi)}{2}\right\} \\[3mm]
\dfrac{m[(2-\gamma)(1-\xi)+2p] - \sqrt{m^2[(2-\gamma)(1-\xi)+2p]^2 - 16m\theta\phi(2-\gamma)(1-\xi)}}{4\theta}, \\[3mm]
\min\left\{0, \sqrt{\dfrac{16\theta\phi(2-\gamma)(1-\xi)}{4m}} - \dfrac{(2-\gamma)(1-\xi)}{2}\right\} \\[3mm]
\leqslant p < \dfrac{(2-\gamma)(3-2\xi)m\xi - \xi\sqrt{(2-\gamma)m[m(2-\gamma)-8\phi\theta(2-\xi)]}}{4m(2-\xi)} \\[3mm]
\dfrac{(2-\gamma)\phi\xi}{(2-\gamma)\xi-2p}, \dfrac{(2-\gamma)(3-2\xi)m\xi - \xi\sqrt{(2-\gamma)m[m(2-\gamma)-8\phi\theta(2-\xi)]}}{4m(2-\xi)} \\[3mm]
\leqslant p < \dfrac{3(2-\gamma)m\xi - \xi\sqrt{(2-\gamma)[(2-\gamma)m-16\phi\theta]m}}{8m} \\[3mm]
\dfrac{(2-\gamma)m - \sqrt{(2-\gamma)^2m^2 - 16(2-\gamma)m\theta\phi}}{4\theta}, \\[3mm]
p \geqslant \dfrac{3(2-\gamma)m\xi - \xi\sqrt{(2-\gamma)[(2-\gamma)m-16\phi\theta]m}}{8m}
\end{cases}
$$

证明　关于最优的单位创作资金奖励 $\overline{w}^{\mathrm{Ad}^*}$ 的求解证明如下。

（1）盗版内容盛行。此时平台收益为 $\pi_p^{\mathrm{Ad}} = \dfrac{\{[(2-\gamma)(1-\xi)+2p]m - 2\theta\overline{w}\}^2}{8m\theta(2-\gamma)(1-\xi)}$，通过求导可得 $\dfrac{\mathrm{d}\pi_p^{\mathrm{Ad}}}{\mathrm{d}\overline{w}} = -\dfrac{[(2-\gamma)(1-\xi)+2p]m - 2\theta\overline{w}}{2m(2-\gamma)(1-\xi)} \leqslant 0$，不等式成立是因为 $m\beta_e \geqslant \overline{w}$。根据内容提供者的参与约束可知，$\overline{w} \geqslant \dfrac{m[(2-\gamma)(1-\xi)+2p] - \sqrt{m^2[(2-\gamma)(1-\xi)+2p]^2 - 16m\theta\phi(2-\gamma)(1-\xi)}}{4\theta}$，

且当 $m^2[(2-\gamma)(1-\xi)+2p]^2 - 16m\theta\phi(2-\gamma)(1-\xi) \geqslant 0$ 时成立，即 $p \geqslant \sqrt{\dfrac{16\theta\phi(2-\gamma)(1-\xi)}{4m}} - \dfrac{(2-\gamma)(1-\xi)}{2}$。结合边界约束，当且仅当

$$\overline{w} \geqslant \dfrac{m[(2-\gamma)(1-\xi)+2p] - \sqrt{m^2[(2-\gamma)(1-\xi)+2p]^2 - 16m\theta\phi(2-\gamma)(1-\xi)}}{4\theta} \geqslant$$

$\dfrac{4mp - [2p+(1-\xi)(2-\gamma)]m\xi}{2\theta\xi}$ 时，此种情况成立。我们设 p^* 满足

$$\frac{m[(2-\gamma)(1-\xi)+2p]-\sqrt{m^2[(2-\gamma)(1-\xi)+2p]^2-16m\theta\phi(2-\gamma)(1-\xi)}}{4\theta}=\frac{4mp-[2p+(1-\xi)(2-\gamma)]m\xi}{2\theta\xi},$$

通过求解可得 $p^* = \dfrac{(2-\gamma)(3-2\xi)m\xi-\xi\sqrt{(2-\gamma)m[m(2-\gamma)-8\phi\theta(2-\xi)]}}{4m(2-\xi)}$。 因 此 如 果

$0 \leqslant p < \dfrac{(2-\gamma)(3-2\xi)m\xi-\xi\sqrt{(2-\gamma)m[m(2-\gamma)-8\phi\theta(2-\xi)]}}{4m(2-\xi)}$，此时平台提供给内容提供者的

创作资金奖励为 $\overline{w}^{Ad^*} = \dfrac{m[(2-\gamma)(1-\xi)+2p]-\sqrt{m^2[(2-\gamma)(1-\xi)+2p]^2-16m\theta\phi(2-\gamma)(1-\xi)}}{4\theta}$。

（2）存在盗版内容。平台收益为 $\pi_p^{Ad} = \dfrac{[(2-\gamma)\xi-2p](mp-\overline{w}\theta\xi)}{(2-\gamma)\xi^2\theta}$，通过求导可

得 $\dfrac{\mathrm{d}\pi_p^{Ad}}{\mathrm{d}\overline{w}} = -\dfrac{(2-\gamma)\xi-2p}{(2-\gamma)\xi} \leqslant 0$，不等式成立是因为 $m\beta_e \geqslant \overline{w}$。考虑到内容提供者的

参与约束，即 $\overline{w}\left[1-\dfrac{\theta\beta_e-p}{x_e(1-\xi)}\right]-\phi \geqslant 0$，所以 $\overline{w} \geqslant \dfrac{(2-\gamma)\phi\xi}{(2-\gamma)\xi-2p}$，通过比较参与约束

或边界约束可得 $\dfrac{4mp-(2-\gamma)m\xi}{2\theta\xi} < \dfrac{(2-\gamma)\phi\xi}{(2-\gamma)\xi-2p} \leqslant \dfrac{4mp-[2p+(1-\xi)(2-\gamma)]m\xi}{2\theta\xi}$，

即 $8mp^2-6m(2-\gamma)\xi p+(2-\gamma)^2m\xi^2+2(2-\gamma)\theta\phi\xi^2 \geqslant 0$ 且 $(8m-4m\xi)p^2-[(2-\gamma)\xi$
$(4m-2m\xi)+2(1-\xi)(2-\gamma)m\xi]p+2(2-\gamma)\phi\theta\xi^2+(2-\gamma)^2\xi^2$ $(1-\xi)m \leqslant 0$。 通过求解可得

$0 < p \leqslant \dfrac{3(2-\gamma)m\xi-\xi\sqrt{(2-\gamma)[(2-\gamma)m-16\phi\theta]m}}{8m}$ 且 $\dfrac{(2-\gamma)(3-2\xi)m\xi-\xi\sqrt{(2-\gamma)m[m(2-\gamma)-8\phi\theta(2-\xi)]}}{4m(2-\xi)}$

$\leqslant p \leqslant \dfrac{(2-\gamma)(3-2\xi)m\xi+\xi\sqrt{(2-\gamma)m\,[m(2-\gamma)-8\phi\theta(2-\xi)]}}{4m\,(2-\xi)}$。 因 此 ， 如 果

$\dfrac{(2-\gamma)(3-2\xi)m\xi-\xi\sqrt{(2-\gamma)m[m(2-\gamma)-8\phi\theta(2-\xi)]}}{4m(2-\xi)} \leqslant p < \dfrac{3(2-\gamma)m\xi-\xi\sqrt{(2-\gamma)[(2-\gamma)m-16\phi\theta]m}}{8m}$，

$\overline{w}^{Ad^*} = \dfrac{(2-\gamma)\phi\xi}{(2-\gamma)\xi-2p}$。

（3）不存在盗版内容。此时平台的收益为 $\pi_p^{Ad} = \dfrac{[(2-\gamma)m-2\theta\overline{w}]^2}{8\theta(2-\gamma)m}$，通过求导

可得 $\dfrac{\mathrm{d}\pi_p^{Ad}}{\mathrm{d}\overline{w}} = -\dfrac{(2-\gamma)m-2\theta\overline{w}}{2(2-\gamma)m} \leqslant 0$，不等式成立是因为 $m\beta_e \geqslant \overline{w}$。所以 π_p 关于 $\overline{w}$ 是

单调递减的。根据内容提供者的参与约束可知，$\overline{w} \geqslant \dfrac{(2-\gamma)m-\sqrt{(2-\gamma)^2m^2-16(2-\gamma)m\theta\phi}}{4\theta}$，

结合边界约束 $\overline{w} \leqslant \dfrac{4mp-(2-\gamma)m\xi}{2\theta\xi}$，所以当且仅当 $\dfrac{(2-\gamma)m-\sqrt{(2-\gamma)^2m^2-16(2-\gamma)m\theta\phi}}{4\theta} \leqslant$

$\dfrac{4mp-(2-\gamma)m\xi}{2\theta\xi}$ 时，此种情况才成立。我们设 p_0 满足 $\dfrac{(2-\gamma)m-\sqrt{(2-\gamma)^2m^2-16(2-\gamma)m\theta\phi}}{4\theta} =$

$\dfrac{4mp-(2-\gamma)m\xi}{2\theta\xi}$，求解可得 $p_0=\dfrac{3(2-\gamma)m\xi-\xi\sqrt{(2-\gamma)[(2-\gamma)m-16\phi\theta]m}}{8m}$。所以如果

$p\geqslant\dfrac{3(2-\gamma)m\xi-\xi\sqrt{(2-\gamma)[(2-\gamma)m-16\phi\theta]m}}{8m}$，此时 $\overline{w}^{\mathrm{Ad}^*}=\dfrac{(2-\gamma)m-\sqrt{(2-\gamma)^2m^2-16(2-\gamma)m\theta\phi}}{4\theta}$。

证毕。

情景 2：当内容提供者不努力创作时（$e=0$），内容提供者产生的高质量内容的数量为 $x_{\mathrm{n}}=\dfrac{1-\gamma}{2}$。由于高质量内容的数量较少，为平台吸引的用户流量较少，根据我们的设定此时平台不会向内容提供者提供创作资金奖励，即 $\underline{w}=0$。此时平台关于广告投放数量的决策问题为

$$\max_{\beta_{\mathrm{n}}}\pi_p^{\mathrm{Ad}}=\begin{cases}m\beta_{\mathrm{n}}\left(1-\dfrac{\theta\beta_{\mathrm{n}}}{x_{\mathrm{n}}}\right), & 0\leqslant\beta_{\mathrm{n}}\leqslant\dfrac{p}{\theta\xi}\\[3mm] m\beta_{\mathrm{n}}\left[1-\dfrac{\theta\beta_{\mathrm{n}}-p}{x_{\mathrm{n}}(1-\xi)}\right], & \beta_{\mathrm{n}}>\dfrac{p}{\theta\xi}\end{cases}\qquad(5.14)$$

引理 5.2　当内容提供者不努力创作时，平台关于广告投放数量 β_{n}^* 的决策为

$$\beta_{\mathrm{n}}^*=\begin{cases}\dfrac{(1-\gamma)(1-\xi)+2p}{4\theta}, & 0<p\leqslant\dfrac{\xi(1-\xi)(1-\gamma)}{4-2\xi}\\[3mm] \dfrac{p}{\theta\xi}, & \dfrac{\xi(1-\xi)(1-\gamma)}{4-2\xi}<p\leqslant\dfrac{(1-\gamma)\xi}{4}\\[3mm] \dfrac{1-\gamma}{4\theta}, & p>\dfrac{(1-\gamma)\xi}{4}\end{cases}\qquad(5.15)$$

本章后续的分析中，均采用了数值实验进行理论结论的补充验证，均基于 $\xi=0.8$，$\gamma=0.2$，$\phi=0.02$。

证明　如果 $0\leqslant\beta_{\mathrm{n}}\leqslant\dfrac{p}{\theta\xi}$，此时对 π_p 求导可得 $\dfrac{\mathrm{d}^2\pi_p}{\mathrm{d}\beta_{\mathrm{n}}^2}=-\dfrac{4m\theta}{1-\gamma}\leqslant0$。因此 π_p 是关于 β_{n} 的凹函数，通过一阶条件可得 $\beta_{\mathrm{n}}=\dfrac{1-\gamma}{4\theta}$。如果 $\beta_{\mathrm{n}}>\dfrac{p}{\theta\xi}$，此时对 π_p 求导可得 $\dfrac{\mathrm{d}^2\pi_p}{\mathrm{d}\beta_{\mathrm{n}}^2}=-\dfrac{4m\theta}{(1-\xi)(1-\gamma)}\leqslant0$，因此 π_p 是关于 β_{n} 的凹函数，通过一阶条件可得 $\beta_{\mathrm{n}}=\dfrac{(1-\gamma)(1-\xi)+2p}{4\theta}$。此时存在四种情况。

（1）

$$\begin{cases} \dfrac{1-\gamma}{4\theta} < \dfrac{p}{\theta\xi} \\[3mm] \dfrac{(1-\gamma)(1-\xi)+2p}{4\theta} \geqslant \dfrac{p}{\theta\xi} \end{cases} \rightarrow \begin{cases} p > \dfrac{(1-\gamma)\xi}{4} \\[3mm] p \leqslant \dfrac{\xi(1-\xi)(1-\gamma)}{4-2\xi} \end{cases}$$

因为 $\dfrac{\xi(1-\xi)(1-\gamma)}{4-2\xi} \leqslant \dfrac{(1-\gamma)\xi}{4}$ ，所以该情况不存在。

（2）

$$\begin{cases} \dfrac{1-\gamma}{4\theta} \geqslant \dfrac{p}{\theta\xi} \\[3mm] \dfrac{(1-\gamma)(1-\xi)+2p}{4\theta} \geqslant \dfrac{p}{\theta\xi} \end{cases} \rightarrow \begin{cases} p \leqslant \dfrac{(1-\gamma)\xi}{4} \\[3mm] p \leqslant \dfrac{\xi(1-\xi)(1-\gamma)}{4-2\xi} \end{cases}$$

所以当 $0 < p \leqslant \dfrac{\xi(1-\xi)(1-\gamma)}{4-2\xi}$ 时，平台的广告投放数量为 $\beta_n = \dfrac{(1-\gamma)(1-\xi)+2p}{4\theta}$ 。

（3）

$$\begin{cases} \dfrac{1-\gamma}{4\theta} \geqslant \dfrac{p}{\theta\xi} \\[3mm] \dfrac{(1-\gamma)(1-\xi)+2p}{4\theta} < \dfrac{p}{\theta\xi} \end{cases} \rightarrow \begin{cases} p \leqslant \dfrac{(1-\gamma)\xi}{4} \\[3mm] p > \dfrac{\xi(1-\xi)(1-\gamma)}{4-2\xi} \end{cases}$$

所以当 $\dfrac{\xi(1-\xi)(1-\gamma)}{4-2\xi} < p \leqslant \dfrac{(1-\gamma)\xi}{4}$ 时，平台的广告投放数量为 $\beta_n = \dfrac{p}{\theta\xi}$ 。

（4）

$$\begin{cases} \dfrac{1-\gamma}{4\theta} < \dfrac{p}{\theta\xi} \\[3mm] \dfrac{(1-\gamma)(1-\xi)+2p}{4\theta} < \dfrac{p}{\theta\xi} \end{cases} \rightarrow \begin{cases} p > \dfrac{(1-\gamma)\xi}{4} \\[3mm] p > \dfrac{\xi(1-\xi)(1-\gamma)}{4-2\xi} \end{cases}$$

所以当 $p > \dfrac{(1-\gamma)\xi}{4}$ 时，平台的广告投放数量为 $\beta_n = \dfrac{1-\gamma}{4\theta}$ 。证毕。

5.3.1 创作资金奖励及平台收益分析

命题 5.2 广告盈利模式下：①盗版内容盛行时，平台提供给内容提供者的最优

单位创作资金奖励 $\overline{w}^{\mathrm{Ad}^*}$ 随盗版内容价格 p 的升高而下降；②存在盗版内容时，平台提供给内容提供者的最优单位创作资金奖励 $\overline{w}^{\mathrm{Ad}^*}$ 随盗版内容价格 p 的升高而升高。

证明

（1）平台采用广告盈利模式时，如果盗版内容价格较低，即当 $0 \leqslant p <$ $\sqrt{\dfrac{16\theta\phi(2-\gamma)(1-\xi)}{4m}} - \dfrac{(2-\gamma)(1-\xi)}{2}$ 时，平台不提供创作资金奖励。

（2）若盗版内容价格适中，即当 $\sqrt{\dfrac{16\theta\phi(2-\gamma)(1-\xi)}{4m}} - \dfrac{(2-\gamma)(1-\xi)}{2} \leqslant p <$ $\dfrac{(2-\gamma)(3-2\xi)m\xi - \xi\sqrt{(2-\gamma)m[m(2-\gamma)-8\phi\theta(2-\xi)]}}{4m(2-\xi)}$ 时，平台提供的最优单位创作资金奖励为 $\overline{w}^{\mathrm{Ad}^*} = \dfrac{m[(2-\gamma)(1-\xi)+2p] - \sqrt{m^2[(2-\gamma)(1-\xi)+2p]^2 - 16m\theta\phi(2-\gamma)(1-\xi)}}{4\theta}$ ，

通过求导可得 $\dfrac{\mathrm{d}\overline{w}^{\mathrm{Ad}^*}}{\mathrm{d}p} = \dfrac{1}{4}\left\{\dfrac{2m}{\theta} - \dfrac{2m^2[(2-\gamma)(1-\xi)+2p]}{\theta\sqrt{m^2[(2-\gamma)(1-\xi)+2p]^2 - 16m\theta\phi(2-\gamma)(1-\xi)}}\right\} \leqslant 0$

所以此时平台提供的最优单位创作资金奖励 $\overline{w}^{\mathrm{Ad}^*}$ 关于 p 是单调递减的。

（3）若盗版内容价格偏高，即当 $\dfrac{(2-\gamma)(3-2\xi)m\xi - \xi\sqrt{(2-\gamma)m[m(2-\gamma)-8\phi\theta(2-\xi)]}}{4m(2-\xi)} \leqslant$ $p < \dfrac{3(2-\gamma)m\xi - \xi\sqrt{(2-\gamma)[(2-\gamma)m-16\phi\theta]m}}{8m}$ 时，平台提供的最优单位创作资金奖励为 $\overline{w}^{\mathrm{Ad}^*} = \dfrac{(2-\gamma)\phi\xi}{(2-\gamma)\xi - 2p}$ ，通过求导可得 $\dfrac{\mathrm{d}\overline{w}^{\mathrm{Ad}^*}}{\mathrm{d}p} = \dfrac{2(2-\gamma)\phi\xi}{[(2-\gamma)\xi - 2p]^2} \geqslant 0$ ，此时平台提供的最优单位创作资金奖励关于盗版内容价格 p 是单调递增的。

（4）如果盗版内容价格过高，即当 $p \geqslant \dfrac{3(2-\gamma)m\xi - \xi\sqrt{(2-\gamma)[(2-\gamma)m-16\phi\theta]m}}{8m}$ 时，平台提供的最优单位创作资金奖励为 $\overline{w}^{\mathrm{Ad}^*} = \dfrac{(2-\gamma)m - \sqrt{(2-\gamma)^2m^2 - 16(2-\gamma)m\theta\phi}}{4\theta}$ 。

由于此时盗版内容价格过高，不对平台产生任何的威胁，所以平台提供的创作资金奖励与盗版内容价格无关，如图 5-6 所示。证毕。

盗版内容盛行时，随着盗版内容价格的升高，盗版内容的性价比逐渐下降，购买正版高质量内容的用户数量会增加。由于平台提供的创作资金奖励总额与用户流量正相关，所以随着越来越多的用户购买正版高质量内容，平台可通过降低单位创作资金奖励来减少支出。若盗版内容价格较高，盗版内容的存在仅对正版高质量内容产生威胁，平台的广告投放数量会随着盗版内容价格的升高而增加，以追求收益最大化。内容获取成本的增加会迫使部分用户放弃加入平台，这间接

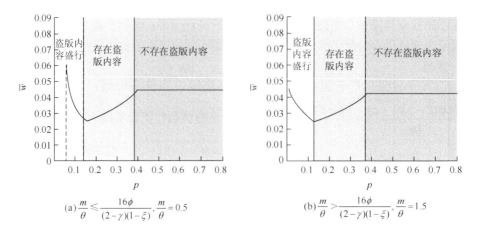

图 5-6 广告盈利模式下盗版内容价格对单位创作资金奖励决策的影响分析

地损害了内容提供者的收益,为了维持内容提供者的创作努力程度,平台只得增加单位创作资金奖励,使其始终努力创作,产生更多的高质量内容以吸引更多的用户。

为进一步分析盗版内容价格对平台收益所产生的影响,我们采用数值实验的方式来进行探究,我们设定相应的参数为 $\xi = 0.8$,$\gamma = 0.2$,$\phi = 0.02$。根据图 5-7(a)和图 5-7(b)我们发现:若平台的边际广告收益与用户的广告敏感程度比值较低,即 $\dfrac{m}{\theta} \leqslant \dfrac{16\phi}{(2-\gamma)(1-\xi)}$,当盗版内容价格较低时,即使平台获取的收益能够覆盖创作资金奖励支出,平台也不会提供创作资金奖励。反之,即

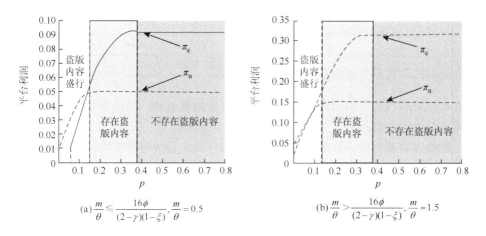

图 5-7 广告盈利模式下盗版内容价格对平台利润的影响分析

当 $\dfrac{m}{\theta} > \dfrac{16\phi}{(2-\gamma)(1-\xi)}$ 时，无论盗版内容价格如何，平台都会激励内容提供者努力创作。

　　若平台的边际广告收益与用户的广告敏感程度比值较低，即 $\dfrac{m}{\theta} \leqslant \dfrac{16\phi}{(2-\gamma)(1-\xi)}$，平台投放广告获取的边际收益低且用户对广告较为敏感时，投放广告会造成用户的流失。当盗版内容价格较低时，盗版内容会极大程度地抢夺正版高质量内容的用户，导致正版高质量内容的用户数量较少。边际广告收益低且平台用户数量少导致平台的收益难以维持对内容提供者的创作资金奖励。尽管随着盗版内容价格的上升，越来越多的用户选择购买正版高质量内容，但是盗版内容对平台用户的抢夺，导致平台的创作资金奖励支出不仅不能为平台创造收益，反而会增加平台的成本负担，因而平台不会提供创作资金奖励。当且仅当盗版内容价格较高时，盗版内容的竞争力下降，当平台提供的创作资金奖励能够弥补盗版内容所造成的损失，并能够为平台创造收益时，平台才会采取激励措施，通过提供更多的高质量内容吸引更多的用户加入平台，进一步提高平台的收益。

　　若平台的边际广告收益与用户的广告敏感程度的比值较高，即 $\dfrac{m}{\theta} > \dfrac{16\phi}{(2-\gamma)(1-\xi)}$，相比于不提供创作资金奖励，提供资金激励可以促使内容提供者创作更多的高质量内容，为平台吸引更多的用户，提升平台与盗版内容的竞争优势，而且平台的单位广告收益较高，可以为平台带来更多的收益。因此，无论盗版内容的价格如何，平台都会提供创作资金奖励，鼓励内容提供者努力创作，通过高质量内容的数量优势来吸引更多的用户，进而获取广告收益。

　　为进一步分析盗版内容的质量 ξ 对平台的单位创作资金奖励 $\overline{w}^{Ad}$ 所产生的影响，我们采用数值实验的方式进行探究，我们设定相应的参数为 $\gamma = 0.2$，$p = 0.1$，$\phi = 0.03$，$m = 0.4$，$\theta = 0.8$(或0.2)。根据图 5-8 中盗版内容质量对单位创作资金奖励的影响可知，当平台的边际广告收益与用户的广告敏感程度比值较低，即 $\dfrac{m}{\theta} \leqslant \dfrac{16\phi}{(2-\gamma)(1-\xi)}$ 时，若盗版内容质量较低则不对平台的单位创作资金奖励决策产生影响；若盗版内容质量适中，平台提供的单位创作资金奖励随盗版内容质量的升高而下降；若盗版内容质量较高，平台提供的单位创作资金奖励随盗版内容质量的升高而增加；当盗版内容质量过高时，平台则不提供创作资金奖励。

　　反之，即当 $\dfrac{m}{\theta} > \dfrac{16\phi}{(2-\gamma)(1-\xi)}$ 时，若盗版内容质量较高，则平台提供的单位创作资金奖励随盗版内容质量的升高而下降，如图 5-8 所示。

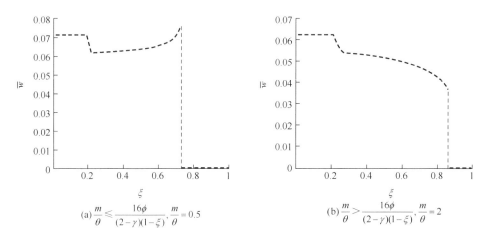

$$(a)\ \frac{m}{\theta} \leqslant \frac{16\phi}{(2-\gamma)(1-\xi)},\ \frac{m}{\theta}=0.5 \qquad (b)\ \frac{m}{\theta} > \frac{16\phi}{(2-\gamma)(1-\xi)},\ \frac{m}{\theta}=2$$

图 5-8　广告盈利模式下盗版内容质量对单位创作资金奖励的影响分析

若平台的边际广告收益与用户的广告敏感程度比值较低，即当 $\frac{m}{\theta} \leqslant \frac{16\phi}{(2-\gamma)(1-\xi)}$ 时，平台采用广告盈利模式所获取的边际广告收益低于投放广告造成的用户效用损失，因此会造成一定数量的用户流失且广告收益较低。当盗版内容质量较低时，盗版内容无法与平台中的正版内容竞争，所以不会对平台决策产生影响。随着盗版内容质量的上升，用户购买盗版内容和购买正版高质量内容所获得的性价比逐渐相同，会对平台的正版内容产生一定的威胁，因此平台必须减少广告的投放数量，降低对用户效用的干扰，保持平台的竞争优势。基于我们的假设，当盗版内容与正版高质量内容的性价比相同时，用户会选择正版高质量内容。随着正版高质量内容中投放的广告数量的减少，平台用户增加，因而平台可降低单位创作资金奖励。当盗版内容质量较高时，盗版内容抢夺平台用户，造成平台用户的流失，由于平台的边际广告收益有限，因此平台无法进一步减少广告的投放数量吸引用户。基于用户的流失，平台为满足内容提供者的参与约束，必须提高创作资金奖励。随着盗版内容的质量不断升高，竞争性增强，高额的创作资金奖励、较低的广告收益及用户流量的损失迫使平台提前放弃提供创作资金奖励。

反之，即当 $\frac{m}{\theta} > \frac{16\phi}{(2-\gamma)(1-\xi)}$ 时，平台边际广告收益较高。即使当盗版内容质量较高时，平台也可以通过不断减少广告投放数量，降低用户获取正版高质量内容的成本，加强与盗版内容的竞争，以此来吸引更多的用户使用该平台，进而实现收益。考虑到内容提供者的参与约束，平台中的用户流量是随着盗版内容质量的上升而增加的，则平台可降低单位创作资金奖励。面对高质量盗版内容的竞争，较高的广告收益增强了平台与盗版内容的竞争能力，即当且仅当盗版内容质量过高时，平台才会放弃提供创作资金奖励。

5.3.2　用户剩余价值分析

当盗版内容价格较低时，平台不提供创作资金奖励，内容提供者不努力创作。此时平台中的高质量内容较少，整体的用户剩余为

$$\text{CS}^{\text{Ad}} = \int_{\frac{p}{x_n \xi}}^{\frac{\theta \beta_n^* - p}{x_n (1-\xi)}} (v x_n \xi - p) \mathrm{d}v + \int_{\frac{\theta \beta_n^* - p}{x_n (1-\xi)}}^{1} \left(v x_n - \theta \beta_n^* \right) \mathrm{d}v \tag{5.16}$$

当盗版内容价格适中时，平台提供创作资金奖励，内容提供者努力创作，仍有部分用户会选择购买盗版内容。此时整体的用户剩余为

$$\text{CS}^{\text{Ad}} = \int_{\frac{p}{x_e \xi}}^{\frac{\theta \beta_e^* - p}{x_e (1-\xi)}} (v x_e \xi - p) \mathrm{d}v + \int_{\frac{\theta \beta_e^* - p}{x_e (1-\xi)}}^{1} \left(v x_e - \theta \beta_e^* \right) \mathrm{d}v \tag{5.17}$$

当盗版内容价格较高时，平台提供创作资金奖励，内容提供者努力创作。盗版内容的性价比与正版内容的性价比相同，仅对正版内容产生威胁。此时整体的用户剩余为

$$\text{CS}^{\text{Ad}} = \int_{\frac{p}{x_e \theta \xi}}^{1} \left(v x_e - \frac{p}{\theta \xi} \right) \mathrm{d}v \tag{5.18}$$

当盗版内容价格过高时，盗版内容的性价比较低，用户只会选择正版内容，所以此时整体的用户剩余为

$$\text{CS}^{\text{Ad}} = \int_{\frac{\theta \beta_e^*}{x_e}}^{1} \left(v x_e - \theta \beta_e^* \right) \mathrm{d}v \tag{5.19}$$

为进一步探究平台采用广告盈利模式时，盗版内容的存在对用户剩余所产生的影响，我们采用数值实验的方式进行分析，设定参数 $\xi = 0.8$，$\gamma = 0.2$，$\phi = 0.02$。根据图 5-9 可知，若平台的边际广告收益与用户的广告敏感程度比值较低，即 $\dfrac{m}{\theta} \leqslant \dfrac{16\phi}{(2-\gamma)(1-\xi)}$，盗版内容较低的价格限制了平台对内容提供者的激励，高质量内容的减少在很大程度上损害了用户剩余。反之，平台始终激励内容提供者努力创作，为用户带来更多的用户剩余；但用户剩余 CS^{Ad} 会随着盗版内容价格 p 的上升而下降。

若平台的边际广告收益与用户的广告敏感程度比值较低，即 $\dfrac{m}{\theta} \leqslant \dfrac{16\phi}{(2-\gamma)(1-\xi)}$，

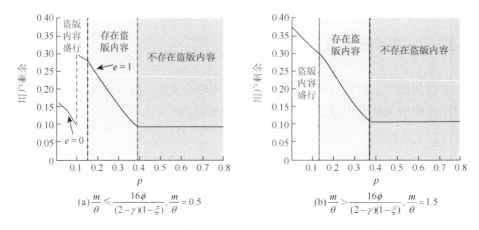

图 5-9　广告盈利模式下盗版内容对用户剩余的影响分析

则广告给平台带来的收益有限。当盗版内容价格较低时，大量用户购买盗版内容，平台用户流失且广告收益有限致使平台收益较低，平台无法负担创作资金奖励，这导致内容提供者不努力创作，故只能产出较少的正版高质量内容以供用户阅读。正版高质量内容的缺失致使盗版内容无处模仿，无论是正版还是盗版，用户可获取的内容稀少，这对于社会而言无疑是一大损失，导致整体的用户剩余较低。随着盗版内容价格的升高，用户逐渐购买正版高质量内容，当平台提供创作资金奖励可实现的收益足够弥补盗版内容造成的损失时，其才会激励内容提供者努力创作，大量的高质量内容的产生提高了整体的用户剩余。这一结论再次证明了盗版内容管控的必要性。从长远的发展角度来看，只有保障平台的收益，鼓励内容提供者努力创作、产生更多的原创高质量内容才能给用户带来更多的剩余。

　　随着盗版内容价格的升高，盗版内容无法再抢夺平台用户，平台则会增加广告投放数量追求自身收益最大化，以至于用户无论是购买盗版内容还是购买高质量内容都需要承担更高的成本。与此同时，部分购买盗版内容的用户因无力承担其价格而无法获取内容，该部分用户的效用损失也导致用户剩余下降。

5.4　用户订阅模式下的平台创作资金奖励决策探究及分析

　　在用户订阅模式下，平台的决策分为平台收取的订阅费以及支付给内容提供者的创作资金奖励，平台收益主要源于用户支付的订阅费。这种模式通常适用于各种阅读类 App，如起点读书 App、汤圆创作 App 等，用户支付订阅费成为会员后，方可阅读其提供的精选内容。但是，文本性内容最容易被抄袭或产生盗版，用户可将原创文本内容的背景、人物等因素简单修改后上传至其他平台，一旦正版内容失去了唯一性和独立性，其价值就会大打折扣，平台和内容提供者的收益都会受到影响。

情景 1：当内容提供者努力创作时，平台关于订阅费的决策问题为

$$\max_{s_e} \pi_p^S = \begin{cases} (s_e - \overline{w})\left(1 - \dfrac{s_e}{x_e}\right), & 0 \leqslant s_e < \dfrac{p}{\xi} \\ (s_e - \overline{w})\left[1 - \dfrac{s_e - p}{x_e(1-\xi)}\right], & s_e \geqslant \dfrac{p}{\xi} \end{cases} \tag{5.20}$$

引理 5.3　当内容提供者努力创作时，最优的订阅费 s_e^* 如下所示：

$$s_e^* = \begin{cases} \dfrac{2 - \gamma + 2\overline{w}}{4}, & 0 \leqslant \overline{w} \leqslant \dfrac{4p - (2-\gamma)\xi}{2\xi} \\ \dfrac{p}{\xi}, & \dfrac{4p - (2-\gamma)\xi}{2\xi} < \overline{w} \leqslant \dfrac{4p - [2p + (1-\xi)(2-\gamma)]\xi}{2\xi} \\ \dfrac{(1-\xi)(2-\gamma) + 2p + 2\overline{w}}{4}, & \overline{w} > \dfrac{4p - [2p + (1-\xi)(2-\gamma)]\xi}{2\xi} \end{cases}$$

（1）盗版内容盛行，抢夺 App 平台的正版内容的用户流量。此时 $s_e \geqslant \dfrac{p}{\xi}$，说明正版高质量内容的价格过高，购买盗版内容的性价比更高，因此会有部分用户选择购买盗版内容。平台关于单位创作资金奖励 $\overline{w}$ 的决策问题为

$$\max_{\overline{w}} \pi_p^S = \left(s_e^* - \overline{w}\right)\left[1 - \dfrac{s_e^* - p}{x_e(1-\xi)}\right] \tag{5.21}$$

$$\text{s.t. } \overline{w}\left[1 - \dfrac{s_e^* - p}{x_e(1-\xi)}\right] - \phi \geqslant 0 \tag{5.22}$$

$$\overline{w} - \dfrac{4p - [2p + (1-\xi)(2-\gamma)]\xi}{2\xi} > 0 \tag{5.23}$$

约束条件式（5.22）表示平台提供的单位创作资金奖励需满足内容提供者的参与约束；约束条件式（5.23）体现的是平台的最优订阅费高于盗版内容价格，即盗版内容会抢夺平台用户。

（2）存在盗版内容，即 $s_e = \dfrac{p}{\xi}$。从价格的角度分析，此时盗版内容和正版高质量内容的性价比相同，即盗版内容的存在会对正版高质量内容的潜在购买者产生威胁。本书假设在此种情况下，所有的用户都会选择购买正版内容，追求高质量内容。此时平台的单位创作资金奖励 $\overline{w}$ 的决策问题为

$$\max_{\overline{w}} \pi_p^S = \left(s_e^* - \overline{w}\right)\left[1 - \dfrac{s_e^* - p}{x_e(1-\xi)}\right] \tag{5.24}$$

$$\text{s.t.} \quad \overline{w}\left[1-\frac{s_{\text{e}}^{*}-p}{x_{\text{e}}(1-\xi)}\right]-\phi \geqslant 0 \tag{5.25}$$

$$\frac{4p-(2-\gamma)\xi}{2\xi}<\overline{w}\leqslant\frac{4p-[2p+(1-\xi)(2-\gamma)]\xi}{2\xi} \tag{5.26}$$

约束式（5.25）为平台提供的单位创作资金奖励需满足内容提供者的参与约束；约束式（5.26）体现了平台订阅费与盗版内容价格的关系，即市场中存在盗版威胁。

（3）不存在盗版内容，$s_{\text{e}}<\dfrac{p}{\xi}$，即盗版内容的性价比较低，无用户采用。平台关于单位创作资金奖励 $\overline{w}$ 的决策问题为

$$\max_{\overline{w}}\pi_{p}=\left(s_{\text{e}}^{*}-\overline{w}\right)\left(1-\frac{s_{\text{e}}^{*}}{x_{\text{e}}}\right) \tag{5.27}$$

$$\text{s.t.} \quad \overline{w}\left(1-\frac{s_{\text{e}}^{*}}{x_{\text{e}}}\right)-\phi \geqslant 0 \tag{5.28}$$

$$\frac{4p-(2-\gamma)\xi}{2\xi}-\overline{w}\geqslant 0 \tag{5.29}$$

约束式（5.28）为平台提供的单位创作资金奖励需满足内容提供者的参与约束；约束式（5.29）体现了市场中的盗版内容的性价比低于平台提供的正版高质量内容的性价比。

命题 5.3 内容提供者努力创作时，平台采用用户订阅模式时提供的最优单位创作资金奖励 $\overline{w}^{s^{*}}$ 为

$$\overline{w}^{s^{*}}=\begin{cases}\dfrac{[(2-\gamma)(1-\xi)+2p]-\sqrt{[(2-\gamma)(1-\xi)+2p]^{2}-16\phi(2-\gamma)(1-\xi)}}{4},\\[2mm]\quad 0\leqslant p\leqslant\dfrac{(3-2\xi)(2-\gamma)\xi-\xi\sqrt{(2-\gamma)(2-\gamma-16\phi+8\phi\xi)}}{4(2-\xi)}\\[4mm]\dfrac{(2-\gamma)\phi\xi}{(2-\gamma)\xi-2p},\\[2mm]\quad\dfrac{(3-2\xi)(2-\gamma)\xi-\xi\sqrt{(2-\gamma)(2-\gamma-16\phi+8\phi\xi)}}{4(2-\xi)}<\\[4mm]\quad p\leqslant\dfrac{3\xi(2-\gamma)-\xi\sqrt{(2-\gamma)^{2}-16\phi(2-\gamma)}}{8}\\[4mm]\dfrac{(2-\gamma)-\sqrt{(2-\gamma)^{2}-16\phi(2-\gamma)}}{4},\quad p>\dfrac{3\xi(2-\gamma)-\xi\sqrt{(2-\gamma)^{2}-16\phi(2-\gamma)}}{8}\end{cases}$$

证明　关于最优单位创作资金奖励 $\overline{w}^{S^*}$ 的求解证明如下。

（1）盗版内容盛行。在此阶段平台的收益为 $\pi_p^S = \dfrac{[(2-\gamma)(1-\xi)+2p-2\overline{w}]^2}{8(2-\gamma)(1-\xi)}$，

通过对 $\overline{w}$ 求导可得 $\dfrac{\mathrm{d}\pi_p^S}{\mathrm{d}\overline{w}} = \dfrac{-(2-\gamma)(1-\xi)-2p+2\overline{w}}{2(2-\gamma)(1-\xi)}$。又因为 $s_e \geqslant \overline{w}$，即 $(2-\gamma)(1-\xi)+2p \geqslant 2\overline{w}$，

所以 $\dfrac{\mathrm{d}\pi_p^S}{\mathrm{d}\overline{w}} \leqslant 0$，平台收益关于创作资金奖励单调递减。根据内容提供者的参与约束可

得，$\overline{w} \geqslant \dfrac{[(2-\gamma)(1-\xi)+2p] - \sqrt{[(2-\gamma)(1-\xi)+2p]^2 - 16\phi(1-\xi)(2-\gamma)}}{4}$，结合边界约束条件

$\overline{w} > \dfrac{4p - [2p+(1-\xi)(2-\gamma)]\xi}{2\xi}$。所以当 $\overline{w} \geqslant \dfrac{[(2-\gamma)(1-\xi)+2p] - \sqrt{[(2-\gamma)(1-\xi)+2p]^2 - 16\phi(1-\xi)(2-\gamma)}}{4} >$

$\dfrac{4p - [2p+(1-\xi)(2-\gamma)]\xi}{2\xi}$ 时，平台提供的单位创作资金奖励才能对内容提供者起到激励

作用。我们设 p^* 满足 $\dfrac{[(2-\gamma)(1-\xi)+2p] - \sqrt{[(2-\gamma)(1-\xi)+2p]^2 - 16\phi(1-\xi)(2-\gamma)}}{4} =$

$\dfrac{4p - [2p+(1-\xi)(2-\gamma)]\xi}{2\xi}$，可转化为 $32(1-\xi)(2-\xi)p^2 - 32\left[(2-\gamma)\xi^2 - \left(3 - \dfrac{3\gamma}{2}\xi\right)\right] \times$

$(1-\xi)p - 8(1-\xi)(2-\gamma)^2\xi^3 - (2-\gamma)[2(1+\phi)-\gamma] = 0$，通过求解可得

$p^* = \dfrac{(3-2\xi)(2-\gamma)\xi - \xi\sqrt{(2-\gamma)(2-\gamma-16\phi+8\phi\xi)}}{4(2-\xi)}$。所以，如果 $0 \leqslant p \leqslant$

$\dfrac{(3-2\xi)(2-\gamma)\xi - \xi\sqrt{(2-\gamma)(2-\gamma-16\phi+8\phi\xi)}}{4(2-\xi)}$，则平台给予内容提供者的单位创作资

金奖励为 $\overline{w}^{S^*} = \dfrac{[(2-\gamma)(1-\xi)+2p] - \sqrt{[(2-\gamma)(1-\xi)+2p]^2 - 16\phi(2-\gamma)(1-\xi)}}{4}$。

（2）存在盗版内容。因为 $\dfrac{\partial\pi_p^S}{\partial\overline{w}} = -\dfrac{(2-\gamma)\xi-2p}{(2-\gamma)\xi} \leqslant 0$，所以 π_p 关于 $\overline{w}$ 是单调递

减的。考虑到内容提供者的参与约束，即 $\overline{w}\left[1 - \dfrac{s_c^* - p}{x_e(1-\xi)}\right] - \phi \geqslant 0$，所以

$\overline{w} \geqslant \dfrac{(2-\gamma)\phi\xi}{(2-\gamma)\xi-2p}$。通过比较参与约束和边界约束可得，如果 $\dfrac{4p-(2-\gamma)\xi}{2\xi} <$

$\dfrac{(2-\gamma)\phi\xi}{(2-\gamma)\xi-2p} \leqslant \dfrac{4p - [2p+(1-\xi)(2-\gamma)]\xi}{2\xi}$，即 $2(2-\gamma)\phi\xi^2 > -8p^2 - (2-\gamma)^2\xi^2 +$

$6p(2-\gamma)\xi$ 和 $2(2-\gamma)\phi\xi^2 < -8p^2 - \xi^2(2-\gamma)[2p+(1-\xi)(2-\gamma)] + 4p(2-\gamma)\xi + 2p \times$

$[2p+(1-\xi)(2-\gamma)]\xi$。通过求解可得 $0 < p \leqslant \dfrac{3\xi(2-\gamma)-\xi\sqrt{(2-\gamma)^2-16\phi(2-\gamma)}}{8}$ 且

$$\frac{(3-2\xi)(2-\gamma)\xi-\xi\sqrt{(2-\gamma)(2-\gamma-16\phi+8\phi\xi)}}{4(2-\xi)}<p\leqslant\frac{(3-2\xi)(2-\gamma)\xi+\xi\sqrt{(2-\gamma)(2-\gamma-16\phi+8\phi\xi)}}{4(2-\xi)}。$$

所以如果 $\dfrac{(3-2\xi)(2-\gamma)\xi-\xi\sqrt{(2-\gamma)(2-\gamma-16\phi+8\phi\xi)}}{4(2-\xi)}<p\leqslant\dfrac{3\xi(2-\gamma)-\xi\sqrt{(2-\gamma)^2-16\phi(2-\gamma)}}{8}$，

$$\overline{w}^{S^*}=\frac{(2-\gamma)\phi\xi}{(2-\gamma)\xi-2p}。$$

（3）不存在盗版内容。在这种情况下，平台的收益为 $\pi_p^S=\dfrac{(-2+\gamma+2\overline{w})^2}{16-8\gamma}$，通

过求导可得 $\dfrac{\mathrm{d}\pi_p^S}{\mathrm{d}\overline{w}}=\dfrac{-2+\gamma+2\overline{w}}{4-2\gamma}\leqslant0$，不等式成立是因为 $s_e\geqslant\overline{w}$。因此 π_p 关于 $\overline{w}$ 是单调

递减的。根据内容提供者的参与约束可得，$\overline{w}\geqslant\dfrac{(2-\gamma)-\sqrt{(2-\gamma)^2-16\phi(2-\gamma)}}{4}$；结合边

界约束 $\overline{w}\leqslant\dfrac{4p-(2-\gamma)\xi}{2\xi}$，所以只有当 $\dfrac{(2-\gamma)-\sqrt{(2-\gamma)^2-16\phi(2-\gamma)}}{4}\leqslant\overline{w}\leqslant\dfrac{4p-(2-\gamma)\xi}{2\xi}$

时，才可满足约束条件。我们设 p_0 满足 $\dfrac{(2-\gamma)-\sqrt{(2-\gamma)^2-16\phi(2-\gamma)}}{4}=\dfrac{4p-(2-\gamma)\xi}{2\xi}$，

可转化为 $64p^2-48(2-\gamma)\xi p+8\xi^2[(2-\gamma)^2+2(2-\gamma)\phi]=0$。通过求解可得

$p_0=\dfrac{\xi\Big[3(2-\gamma)-\sqrt{(2-\gamma)^2-16\phi(2-\gamma)}\Big]}{8}$。所以当 $p>\dfrac{\xi\Big[3(2-\gamma)-\sqrt{(2-\gamma)^2-16\phi(2-\gamma)}\Big]}{8}$ 时，

$\overline{w}^*=\dfrac{(2-\gamma)-\sqrt{(2-\gamma)^2-16\phi(2-\gamma)}}{4}$。证毕。

情景 2：当内容提供者不努力创作时（$e=0$），内容提供者产生高质量内容的

数量为 $x_n=\dfrac{1-\gamma}{2}$。由于高质量内容的数量较少，平台并不会向内容提供者提供创

作资金奖励，即 $\underline{w}=0$。此时平台的订阅费决策问题为

$$\max_{s_n}\pi_p^S=\begin{cases}s_n\left(1-\dfrac{s_n}{x_n}\right), & 0\leqslant s_n\leqslant\dfrac{p}{\xi}\\[3mm]s_n\left[1-\dfrac{s_n-p}{x_n(1-\xi)}\right], & s_n>\dfrac{p}{\xi}\end{cases}$$

引理 5.4 当内容提供者不努力创作时，平台的最优订阅费决策为

$$s_n^*=\begin{cases}\dfrac{(1-\gamma)(1-\xi)+2p}{4}, & 0<p\leqslant\dfrac{\xi(1-\xi)(1-\gamma)}{4-2\xi}\\[3mm]\dfrac{p}{\xi}, & \dfrac{\xi(1-\xi)(1-\gamma)}{4-2\xi}<p\leqslant\dfrac{(1-\gamma)\xi}{4}\\[3mm]\dfrac{1-\gamma}{4}, & p>\dfrac{(1-\gamma)\xi}{4}\end{cases}$$

证明　如果 $0 \leqslant s_{\mathrm{n}} \leqslant \dfrac{p}{\xi}$，此时对 π_p 求导可得 $\dfrac{\mathrm{d}^2 \pi_p}{\mathrm{d} s_{\mathrm{n}}^2} = -\dfrac{4}{1-\gamma} \leqslant 0$，因此 π_p 是关于 s_{n} 的凹函数，通过一阶条件可得 $s_{\mathrm{n}} = \dfrac{1-\gamma}{4}$。如果 $s_{\mathrm{n}} \geqslant \dfrac{p}{\xi}$，此时对 π_p 求导可得 $\dfrac{\mathrm{d}^2 \pi_p}{\mathrm{d} s_{\mathrm{n}}^2} = -\dfrac{4}{(1-\xi)(1-\gamma)} \leqslant 0$，因此 π_p 是关于 s_{n} 的凹函数，通过一阶条件可得 $s_{\mathrm{n}} = \dfrac{(1-\gamma)(1-\xi) + 2p}{4}$。故存在以下四种情况。

（1）

$$\begin{cases} \dfrac{1-\gamma}{4} < \dfrac{p}{\xi} \\[3mm] \dfrac{(1-\gamma)(1-\xi)+2p}{4} \geqslant \dfrac{p}{\xi} \end{cases} \rightarrow \begin{cases} p > \dfrac{(1-\gamma)\xi}{4} \\[3mm] p \leqslant \dfrac{\xi(1-\xi)(1-\gamma)}{4-2\xi} \end{cases}$$

因为 $\dfrac{\xi(1-\xi)(1-\gamma)}{4-2\xi} < p \leqslant \dfrac{(1-\gamma)\xi}{4}$，所以该情况不存在。

（2）

$$\begin{cases} \dfrac{1-\gamma}{4} \geqslant \dfrac{p}{\xi} \\[3mm] \dfrac{(1-\gamma)(1-\xi)+2p}{4} \geqslant \dfrac{p}{\xi} \end{cases} \rightarrow \begin{cases} p \leqslant \dfrac{(1-\gamma)\xi}{4} \\[3mm] p \leqslant \dfrac{\xi(1-\xi)(1-\gamma)}{4-2\xi} \end{cases}$$

所以当 $0 < p \leqslant \dfrac{\xi(1-\xi)(1-\gamma)}{4-2\xi}$ 时，平台的订阅费为 $s_{\mathrm{n}} = \dfrac{(1-\gamma)(1-\xi)+2p}{4}$。

（3）

$$\begin{cases} \dfrac{1-\gamma}{4} \geqslant \dfrac{p}{\xi} \\[3mm] \dfrac{(1-\gamma)(1-\xi)+2p}{4} < \dfrac{p}{\xi} \end{cases} \rightarrow \begin{cases} p \leqslant \dfrac{(1-\gamma)\xi}{4} \\[3mm] p > \dfrac{\xi(1-\xi)(1-\gamma)}{4-2\xi} \end{cases}$$

所以当 $\dfrac{\xi(1-\xi)(1-\gamma)}{4-2\xi} < p \leqslant \dfrac{(1-\gamma)\xi}{4}$ 时，平台的订阅费为 $s_{\mathrm{n}} = \dfrac{p}{\xi}$。

（4）

$$\begin{cases} \dfrac{1-\gamma}{4} < \dfrac{p}{\xi} \\[3mm] \dfrac{(1-\gamma)(1-\xi)+2p}{4} < \dfrac{p}{\xi} \end{cases} \rightarrow \begin{cases} p > \dfrac{(1-\gamma)\xi}{4} \\[3mm] p > \dfrac{\xi(1-\xi)(1-\gamma)}{4-2\xi} \end{cases}$$

所以当 $p > \dfrac{(1-\gamma)\xi}{4}$ 时，平台的订阅费为 $s_\mathrm{n} = \dfrac{1-\gamma}{4}$。

5.4.1 创作资金奖励及平台收益分析

命题 5.4 当盗版内容盛行时，平台提供的创作资金奖励随盗版内容价格的上升而减少；当存在盗版内容时，平台提供的创作资金奖励却随盗版内容价格的上升而增加。

证明

（1）如果 $0 \leqslant p \leqslant \dfrac{(3-2\xi)(2-\gamma)\xi - \xi\sqrt{(2-\gamma)(2-\gamma-16\phi+8\phi\xi)}}{4(2-\xi)}$，此时盗版内容盛行，平台提供给内容提供者的单位创作资金奖励 $\overline{w}^{s^*}$ 为 $\dfrac{[(2-\gamma)(1-\xi)+2p] - \sqrt{[(2-\gamma)(1-\xi)+2p]^2 - 16\phi(2-\gamma)(1-\xi)}}{4}$。对 $\overline{w}^{s^*}$ 关于 p 求导可得

$$\frac{\mathrm{d}\overline{w}^{s^*}}{\mathrm{d}p} = \frac{1}{4}\left\{ 2 - \frac{2[(2-\gamma)(1-\xi)+2p]}{\sqrt{[(2-\gamma)(1-\xi)+2p]^2 - 16(2-\gamma)\phi(1-\xi)}} \right\} \leqslant 0$$

所以此时 $\overline{w}^{s^*}$ 关于 p 是单调递减的。

（2）如果 $\dfrac{(3-2\xi)(2-\gamma)\xi - \xi\sqrt{(2-\gamma)(2-\gamma-16\phi+8\phi\xi)}}{4(2-\xi)} < p \leqslant \dfrac{3\xi(2-\gamma) - \xi\sqrt{(2-\gamma)^2 - 16\phi(2-\gamma)}}{8}$，此时仍存在盗版内容。平台提供给内容提供者的单位创作资金奖励 $\overline{w}^{s^*}$ 为 $\dfrac{(2-\gamma)\phi\xi}{(2-\gamma)\xi - 2p}$。对 $\overline{w}^{s^*}$ 关于 p 求导可得

$$\frac{\mathrm{d}\overline{w}^{s^*}}{\mathrm{d}p} = \frac{2(2-\gamma)\phi\xi}{[(2-\gamma)\xi - 2p]^2} \geqslant 0$$

所以此时 $\overline{w}^{s^*}$ 关于 p 是单调递增的。证毕。

关于平台收益，我们采取数值实验的方式进行探究，参数设定基于 $\xi = 0.8$，$\gamma = 0.2$，$\phi = 0.02$。经分析我们发现，在用户订阅模式下，无论盗版内容的价格如何，平台只有在鼓励内容提供者积极创作时才能获得更高的收益，而且平台收益随着盗版内容价格的升高而不断增加。

图 5-10（a）展示了平台提供的单位创作资金奖励随盗版内容价格的变化趋势。当面临来自盗版内容的竞争时，基于用户流量的减少，为满足内容提供者的创作

参与约束，平台必须提供一个较高的单位创作资金奖励。随着盗版内容价格的提升，盗版内容的价格优势逐渐丧失，用户逐渐转向购买正版高质量内容。基于用户流量的增加，平台逐渐降低提供给内容提供者的单位创作资金奖励。

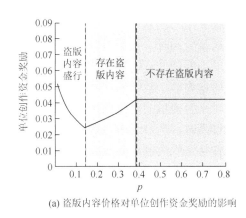

(a) 盗版内容价格对单位创作资金奖励的影响

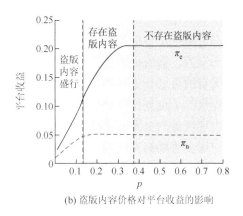

(b) 盗版内容价格对平台收益的影响

图 5-10　用户订阅模式下盗版内容价格对单位创作资金奖励及平台收益的影响分析

当存在盗版内容时，平台的订阅费为 $s_e = \dfrac{p}{\xi}$，用户购买正版内容和盗版内容所获得的性价比是等同的。基于我们的假设，在这种情况下用户更偏向于购买正版高质量内容。此时平台提供给内容提供者的单位创作资金奖励随着盗版内容价格的上升而上升，主要是因为此时平台无须降低价格与盗版内容抢夺用户群体，故可提高订阅费追求收益最大化。但是随着订阅费的上升，能够负担起正版高质量内容价格的用户逐渐减少。为进一步激励内容提供者努力创作，保持高质量内容的数量优势，平台只能选择增加单位创作资金奖励。当盗版内容价格较高时，盗版内容的存在不会对平台产生任何影响，此时平台提供的单位创作资金奖励保持不变。

图 5-10（b）展示了盗版内容价格对平台收益的影响。在盗版内容盛行时，当且仅当平台向内容提供者提供创作资金奖励，内容提供者努力创作时，平台才可以获得更高的收益，这也再次证明了创作激励的必要性。这主要是因为此时平台可提供更多的高质量内容，提高了平台与盗版内容竞争的能力，进而能够吸引更多的用户使用平台，使得平台能够赚取更多的收益。

盗版内容随着其价格的上升，逐渐失去廉价的优势且其质量低于正版内容质量，用户由购买盗版内容逐渐转向购买正版内容，所以平台无须再通过价格竞争与盗版内容抢夺用户，可设定更高的订阅费。随着购买正版内容的用户数量的增加以及订阅费的上升，平台收益逐步上升并恢复至平常状态。

根据图 5-11 可知，当盗版内容的质量较低时，盗版内容无法与平台中的正版内容形成竞争，故不会对平台决策产生影响。当盗版内容质量适中时，盗版内容与正版内容性价比相同，盗版内容对平台造成威胁。随着盗版内容质量的升高，平台需不断降低订阅费以吸引更多的用户，维持正版内容的竞争优势。由于平台提供的创作资金奖励总额与单位创作资金奖励和用户流量相关，用户流量增加，平台可降低单位创作资金奖励。当盗版内容质量较高时，盗版内容与平台的竞争更为激烈，盗版内容抢夺平台用户。平台只能不断降低订阅费标准以吸引用户，订阅费的降低让更多的用户能够负担得起高质量内容，较低的订阅费也限制了平台提供的单位创作资金奖励的上升，所以此时平台提供的单位创作资金奖励随盗版内容质量的上升而下降。当盗版内容质量过高时，平台无法与盗版内容抗争，创作资金奖励的支出为平台带来的收益无法弥补盗版内容对其造成的损失，所以平台放弃提供创作资金奖励。

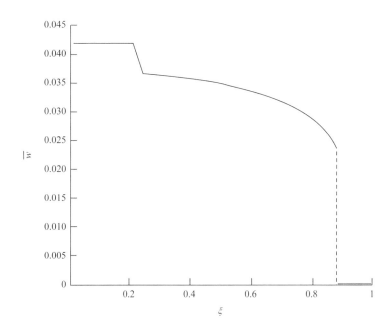

图 5-11　用户订阅模式下盗版内容质量对单位创作资金奖励决策的影响

5.4.2　用户剩余价值分析

为进一步探究在平台采用用户订阅模式时，盗版内容价格对用户剩余和社会福利所产生的影响，我们采用数值实验的方式进行分析，设定参数为

$\xi = 0.8$，$\gamma = 0.2$，$\phi = 0.02$。根据图 5-12 我们发现，盗版内容盛行，提升了整体的用户剩余和社会福利水平。伴随盗版内容价格的升高，整体的用户剩余下降，但社会福利并不随着盗版内容价格的升高而单调下降。

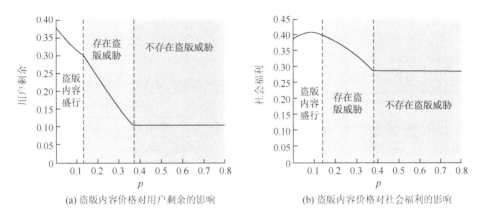

(a) 盗版内容价格对用户剩余的影响　　　　(b) 盗版内容价格对社会福利的影响

图 5-12　用户订阅模式下盗版内容价格对用户剩余和社会福利的影响分析

　　盗版内容盛行提高了用户剩余和社会福利水平主要有两个方面的原因，其一，盗版内容的存在迫使平台降低订阅费的价格，用户可以通过更低的成本获取相同效用的高质量内容；其二，盗版内容扩大了内容消费群体，低廉的价格让更多负担不起正版内容的用户通过购买盗版内容获取效用。

　　社会福利主要由用户剩余和平台收益组成，盗版内容价格的升高对社会福利的影响取决于平台收益的增加是否足以抵消用户剩余的减少。在盗版内容价格较低时，随着盗版内容价格的上升，用户逐渐放弃对盗版内容的购买，开始回购正版高质量内容，用户的回归提高了平台的收益。平台收益的增量弥补了用户无法阅读盗版内容所产生的效用损失，进而使得整体的社会福利增加。但是，随着盗版内容价格的进一步提升，正版高质量内容的订阅费也逐步提升，增加了用户阅读正版内容的成本，致使阅读正版高质量内容的用户数量下降，整体的用户剩余急剧下滑，平台收益的提升无法弥补这一损失，造成整体社会福利水平的下降。

5.5　两种营收模式的最优决策对比分析

命题 5.5

（1）若平台的边际广告收益低于用户的广告敏感程度（$m < \theta$），广告盈利模式下的平台收益始终低于用户订阅模式（$\pi_p^{Ad^*} < \pi_p^{S^*}$）。

（2）若平台的边际广告收益不低于用户的广告敏感程度（$m \geqslant \theta$），广告盈利模式下的平台收益始终不低于用户订阅模式（$\pi_p^{\mathrm{Ad}^*} \geqslant \pi_p^{S^*}$）。

证明 在广告盈利模式下，当平台鼓励内容提供者努力创作时，我们用 τ 代换 $\dfrac{m}{\theta}$，平台的收益为

$$
\pi_p^{\mathrm{Ad}} = \begin{cases}
\dfrac{\left\{\left[\left(1-\dfrac{\gamma}{2}\right)(1-\xi)+p\right]\tau - \overline{w}^{\mathrm{Ad}}\right\}^2}{2\tau(2-\gamma)(1-\xi)}, & 0 \leqslant p < \dfrac{(2-\gamma)(3-2\xi)m\xi - \xi\sqrt{(2-\gamma)m[m(2-\gamma)-8\phi\theta(2-\xi)]}}{4m(2-\xi)} \\[4mm]
\dfrac{[(2-\gamma)\xi-2p](\tau p - \overline{w}^{\mathrm{Ad}}\xi)}{(2-\gamma)\xi^2}, & \dfrac{(2-\gamma)(3-2\xi)m\xi - \xi\sqrt{(2-\gamma)m[m(2-\gamma)-8\phi\theta(2-\xi)]}}{4m(2-\xi)} \\[4mm]
& \leqslant p < \dfrac{3(2-\gamma)m\xi - \xi\sqrt{(2-\gamma)[(2-\gamma)m-16\phi\theta]m}}{8m} \\[4mm]
\dfrac{[(2-\gamma)\tau - 2\overline{w}^{\mathrm{Ad}}]^2}{8(2-\gamma)\tau}, & p \geqslant \dfrac{3(2-\gamma)m\xi - \xi\sqrt{(2-\gamma)[(2-\gamma)m-16\phi\theta]m}}{8m}
\end{cases}
$$

当盗版内容盛行，即 $0 \leqslant p < \dfrac{(2-\gamma)(3-2\xi)m\xi - \xi\sqrt{(2-\gamma)m[m(2-\gamma)-8\phi\theta(2-\xi)]}}{4m(2-\xi)}$ 时，对平台收益关于 τ 求导得

$$
\begin{aligned}
\frac{\mathrm{d}\pi_p}{\mathrm{d}\tau} &= \frac{2\tau\left\{\left[\left(1-\dfrac{\gamma}{2}\right)(1-\xi)+p\right]\tau-\overline{w}^{\mathrm{Ad}}\right\}\left\{\left[\left(1-\dfrac{\gamma}{2}\right)(1-\xi)+p\right]-2\dfrac{\mathrm{d}\overline{w}^{\mathrm{Ad}}}{\mathrm{d}\tau}\right\}}{2\tau^2(2-\gamma)(1-\xi)} \\[4mm]
&\quad - \frac{\left\{\left[\left(1-\dfrac{\gamma}{2}\right)(1-\xi)+p\right]\tau-\overline{w}^{\mathrm{Ad}}\right\}^2}{2\tau^2(2-\gamma)(1-\xi)} \\[4mm]
&\geqslant \frac{2\tau\left\{\left[\left(1-\dfrac{\gamma}{2}\right)(1-\xi)+p\right]\tau-\overline{w}^{\mathrm{Ad}}\right\}\cdot\left(1-\dfrac{\gamma}{2}\right)(1-\xi)+p}{2\tau^2(2-\gamma)(1-\xi)} \\[4mm]
&\quad - \frac{\left\{\left[\left(1-\dfrac{\gamma}{2}\right)(1-\xi)+p\right]\tau-\overline{w}^{\mathrm{Ad}}\right\}^2}{2\tau^2(2-\gamma)(1-\xi)} \geqslant 0
\end{aligned}
$$

不等式成立是因为 $\dfrac{\mathrm{d}\overline{w}^{\mathrm{Ad}}}{\mathrm{d}\tau} \leqslant 0$ 且 $\left[\left(1-\dfrac{\gamma}{2}\right)(1-\xi)+p\right]\tau - \overline{w}^{\mathrm{Ad}} \geqslant 0$。

当存在盗版威胁，即 $\dfrac{(2-\gamma)(3-2\xi)m\xi - \xi\sqrt{(2-\gamma)m[m(2-\gamma)-8\phi\theta(2-\xi)]}}{4m(2-\xi)} \leqslant$

$p < \dfrac{3(2-\gamma)m\xi - \xi\sqrt{(2-\gamma)[(2-\gamma)m - 16\phi\theta]m}}{8m}$ 时，对平台收益关于 τ 求导得

$\dfrac{\mathrm{d}\pi_p}{\mathrm{d}\tau} = \dfrac{[(2-\gamma)\xi - 2p]\left(p - \xi\dfrac{\mathrm{d}\overline{w}}{\mathrm{d}\tau}\right)}{(2-\gamma)\xi^2} \geqslant 0$，不等式成立是因为此时 $\dfrac{\mathrm{d}\overline{w}}{\mathrm{d}\tau} = 0$。

当不存在盗版威胁，即 $p \geqslant \dfrac{3(2-\gamma)m\xi - \xi\sqrt{(2-\gamma)[(2-\gamma)m - 16\phi\theta]m}}{8m}$ 时，对平

台收益关于 τ 求导可得 $\dfrac{\mathrm{d}\pi_p}{\mathrm{d}\tau} = \dfrac{2[(2-\gamma)\tau - 2\overline{w}]\left[(2-\gamma) - 2\dfrac{\mathrm{d}\overline{w}}{\mathrm{d}\tau}\right]\tau}{8(2-\gamma)\tau^2} - \dfrac{[(2-\gamma)\tau - 2\overline{w}]^2}{8(2-\gamma)\tau^2} \geqslant 0$，

不等式成立是因为 $\dfrac{\mathrm{d}\overline{w}}{\mathrm{d}\tau} \leqslant 0$。综上，在广告盈利模式下，平台收益同 $\tau = \dfrac{m}{\theta}$ 单调递增。

当 $m = \theta$ 时，广告盈利模式下的平台收益等于用户订阅模式。因此，若平台的边际广告收益低于用户的广告敏感程度，则平台在用户订阅模式下的平台收益更高；若平台的边际广告收益不低于用户的广告敏感程度，则平台在广告盈利模式下的平台收益更高。证毕。

命题 5.6

（1）若平台的边际广告收益低于用户的广告敏感程度（$m < \theta$），平台在广告盈利模式下提供的单位创作资金奖励不低于用户订阅模式（$\overline{w}^{\mathrm{Ad}^*} \geqslant \overline{w}^{S^*}$）。

（2）若平台的边际广告收益不低于用户的广告敏感程度（$m \geqslant \theta$），则广告盈利模式下平台提供的单位创作资金奖励不高于用户订阅模式（$\overline{w}^{\mathrm{Ad}^*} \leqslant \overline{w}^{S^*}$）。

证明　我们设定 $\tau = \dfrac{m}{\theta}$，根据引理 5.3 可知，在盗版内容盛行时，广告盈利模式下平台提供的单位创作资金奖励为

$$\overline{w}^{\mathrm{Ad}^*} = \frac{m[(2-\gamma)(1-\xi) + 2p] - \sqrt{m^2[(2-\gamma)(1-\xi) + 2p]^2 - 16m\theta\phi(2-\gamma)(1-\xi)}}{4\theta}$$

$$= \frac{\tau[(2-\gamma)(1-\xi) + 2p] - \sqrt{\tau^2[(2-\gamma)(1-\xi) + 2p]^2 - 16\tau\phi(2-\gamma)(1-\xi)}}{4}$$

若 $\tau = 1$，广告盈利模式下平台提供的单位创作资金奖励与用户订阅模式下的相同，即 $\overline{w}^{\mathrm{Ad}} = \overline{w}^S$。所以在图 5-13 中我们用 $m = \theta$ 时的情况代表用户订阅模式下的情况。通过对此时的 $\overline{w}^{\mathrm{Ad}}$ 变形可得

$$\overline{w}^{\mathrm{Ad}} = \frac{\tau[(2-\gamma)(1-\xi) + 2p] - \sqrt{\tau^2[(2-\gamma)(1-\xi) + 2p]^2 - 16\tau\phi(2-\gamma)(1-\xi)}}{4}$$

$$\times \frac{\tau[(2-\gamma)(1-\xi)+2p]+\sqrt{\tau^2[(2-\gamma)(1-\xi)+2p]^2-16\tau\phi(2-\gamma)(1-\xi)}}{\tau[(2-\gamma)(1-\xi)+2p]+\sqrt{\tau^2[(2-\gamma)(1-\xi)+2p]^2-16\tau\phi(2-\gamma)(1-\xi)}}$$

$$= \frac{16\tau\phi(2-\gamma)(1-\xi)}{4\left\{\tau[(2-\gamma)(1-\xi)+2p]+\sqrt{\tau^2[(2-\gamma)(1-\xi)+2p]^2-16\tau\phi(2-\gamma)(1-\xi)}\right\}}$$

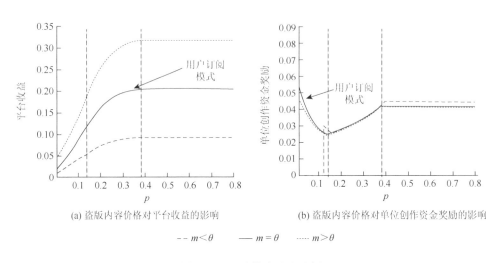

(a) 盗版内容价格对平台收益的影响　　　(b) 盗版内容价格对单位创作资金奖励的影响

$-\!-\ m<\theta$　　$-\!\!-\ m=\theta$　　$\cdots\cdots\ m>\theta$

图 5-13　两种模式对比分析

　　显然 $\overline{w}^{\mathrm{Ad}}$ 关于 $\tau=\dfrac{m}{\theta}$ 是单调递减的。因此，当 $m<\theta$ 时，广告盈利模式下平台提供给内容提供者的单位创作资金奖励高于用户订阅模式；当 $m>\theta$ 时，广告盈利模式下平台提供给内容提供者的单位创作资金奖励低于用户订阅模式。

　　当存在盗版内容时，平台提供给内容提供者的单位创作资金奖励为 $\overline{w}^{\mathrm{Ad}}=\overline{w}^{S}=\dfrac{(2-\gamma)\phi\xi}{(2-\gamma)\xi-2p}$，与 m 和 θ 无任何关系。

　　当不存在盗版内容时，广告盈利模式下平台提供给内容提供者的单位创作资金奖励为 $\overline{w}^{\mathrm{Ad}}=\dfrac{(2-\gamma)m-\sqrt{(2-\gamma)^2m^2-16(2-\gamma)m\theta\phi}}{4\theta}=\dfrac{(2-\gamma)\tau-\sqrt{(2-\gamma)^2\tau^2-16(2-\gamma)\tau\phi}}{4}$，证明方式同盗版内容盛行时的证明。

　　经验证，当平台的边际广告收益等于用户的广告敏感程度时，平台在广告盈利模式下提供的创作资金奖励等于用户订阅模式下提供的单位创作资金奖励。因此，若平台的边际广告收益低于用户的广告敏感程度，平台在用户订阅模式下提供的单位创作资金奖励更高；反之，若平台的边际广告收益高于用户的广告敏感程度，平台在广告盈利模式下提供的单位创作资金奖励更高。证毕。

图 5-13（a）和图 5-13（b）分别展示了广告盈利模式下和用户订阅模式下平台收益 π_p 和单位创作资金奖励 $\bar{w}$ 的比较结果，基于 $\xi = 0.8$，$\gamma = 0.2$，$\phi = 0.02$ 绘制。

若平台的边际广告收益低于用户的广告敏感程度，此时用户对广告比较厌恶，平台投放广告不仅边际收益低，还会造成用户流失。当盗版内容价格较低时，盗版内容抢夺了平台大部分用户。平台若采用广告盈利模式，即使提供创作资金奖励获取高质量内容也无法抵御盗版内容的冲击。因此，平台采用广告盈利模式时不提供创作资金奖励，内容提供者不努力创作，平台只能通过少量的高质量内容赚取收益。在用户订阅模式下，平台的订阅费收入高，创作资金奖励的提供为平台带来了大量高质量内容，吸引了大量的用户，创造了可观的收益，所以此时广告盈利模式下的平台收益低于用户订阅模式。由于广告盈利模式下，广告对用户的干扰程度高，平台中用户流量少，为了满足内容提供者的参与约束，平台只能提高单位创作资金奖励以鼓励内容提供者努力创作。较低的广告收入和较高的创作资金奖励支出，共同导致了广告盈利模式下的平台的收益水平较低。

若平台的边际广告收益不低于用户的广告敏感程度，说明广告投放不仅对用户效用产生的负面影响较小，而且可以给平台带来更高的边际收益。此时，平台在广告盈利模式和用户订阅模式下均会提供创作资金奖励，鼓励内容提供者努力创作，通过提供更多的高质量内容与盗版内容抗衡，以吸引更多的用户加入平台。但是相比于支付订阅费，用户通过看广告的方式获取高质量内容时效用损失更低，所以平台采用广告盈利模式吸引的用户更多；广告盈利模式下用户获取正版高质量内容的成本更低，进一步加强了平台正版内容与盗版内容之间的竞争，平台可吸引更多的用户。当平台采用广告盈利模式时，不仅用户多而且广告的边际收益高，二者共同决定了平台收益是高于用户订阅模式的。基于用户流量的优势，平台采用广告盈利模式可提供更低的单位创作资金奖励，依旧能够实现对内容提供者的创作激励。

5.6　拓展研究：混合用户群体对平台创作资金奖励决策的影响

在之前章节的研究中，本书假设所有的用户群体均接受盗版内容，而在实际生活中，只有一部分用户无所谓盗版内容还是正版高质量内容，只要性价比足够高，可以获得更高的效用，该类用户就会选择性价比更高的内容，我们将这类用户定义为可接受盗版内容的用户，比例为 α。另一部分用户非常厌恶盗版内容，无论盗版内容价格如何，这部分用户都不会购买盗版内容，我们假设这部分用户的比例为 $1-\alpha$。我们用符号 M 来表示混合用户群体对平台决策的影响。用户效用沿袭 5.2.2 节中的分析，在本节中我们主要以用户订阅模式下的平台决策为例，探究混合用户群体对平台决策的影响。平台的决策变量包括用户订阅费和支付给内容提供者的单位创作资金奖励。

情景 1：当内容提供者努力创作时，平台关于订阅费的决策问题为

$$\max_{s_e^M} \pi_p^M = \begin{cases} \left(s_e^M - \overline{w}\right)\left(1 - \dfrac{s_e^M}{x_e}\right), & 0 \leqslant s_e^M \leqslant \dfrac{p}{\xi} \\[3mm] \left(s_e^M - \overline{w}\right)\left\{\alpha\left[1 - \dfrac{s_e^M - p}{x_e(1-\xi)}\right] + (1-\alpha)\left(1 - \dfrac{s_e^M}{x_e}\right)\right\}, & s_e^M > \dfrac{p}{\xi} \end{cases} \tag{5.30}$$

引理 5.5 当内容提供者努力创作时，最优的订阅费 $s_e^{M^*}$ 如下所示：

$$s_e^{M^*} = \begin{cases} \dfrac{2 - \gamma + 2\overline{w}}{4}, & 0 \leqslant \overline{w} \leqslant \dfrac{4p - (2-\gamma)\xi}{2\xi} \\[3mm] \dfrac{p}{\xi}, & \dfrac{4p - (2-\gamma)\xi}{2\xi} < \overline{w} \leqslant \dfrac{4p + (2-\gamma)\xi^2 - [(2-\gamma) + (4-2\alpha)p]\xi}{2\xi[1-(1-\alpha)\xi]} \\[3mm] \dfrac{(1-\xi)(2-\gamma) + 2\alpha p + 2[\alpha + (1-\alpha)\xi]\overline{w}}{4[\alpha + (1-\alpha)\xi]}, & \overline{w} > \dfrac{4p + (2-\gamma)\xi^2 - [(2-\gamma) + (4-2\alpha)p]\xi}{2\xi[1-(1-\alpha)\xi]} \end{cases}$$

证明 当 $0 \leqslant s_e^M \leqslant \dfrac{p}{\xi}$ 时，对平台收益进行求导得，$\dfrac{d\pi_p^M}{ds_e^M} = 1 - \dfrac{2s_e^M}{x_e} + \dfrac{\overline{w}}{x_e}$，

$\dfrac{d^2\pi_p^M}{d\left(s_e^M\right)^2} = -\dfrac{2}{x_e} < 0$。因为 $\dfrac{d^2\pi_p^M}{d\left(s_e^M\right)^2} < 0$，所以 π_p^M 是关于 s_e^M 的凹函数。根据一阶条

件可得 $s_e^M = \dfrac{x_e + \overline{w}}{2} = \dfrac{2 - \gamma + 2\overline{w}}{4}$。根据边界条件，此时 $s_e^{M^*} = \min\left\{\dfrac{2 - \gamma + 2\overline{w}}{4}, \dfrac{p}{\xi}\right\} =$

$\dfrac{2 - \gamma + 2\overline{w}}{4}$，即当 $0 \leqslant \overline{w} \leqslant \dfrac{4p - (2-\gamma)\xi}{2\xi}$ 时，$s_e^{M^*} = \dfrac{2 - \gamma + 2\overline{w}}{4}$。

当 $s_e^M > \dfrac{p}{\xi}$ 时，对平台收益进行求导可得 $\dfrac{d\pi_p^M}{ds_e^M} = \alpha\left[1 - \dfrac{s_e^M - p}{x_e(1-\xi)}\right] + (1-\alpha) \times$

$\left(1 - \dfrac{s_e^M}{x_e}\right) - \left(s_e^M - \overline{w}\right)\left[\dfrac{\alpha}{x_e(1-\xi)} - \dfrac{2(1-\alpha)\xi + 2}{x_e}\right]$，$\dfrac{d^2\pi_p^M}{d\left(s_e^M\right)^2} < 0$。因为 $\dfrac{d^2\pi_p^M}{d\left(s_e^M\right)^2} < 0$，所

以平台收益是关于 s_e^M 的凹函数。根据一阶条件可得

$$s_e^M = \dfrac{(1-\xi)x_e + \alpha p + \overline{w}[\alpha + (1-\alpha)\xi]}{2[\alpha + (1-\alpha)\xi]} = \dfrac{(1-\xi)(2-\gamma) + 2\alpha p + 2[\alpha + (1-\alpha)\xi]\overline{w}}{4[\alpha + (1-\alpha)\xi]}$$

根据边界条件，

$$s_e^{M^*} = \max\left\{\dfrac{(1-\xi)(2-\gamma) + 2\alpha p + 2[\alpha + (1-\alpha)\xi]\overline{w}}{4[\alpha + (1-\alpha)\xi]}, \dfrac{p}{\xi}\right\}$$

$$= \dfrac{(1-\xi)(2-\gamma) + 2\alpha p + 2[\alpha + (1-\alpha)\xi]\overline{w}}{4[\alpha + (1-\alpha)\xi]}$$

即当 $\bar{w} > \dfrac{4p + (2-\gamma)\xi^2 - [(2-\gamma) + (4-2\alpha)p]\xi}{2\xi[1 - (1-\alpha)\xi]}$ 时,

$$s_e^{M^*} = \frac{(1-\xi)(2-\gamma) + 2\alpha p + 2[\alpha + (1-\alpha)\xi]\bar{w}}{4[\alpha + (1-\alpha)\xi]}$$

证毕。

（1）盗版内容盛行，抢夺 App 平台中正版内容的用户流量。此时，说明正版内容的价格过高，即购买盗版内容的性价比更高，因此部分接受盗版内容的用户会选择购买盗版内容。平台关于单位创作资金奖励的决策问题为

$$\max_{\bar{w}} \pi_p^M = \left(s_e^{M^*} - \bar{w}\right)\left\{\alpha\left[1 - \frac{s_e^{M^*} - p}{x_e(1-\xi)}\right] + (1-\alpha)\left(1 - \frac{s_e^{M^*}}{x_e}\right)\right\} \tag{5.31}$$

$$\text{s.t.} \quad \bar{w}\left\{\alpha\left[1 - \frac{s_e^{M^*} - p}{x_e(1-\xi)}\right] + (1-\alpha)\left(1 - \frac{s_e^{M^*}}{x_e}\right)\right\} - \phi \geqslant 0 \tag{5.32}$$

$$\bar{w} - \frac{4p + (2-\gamma)\xi^2 - [(2-\gamma) + (4-2\alpha)p]\xi}{2\xi[1 - (1-\alpha)\xi]} > 0 \tag{5.33}$$

（2）存在盗版内容，即盗版内容与正版内容的性价比相同，盗版内容会对正版高质量内容的用户流量造成潜在威胁。此时平台关于单位创作资金奖励的决策问题为

$$\max_{\bar{w}} \pi_p^M = \left(s_e^{M^*} - \bar{w}\right)\left\{\alpha\left[1 - \frac{s_e^{M^*} - p}{x_e(1-\xi)}\right] + (1-\alpha)\left(1 - \frac{s_e^{M^*}}{x_e}\right)\right\} \tag{5.34}$$

$$\text{s.t.} \quad \bar{w}\left\{\alpha\left[1 - \frac{s_e^{M^*} - p}{x_e(1-\xi)}\right] + (1-\alpha)\left(1 - \frac{s_e^{M^*}}{x_e}\right)\right\} - \phi \geqslant 0 \tag{5.35}$$

$$\frac{4p - (2-\gamma)\xi}{2\xi} < \bar{w} \leqslant \frac{4p + (2-\gamma)\xi^2 - [(2-\gamma) + (4-2\alpha)p]\xi}{2\xi[1 - (1-\alpha)\xi]} \tag{5.36}$$

（3）不存在盗版内容，即盗版内容的性价比较低，无用户购买盗版内容。平台关于单位创作资金奖励的决策问题为

$$\max_{\bar{w}} \pi_p^M = \left(s_e^{M^*} - \bar{w}\right)\left(1 - \frac{s_e^{M^*}}{x_e}\right) \tag{5.37}$$

$$\text{s.t.} \quad \bar{w}\left(1 - \frac{s_e^{M^*}}{x_H}\right) - \phi \geqslant 0 \tag{5.38}$$

$$\frac{4p - (2-\gamma)\xi}{2\xi} - \bar{w} \geqslant 0 \tag{5.39}$$

命题 5.7　当内容提供者努力创作时，最优的单位创作资金奖励为

$$\overline{w}^{M^{*}} = \begin{cases} \dfrac{[(2-\gamma)(1-\xi)+2p\alpha]-\sqrt{[(2-\gamma)(1-\xi)+2p\alpha]^2-16\phi[1-(1-\alpha)\xi](2-\gamma)(1-\xi)}}{4[1-(1-\alpha)\xi]}, \\ 0 \leqslant p \leqslant \\ \dfrac{[(6-3\gamma)\xi-(3-\alpha)(2-\gamma)\xi^2]-\xi\sqrt{(2-\gamma)[1-(1-\alpha)\xi]\{2-\gamma-16\phi-[2-\gamma-16\phi-(2-\gamma-8\phi)\alpha]\xi\}}}{4[2-(2-\alpha)\xi]} \\ \dfrac{(2-\gamma)\phi\xi}{(2-\gamma)\xi-2p}, \\ \dfrac{[(6-3\gamma)\xi-(3-\alpha)(2-\gamma)\xi^2]-\xi\sqrt{(2-\gamma)[1-(1-\alpha)\xi]\{2-\gamma-16\phi-[2-\gamma-16\phi-(2-\gamma-8\phi)\alpha]\xi\}}}{4[2-(2-\alpha)\xi]} < p \\ \leqslant \dfrac{3\xi(2-\gamma)-\xi\sqrt{(2-\gamma)^2-16\phi(2-\gamma)}}{8} \\ \dfrac{(2-\gamma)-\sqrt{(2-\gamma)^2-16\phi(2-\gamma)}}{4}, p > \dfrac{3\xi(2-\gamma)-\xi\sqrt{(2-\gamma)^2-16\phi(2-\gamma)}}{8} \end{cases}$$

证明 考虑混合用户群体时，最优单位创作资金奖励 $\overline{w}$ 的求解证明如下。

（1）盗版内容盛行。在此阶段平台的收益为 $\pi_p = \dfrac{\left[1-\overline{w}-\dfrac{\gamma}{2}+\alpha p-\left(1-\overline{w}+\alpha\overline{w}-\dfrac{\gamma}{2}\right)\xi\right]^2}{2(2-\gamma)(1-\xi)[1-(1-\alpha)\xi]}$，

通过对 $\overline{w}$ 求导可得 $\dfrac{\mathrm{d}\pi_p}{\mathrm{d}\overline{w}} \leqslant 0$，平台收益关于单位创作资金奖励单调递减。根据内容提供者的参与约束可得，

$$\overline{w} \geqslant \frac{[(2-\gamma)(1-\xi)+2p\alpha]-\sqrt{[(2-\gamma)(1-\xi)+2p\alpha]^2-16\phi[1-(1-\alpha)\xi](2-\gamma)(1-\xi)}}{4[1-(1-\alpha)\xi]}$$

结合边界约束条件

$$\overline{w} \geqslant \frac{4p+(2-\gamma)\xi^2-[(2-\gamma)+(4-2\alpha)p]\xi}{2\xi[1-(1-\alpha)\xi]}$$

所以当

$$\overline{w} \geqslant \frac{[(2-\gamma)(1-\xi)+2p\alpha]-\sqrt{[(2-\gamma)(1-\xi)+2p\alpha]^2-16\phi[1-(1-\alpha)\xi](2-\gamma)(1-\xi)}}{4[1-(1-\alpha)\xi]}$$

$$\geqslant \frac{4p+(2-\gamma)\xi^2-[(2-\gamma)+(4-2\alpha)p]\xi}{2\xi[1-(1-\alpha)\xi]}$$

时平台提供的单位创作资金奖励才能够对内容提供者起到激励作用。我们设 p^* 满足

$$\frac{[(2-\gamma)(1-\xi)+2p\alpha]-\sqrt{[(2-\gamma)(1-\xi)+2p\alpha]^2-16\phi[1-(1-\alpha)\xi](2-\gamma)(1-\xi)}}{4[1-(1-\alpha)\xi]}$$

$$= \frac{4p+(2-\gamma)\xi^2-[(2-\gamma)+(4-2\alpha)p]\xi}{2\xi[1-(1-\alpha)\xi]}$$

得

$$p^* = \frac{[(6-3\gamma)\xi-(3-\alpha)(2-\gamma)\xi^2]-\xi\sqrt{(2-\gamma)[1-(1-\alpha)\xi]\{2-\gamma-16\phi-[2-\gamma-16\phi-(2-\gamma-8\phi)\alpha]\xi\}}}{4[2-(2-\alpha)\xi]}$$

所以，如果

$$0 \leqslant p \leqslant \frac{[(6-3\gamma)\xi-(3-\alpha)(2-\gamma)\xi^2]-\xi\sqrt{(2-\gamma)[1-(1-\alpha)\xi]\{2-\gamma-16\phi-[2-\gamma-16\phi-(2-\gamma-8\phi)\alpha]\xi\}}}{4[2-(2-\alpha)\xi]}$$

此时平台提供的单位创作资金奖励为

$$\bar{w}^{M^*} = \frac{[(2-\gamma)(1-\xi)+2p\alpha]-\sqrt{[(2-\gamma)(1-\xi)+2p\alpha]^2-16\phi[1-(1-\alpha)\xi](2-\gamma)(1-\xi)}}{4[1-(1-\alpha)\xi]}$$

（2）存在盗版内容。因为 $\dfrac{\partial \pi_p}{\partial \bar{w}} = -\dfrac{(2-\gamma)\xi-2p}{(2-\gamma)\xi} \leqslant 0$，所以 π_p 关于 $\bar{w}$ 是单调递

减的。考虑到内容提供者的参与约束，即 $\bar{w}\left\{\alpha\left[1-\dfrac{s_e^{M^*}-p}{x_e(1-\xi)}\right]+(1-\alpha)\left(1-\dfrac{s_e^{M^*}}{x_e}\right)\right\}-\phi \geqslant 0$，

所以 $\bar{w} \geqslant \dfrac{(2-\gamma)\phi\xi}{(2-\gamma)\xi-2p}$。通过比较参与约束和边界约束可得，如果 $\dfrac{4p-(2-\gamma)\xi}{2\xi} <$

$\dfrac{(2-\gamma)\phi\xi}{(2-\gamma)\xi-2p} \leqslant \dfrac{4p+(2-\gamma)\xi^2-[(2-\gamma)+(4-2\alpha)p]\xi}{2\xi[1-(1-\alpha)\xi]}$，此时平台的单位创作资金奖

励的最优解为 $\bar{w}=\dfrac{(2-\gamma)\phi\xi}{(2-\gamma)\xi-2p}$。求解可得 $0<p \leqslant \dfrac{3\xi(2-\gamma)-\xi\sqrt{(2-\gamma)^2-16\phi(2-\gamma)}}{8}$，且

$$\frac{[(6-3\gamma)\xi-(3-\alpha)(2-\gamma)\xi^2]-\xi\sqrt{(2-\gamma)[1-(1-\alpha)\xi]\{2-\gamma-16\phi-[2-\gamma-16\phi-(2-\gamma-8\phi)\alpha]\xi\}}}{4[2-(2-\alpha)\xi]} \leqslant p$$

$$\leqslant \frac{[(6-3\gamma)\xi-(3-\alpha)(2-\gamma)\xi^2]+\xi\sqrt{(2-\gamma)[1-(1-\alpha)\xi]\{2-\gamma-16\phi-[2-\gamma-16\phi-(2-\gamma-8\phi)\alpha]\xi\}}}{4[2-(2-\alpha)\xi]}$$

所以如果

$$\frac{[(6-3\gamma)\xi-(3-\alpha)(2-\gamma)\xi^2]-\xi\sqrt{(2-\gamma)[1-(1-\alpha)\xi]\{2-\gamma-16\phi-[2-\gamma-16\phi-(2-\gamma-8\phi)\alpha]\xi\}}}{4[2-(2-\alpha)\xi]}$$

$$<p \leqslant \frac{3\xi(2-\gamma)-\xi\sqrt{(2-\gamma)^2-16\phi(2-\gamma)}}{8}$$

则 $\bar{w}^{M^*} = \dfrac{(2-\gamma)\phi\xi}{(2-\gamma)\xi-2p}$。

（3）不存在盗版内容。由于不存在盗版内容，所以对用户群体的区分不产生
任何影响，证明与用户订阅模式求解完全一致。

情景 2：当内容提供者不努力创作时（$e=0$），内容提供者产生高质量内容的

数量为 $x_n = \dfrac{1-\gamma}{2}$。由于高质量内容的数量较少，平台并不会向内容提供者提供创

作资金奖励，即 $\underline{w}=0$。面对混合用户群体，此时平台的决策问题为

$$\max_{s_n^M} \pi_p^M = \begin{cases} s_n^M\left(1-\dfrac{s_n^M}{x_n}\right), & 0 \leqslant s_n^M \leqslant \dfrac{p}{\xi} \\[3mm] s_n^M\left\{\alpha\left[1-\dfrac{s_n^M-p}{x_n(1-\xi)}\right]+(1-\alpha)\left(1-\dfrac{s_n^M}{x_n}\right)\right\}, & s_n^M > \dfrac{p}{\xi} \end{cases} \tag{5.40}$$

引理 5.6 当内容提供者不努力创作时，平台的最优订阅费决策为

$$s_n^{M^*} = \begin{cases} \dfrac{(1-\gamma)(1-\xi)+2\alpha p}{4[1-(1-\alpha)\xi]}, & 0 < p \leqslant \dfrac{\xi(1-\xi)(1-\gamma)}{2(2-2\xi+\alpha\xi)} \\[3mm] \dfrac{p}{\xi}, & \dfrac{\xi(1-\xi)(1-\gamma)}{2(2-2\xi+\alpha\xi)} < p \leqslant \dfrac{(1-\gamma)\xi}{4} \\[3mm] \dfrac{1-\gamma}{4}, & p > \dfrac{(1-\gamma)\xi}{4} \end{cases}$$

在后续的研究中，我们采用数值实验的方式来补充研究用户群体比例 α 的影响，图像绘制均基于 $\xi=0.8$，$\gamma=0.2$，$\phi=0.02$。

证明 如果 $0 \leqslant s_n^M \leqslant \dfrac{p}{\xi}$，此时对 π_p^M 求导可得 $\dfrac{\mathrm{d}^2\pi_p^M}{\mathrm{d}s_n^2}=-\dfrac{4}{1-\gamma} \leqslant 0$。因此 π_p^M 是关于 s_n^M 的凹函数，通过一阶条件可得 $s_n^M=\dfrac{1-\gamma}{4}$。如果 $s_n^M > \dfrac{p}{\xi}$，此时对 π_p^M 求导可得 $\dfrac{\mathrm{d}^2\pi_p^M}{\mathrm{d}s_n^2}=-\dfrac{4-4(1-\alpha)\xi}{(1-\xi)(1-\gamma)} \leqslant 0$，因此 π_p^M 是关于 s_n^M 的凹函数，通过一阶条件可得 $s_n^M=\dfrac{(1-\gamma)(1-\xi)+2\alpha p}{4[1-(1-\alpha)\xi]}$。此时存在以下四种情况。

（1）

$$\begin{cases} \dfrac{1-\gamma}{4} < \dfrac{p}{\xi} \\[3mm] \dfrac{(1-\gamma)(1-\xi)+2\alpha p}{4[1-(1-\alpha)\xi]} \geqslant \dfrac{p}{\xi} \end{cases} \rightarrow \begin{cases} p > \dfrac{(1-\gamma)\xi}{4} \\[3mm] p \leqslant \dfrac{\xi(1-\xi)(1-\gamma)}{2(2-2\xi+\alpha\xi)} \end{cases}$$

因为 $\dfrac{\xi(1-\xi)(1-\gamma)}{2(2-2\xi+\alpha\xi)} < p \leqslant \dfrac{(1-\gamma)\xi}{4}$，所以该情况不存在。

（2）

$$\begin{cases} \dfrac{1-\gamma}{4} \geqslant \dfrac{p}{\xi} \\[3mm] \dfrac{(1-\gamma)(1-\xi)+2\alpha p}{4[1-(1-\alpha)\xi]} \geqslant \dfrac{p}{\xi} \end{cases} \rightarrow \begin{cases} p \leqslant \dfrac{(1-\gamma)\xi}{4} \\[3mm] p \leqslant \dfrac{\xi(1-\xi)(1-\gamma)}{2(2-2\xi+\alpha\xi)} \end{cases}$$

所以当 $0 < p \leqslant \dfrac{\xi(1-\xi)(1-\gamma)}{2(2-2\xi+\alpha\xi)}$ 时，平台的订阅费为 $s_n^{M*} = \dfrac{(1-\gamma)(1-\xi)+2\alpha p}{4[1-(1-\alpha)\xi]}$。

（3）

$$\begin{cases} \dfrac{1-\gamma}{4} \geqslant \dfrac{p}{\xi} \\ \dfrac{(1-\gamma)(1-\xi)+2\alpha p}{4[1-(1-\alpha)\xi]} < \dfrac{p}{\xi} \end{cases} \rightarrow \begin{cases} p \leqslant \dfrac{(1-\gamma)\xi}{4} \\ p > \dfrac{\xi(1-\xi)(1-\gamma)}{2(2-2\xi+\alpha\xi)} \end{cases}$$

所以当 $\dfrac{\xi(1-\xi)(1-\gamma)}{2(2-2\xi+\alpha\xi)} < p \leqslant \dfrac{(1-\gamma)\xi}{4}$ 时，平台的订阅费为 $s_n^{M*} = \dfrac{p}{\xi}$。

（4）

$$\begin{cases} \dfrac{1-\gamma}{4} < \dfrac{p}{\xi} \\ \dfrac{(1-\gamma)(1-\xi)+2\alpha p}{4[1-(1-\alpha)\xi]} < \dfrac{p}{\xi} \end{cases} \rightarrow \begin{cases} p > \dfrac{(1-\gamma)\xi}{4} \\ p > \dfrac{\xi(1-\xi)(1-\gamma)}{2(2-2\xi+\alpha\xi)} \end{cases}$$

所以当 $p > \dfrac{(1-\gamma)\xi}{4}$ 时，平台的订阅费为 $s_n^{M*} = \dfrac{1-\gamma}{4}$。证毕。

根据图 5-14（a），我们发现在考虑混合用户群体时，若平台采用用户订阅模式，无论盗版内容价格如何，平台始终会提供创作资金奖励以鼓励内容提供者努力创作，使其产出更多的高质量内容。影响 App 平台用户流量的因素主要有三个：高质量内容的数量、用户获取高质量内容的成本，以及与盗版内容的竞争。相比于不鼓励内容提供者努力创作，鼓励内容提供者努力创作可使其提供更多的高质量内容，加强平台正版内容与盗版内容的竞争，吸引更多的用户。随着高质量内

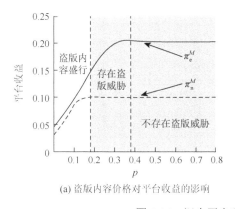

(a) 盗版内容价格对平台收益的影响

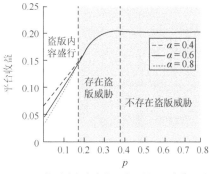

(b) 接受盗版内容的用户比例对平台收益的影响

图 5-14 混合用户群体下平台收益的分析

容数量的增加，用户加入平台可获得更高价值的内容，因此平台可提高订阅费的价格。二者的结合促使平台在鼓励内容提供者努力创作时可获取更高的收益。

图5-14（b）体现了接受盗版内容的用户比例对平台收益所产生的影响。盗版内容盛行时，随着接受盗版内容用户比例的升高，平台的收益逐渐降低。关于对接受盗版内容的用户比例的分析，这一结论比较直观。接受盗版内容的用户数量越多，盗版内容盛行（价格较低）时，平台损失的用户流量就越多，这就难免会造成平台收益的损失。

图5-15（a）体现了盗版内容价格和接受盗版内容用户的比例对App平台提供的单位创作资金奖励所产生的影响。我们发现，在盗版内容盛行时，若盗版内容价格较低，则接受盗版内容的用户比例越高，平台提供的单位创作资金奖励越高；若盗版内容价格较高，则接受盗版内容的用户比例越高，平台提供的单位创作资金奖励反而越低。在盗版内容盛行时，平台鼓励内容提供者努力创作，但前提是必须满足内容提供者的参与约束。内容提供者的收益主要与平台提供的单位创作资金奖励和购买正版内容的用户流量相关。盗版内容价格过低时，接受盗版内容的用户比例越高，平台流失的用户数量就越多，即购买正版内容的用户数量就越少。为满足内容提供者的参与约束，平台必须提供更高的单位创作资金奖励才能弥补流量的损失。但随着盗版内容价格的升高，盗版内容的价格优势逐渐消失，用户逐渐转向购买正版内容，且接受盗版内容的用户比例越高，返购正版内容的用户增量就越多。基于用户数量的增加，平台便可降低其提供的单位创作资金奖励。

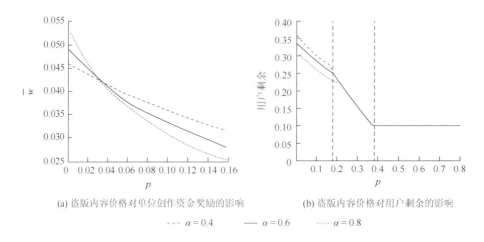

(a) 盗版内容价格对单位创作资金奖励的影响   (b) 盗版内容价格对用户剩余的影响

--- $\alpha = 0.4$ —— $\alpha = 0.6$ ····· $\alpha = 0.8$

图5-15 混合用户群体下单位创作资金奖励和用户剩余的分析

图5-15（b）体现了盗版内容盛行时，接受盗版内容的用户比例对用户剩余所

产生的影响。我们发现，接受盗版内容的用户比例越高，整体的用户剩余越高。影响整体用户剩余的因素主要包括可获取的高质量内容的数量、获取的高质量内容的成本以及能够获取高质量内容的用户数量。若盗版内容价格较低，盗版内容的出现不仅可降低用户获取高质量内容的成本，同时也可让原本负担不起高质量内容的用户以低廉的价格购买盗版内容，接受盗版内容的用户比例越高，盗版内容吸引的用户数量就越多，因此带来了更多的用户剩余。

5.7　本　章　小　结

本章考虑盗版内容的存在，盗版内容是通过模仿平台的高质量内容而产生的，通常会抢夺平台的用户，造成平台的用户流量及收益的损失。本章立足于 App 平台，分析盗版内容价格对平台单位创作资金奖励决策的影响，比较研究广告盈利模式下和用户订阅模式下平台的收益，分析平台的最优营收模式及条件，并得到了如下管理启示。

（1）若平台的边际广告收益低于用户的广告敏感程度，平台不宜采用广告盈利模式。由于平台的边际广告收益低且对用户的干扰程度大，面对盗版内容对平台用户的抢夺，平台收益无法负担创作资金奖励。缺乏创作激励，内容提供者创作的高质量内容稀少，为平台带来的收益极低，极大地损害了用户剩余。所以，平台此时应选择用户订阅模式。

（2）若平台的边际广告收益不低于用户的广告敏感程度，平台应采用广告盈利模式。广告盈利模式下平台的边际收益高且用户数量多，而且面对盗版内容对用户的抢夺，平台必须提供创作资金奖励，使内容提供者产出更多的高质量内容以吸引更多用户，加强与盗版内容的竞争，实现更高的收益。

（3）平台提供的单位创作资金奖励受到盗版内容的影响。盗版内容价格较低时，随着盗版内容价格的上升，平台可适度降低单位创作资金奖励，但是盗版内容价格适中时，平台需根据盗版内容价格的上升而提高创作资金奖励，保障内容提供者的创作积极性。

第6章　数字经济下企业的预订销售定价策略

6.1　引　　言

数字技术的发展为企业使用预订销售定价策略（以下简称预售策略）提供了良好的环境。数字经济下，企业拥有了更多样的在线渠道和对消费者及更大的对销售数据的分析能力。数字技术为企业提供了更多市场触达和精准营销的机会。预售策略作为一种营销手段，能够通过提前收集顾客需求、评估市场反应和获取资金，帮助企业降低风险、加快产品研发和推广速度。数字经济为预售策略提供了便利的技术基础和市场环境，同时预售策略也通过数字经济的发展得到了更多的支持，二者相互促进、相互依赖，共同推动了企业管理的创新与发展。

预售策略是指企业为消费者提供在消费时间之前购买的机会（Xu and Dukes，2016）。随着数字技术的发展，预售策略被使用得更为普遍。这种做法通常包括两个时期：预售期（产品被消费之前的阶段）和现货销售期（产品被消费的阶段，以下简称现售期）。在这两个时期，企业分别提供预售价格和现货价格。消费者可以决定是在预售期预购还是等到现售期再购买。目前，随着信息技术的快速发展，预售策略已经在航空、旅游、娱乐、体育游戏、书籍、电子产品和媒体产品等许多类别中取得成功并变得更加流行（Shugan and Xie，2000，2004）。对于服务行业，常见的以预售策略销售的服务有酒店预订、旅游预订、票务预订等。以火车票预售为例，自订票网站中国铁路 12306（www.12306.cn）2011 年 6 月 12 日开通网络购票业务起，网络及电话预订火车票已经成为火车票主要的销售渠道。据《郑州晚报》2013 年 1 月 15 日的报道，铁道部[①]统计，当日 12306 购票网站被点击 15.1 亿次；1 小时最高售 30 万张票。其日点击量相当于全国人民每人点击一次。1 月 16 日，12306 网站售票高达 285.5 万张，连续 3 天刷新了当年春运车票开售以来互联网售票的最高纪录。网上支付占全路客票发售总量的比重已经接近 40%，甚至超过了窗口售票比重。对于生产制造行业，常见的以预售策略销售的产品有汽车、新型电子产品等。以苹果公司推出的 iPhone 手机为例，据香港《文汇报》2012 年 9 月 21 日的报道，iPhone 4 首日预售 60 万部，iPhone 4S 首日预售 100 万部，而 iPhone 5 首日预售超过 200 万部。中国最大的在线零售平台淘宝在 2009 年就已经推出了 11 月 11 日（单身日）的"双

---

① 2013 年 3 月，组建国家铁路局，不再保留铁道部。

十一"预售活动。淘宝通常从 10 月 21 日开始做预售的广告。在预售期间，零售商为预售订单提供令人兴奋的价格折扣，交货日期通常是在 11 月 11 日之后。在中国，单日促销活动的收入从 2009 年的不超过 1 亿美元迅速增长到 2017 年的 1682 亿美元。

在过往的"双十一"活动中，除了淘宝，各个电商平台也会提前开展各种形式的预售活动，通过预售提前锁定用户购买力。例如，淘宝提供订金立减的分阶段付款预售方式，京东提供订金翻倍、订金抵现、尾款立减、件数阶梯等预售形式。细心的用户可能已经发现，"双十一"的预售并不是我们传统意义上为了解决"库存积压"而提前销售的形式，现在的预售更多的是一种促销活动，提前锁定用户，让用户感知提前下单可以享受优惠。淘宝的预售活动（分阶段付款预售）同时提供首页强曝光、预售活动专场活动页。淘宝预售活动提供针对存货单位（stock keeping unit，SKU）级别的商品配置，即在标准产品单元（standard product unit，SPU）下可以挑选参与预售的 SKU。预售活动商品在预售期间不能按照非预售商品售卖。不过企业可以通过新建商品的方式参与预售，同时将对应的商品作为非预售商品正常售卖。总的来说，电商平台的预售就是将有一定优惠力度的商品提前让用户用订金的形式进行交易，也就是用户通过订金提前锁定活动商品。

直观地说，与传统的销售策略相比，预售策略使企业有机会提供两种价格来吸引消费者。这样，企业就可以创造价格歧视，从而获取更多的剩余（Xu and Dukes，2016）。然而，确定这两个价格的时机可能根据具体的销售方案而有所不同。特别是在实践中，有两种主要的现行定价方案。一种是动态定价方案，即企业在预售期和现售期开始时依次提供两个零售价格。例如，亚马逊宣布电子书阅读器 Kindle 2 的预售价格为 359 美元，而现货价格降至 299 美元（Carnoy，2009）。沃尔玛在发售前不久将 myTouch 3G 幻灯片的预售价格从 199.99 美元降至 129.99 美元（Li and Zhang，2013）。另一种是价格承诺方案，即企业在预售期开始时同时设定两个时段的零售价格；也就是说，企业可能更愿意给提前购买产品的消费者一些折扣（如"早鸟"价）（Zhao and Pang，2011）。

由此可见，无论是票务预售还是商品预售，预售在生活中都是非常普遍的营销模式。因此对预售的理论研究对于指导销售商优化定价决策，合理进行产能或库存管理，从而提升利润，具有重要意义。我们将先从简单的基础的最优预售策略讲起，再以此为基础讨论考虑产品质量和消费者适合度不确定情况下的最优预售策略。

6.2　基础的最优预售策略

6.2.1　问题建模

我们先考虑一种简单的情况，消费者在消费时存在两种可能的状态：有利的状态和不利的状态。例如，企业对某场球赛的门票提供预售，想要观看球赛的人面临的选择是在预售期购票或临近比赛时购票。两种选择的区别在于预售期的门票购买者无法确定球赛当天的天气情况。如果是晴天，观众有较好的观赛体验，这种情况下，顾客观赛的效用较高，我们称之为有利的状态；如果下雨，观众的观赛体验较差，这种情况下，顾客观赛的效用较低，我们称之为不利的状态。在有利的状态下，消费者将有 p_F 的支付意愿或预留价格。在不利的状态下，消费者的支付意愿是 p_U，$p_U < p_F$。因此，消费者将根据消费时的状态，支付期望预留价格（expected reservation price，ERP）或者 p_U。虽然消费者不确定会出现哪种消费状态，但他们预计有利的状态会出现的概率为 q。因此在预售期消费者会支付期望预留价格 $ERP = qp_F + (1-q)p_U$。最终，当我们同时在预售期和现售期销售时，消费者将选择在他们的剩余价值（效用减去实际价格）最大的时期去购买。

对于企业，其有一个边际成本 $C < p_U$，p_U 与增加的每单位销售量相关。我们知道 p_F、p_U 和 q。鉴于消费者决定最大化盈余，只有五种可能的策略需要考虑。

（1）预售定价策略：企业只在预售期销售，且定价为 ERP。

（2）现货定价策略：企业只提供现货销售方式，且定价为 p_U。

（3）现货定价策略：企业只提供现货销售方式，且定价为 p_F。

（4）组合策略：企业提供预售和现货销售两种方式，且定价分别为 ERP 和 p_U。

（5）组合策略：企业提供预售和现货销售两种方式，且定价分别为 ERP 和 p_F。

6.2.2　消费者同质市场下的最优预售策略

我们假设企业在预售开始之前就宣布他们的定价策略。我们还假设，当企业宣布一个价格后，其会遵守承诺，不会轻易改变价格。由于所有消费者都是同质的，所以消费者在预售期都有相同的 ERP（即消费者是同质的），但在消费期，一些消费者的估值为 p_F，而另一些消费者的估值为 p_U。我们可以得到定理 6.1 和引理 6.1、引理 6.2。

定理 6.1　若所有消费者在预售期（而不是消费期）都是同质的，企业通过仅提供以 ERP 定价的预付款来最大化利润，前提是消费者处于不利状态时的企业的预售价格仍然超过了企业的单位成本（Shugan and Xie，2000）。

证明　假设三种纯策略的利润为 π_{ERP}（预售定价）、π_{p_U} 和 π_{p_F}（两种现货定价）。当 $C < p_U$ 时，策略（1）（预售定价策略）是最好的，因为

$$\pi_{ERP} - \pi_{p_U} = (ERP - C)M - (p_U - C)M = q(p_F - p_U)M > 0$$

$$\pi_{ERP} - \pi_{p_F} = (ERP - C)M - q(p_F - C)M = (1-q)(p_U - C)M > 0$$

两种现货定价策略的区别是

$$\pi_{p_F} - \pi_{p_U} = q(p_F - C)M - (p_U - C)M$$

如果 $q > \dfrac{p_U - C}{p_F - C}$，那么 $\pi_{p_F} > \pi_{p_U}$。

两种组合策略的利润相当于纯预售或纯现货定价。例如，以 ERP 的价格销售预售票，以 p_U 的价格销售现货票，就相当于只以 p_U 的价格销售现货票，因为所有的消费者都会进行现货购买。

定理 6.1 揭示，若潜在消费者在预售期（而不是消费期）是同质的，则我们以 ERP 的价格提供预售票比任何现货定价都会获得更多的利润。额外的利润来自让所有潜在的消费者以预售票的价格购买。不难发现，ERP $> p_U$。额外利润来自消费者不确定未来消费状态时与企业的交易。在消费时，企业无法从处于不利状态的客户那里获得 p_F 的价格。

当考虑消费者市场大小为 M 时，得到引理 6.1 和引理 6.2。

引理 6.1　与高现货价格 p_F 相比，提供预售价格 ERP 可使利润提高 $(1-q)(p_U - C)M$（Shugan and Xie，2000）。

引理 6.2　与低现货价格 p_U 相比，提供预售价格 ERP 可使利润提高 $q(p_F - p_U)M$（Shugan and Xie，2000）。

引理 6.1 表明，与高现货价格相比，提供预售价格会产生更大的利润，而这些更大的利润是 p_U 和 C 之间的差值的函数。在消费期之前预售允许我们以高于 p_U 的价格，即 ERP，出售门票给消费者。这种差异，即 $p_U - C$，代表了向随后将处于不利状态的消费者出售门票的优势。随着这种差异的缩小，吸引这些消费者的优势也会减小。当 C 超过 p_U 时，$\pi_{ERP} - \pi_{p_F} < 0$。因此，预售票没有优势，而高现货价格会产生更大的利润。引理 6.2 表明，与较低的现货价格相比，采取预售策略会产生更大的利润，而更大的利润是 p_F 和 p_U 之间差异的函数。这个差异代表了消费者在不同状态下的预售价格的差异。随着两种消费状态之间的效用差异的增大，ERP 和 p_U 之间的差异也在增大。因此，随着这些状态的差异的增大，我们以预售价格 ERP 出售能比以现货价格 p_U 出售获得更多的利润。

到目前为止，我们还没有讨论第（4）种和第（5）种策略，即预售定价和现货定价的组合策略。对于同质市场，这些策略没有提供任何优势。提供预售价格 ERP 和现货价格 p_U 相当于只提供现货价格，因为所有的消费者都会等待购买现货。因此，唯一可行的组合策略是提供预售价格 ERP 和现货价格 p_F。考虑后一种策略，在预售期，所有客户都会以预售价格 ERP 购买预售票，没有客户会等待以 p_F 的价格购买现货票。因此，除非消费者是异质的，组合策略提供的利润并不会比只提供预售价格带来更大的利润。

为简单起见，我们之前的讨论只允许两种可能的消费状态。多重消费状态也是有可能的。定理 6.2 给出了在多重消费状态下的预售优势的一个充分但不必要的条件。

定理 6.2　若消费者觉得一项服务的未来估值（或预售价格）均匀分布在 a 和 b 之间，$b > a$，则当边际成本 C 足够低时，$C < a$，预售定价会比单独现货定价带来更高的利润。因此，多种消费状态并不会改变我们之前的研究结果（Shugan and Xie，2000）。

证明　未来的预期均匀分布在 a 和 b 之间。对于一种纯现货的策略来说，利润是

$$\Pi_s = (p_s - C)\frac{b - P_s}{b - a}M$$

最优预售价格（唯一的）和最优现货价格（唯一的）是

$$p_a^* = \frac{a + b}{2}$$

$$p_s^* = \frac{b + C}{2}$$

其中，$C < b$。预售定价策略和现货定价策略之间的利润差异是

$$\Delta\Pi = \Pi_a - \Pi_s = \left(\frac{a + b}{2} - C\right)M - \left(\frac{b + C}{2} - C\right)M\int_{p_s^*}^{b} f(u)\mathrm{d}u$$

因为 $C < a$，所以 $\Delta\Pi > 0$。证毕。

6.2.3　消费者异质市场下的最优预售策略

本节研究一个规模为 M 的市场，其中有两个相同大小的细分市场，规模均为 $\frac{M}{2}$。第一个细分市场相对倾向于有利状态，而第二个细分市场倾向于不利状态。设 q_H 表示第一个细分市场处于有利状态的概率，其处于有利状态的概率较高，即 $q_H \in \left(\frac{1}{2}, 1\right)$。设 q_L 表示第二个细分市场处于有利状态的概率，其处于有利状态的概率较低，即 $q_L \in \left[0, \frac{1}{2}\right)$。当然，$q_L < q_H$。我们用 ERP_H 表示高概率有利状态细分市场的预售价格，即 $\mathrm{ERP}_H = q_H p_F + (1 - q_H)p_U$，用 ERP_L 表示低概率有利状态细分市场的预售价格，即 $\mathrm{ERP}_L = q_L p_F + (1 - q_L)p_U$。不难发现，$\mathrm{ERP}_H > \mathrm{ERP}_L$。不同策略下的定价和收益设定如表 6-1 所示。

当 $C < p_U$ 时，我们可以得到 $\Pi_H > \Pi_C > \Pi_F$，$\Pi_U < \Pi_L$。当 $(1 - q_L)(p_U - C) < (q_H - q_L)(p_F - p_U)$ 时，$\Pi_C > \Pi_L$。其他条件下，$\Pi_C \leqslant \Pi_L$。

表 6-1　不同策略下的定价和收益设定

预售价格	现货价格		
	无	p_U	p_F
无	0	Π_U	Π_F
ERP_L	Π_L	Π_U	Π_L
ERP_H	Π_H	Π_U	Π_C

定理 6.3　只有两种定价策略可以产生较大的利润。策略 1 是预售期价格为 ERP_H 和现售期价格为 p_F。策略 2 是一种纯粹的预售定价策略，所定的预售价格使两个细分市场的消费者都愿意在预售期购买，即预售价格为 ERP_L（Shugan and Xie，2000）。

证明　这两种预售定价策略的利润是

$$\Pi_H = (ERP_H - C)\frac{M}{2}$$

$$\Pi_L = (ERP_L - C)M$$

这两种现货定价策略的利润是

$$\Pi_U = (p_U - C)M$$

$$\Pi_F = (q_H + q_L)(p_F - C)\frac{M}{2}$$

唯一有效的组合策略是以 ERP_H 的价格销售预售票和以 p_F 的价格销售现货票，从而产生利润：

$$\Pi_C = \Pi_H + q_L(p_F - C)\frac{M}{2}$$

所有其他的组合策略都等同于纯预售定价或纯现货定价。例如，以 ERP_H 的价格销售预售票和以 p_U 的价格销售预售票相当于只以 p_U 的价格销售预售票。

假设 $C < p_U$，我们可以得到

$$\Pi_U - \Pi_L = -q_L(p_F - p_U)M < 0$$

$$\Pi_H - \Pi_C = -[q_L(p_F - C)]\frac{M}{2} < 0$$

$$\Pi_C - \Pi_F = (1 - q_H)\frac{\Pi_U}{2} > 0$$

$$\Pi_C - \Pi_L = \left[-(1 - q_L)(p_U - C) + (q_H - q_L)(p_F - p_U)\right]\frac{M}{2}$$

如果 $(q_H - q_L)(p_F - p_U) > (1 - q_L)(p_U - C)$，那么 $\Pi_C - \Pi_L > 0$。

组合策略相对于纯预售定价策略的优势可以表示为

$$\Pi_C - \Pi_L = \left[q_L \Delta - p_U(1 + q_H) + q_H p_F + C \right] \frac{M}{2}$$

其中，$\Delta = (p_U - C) - (p_F - p_U)$。证毕。

定理 6.3 表明，相对于传统的现货销售，纯粹的预售以及组合销售均可以为企业带来利润方面的改善。该定理还明确给出了使企业获得更大利润的定价策略及需要满足的对应条件。在该定理中，第一个潜在的理想策略是组合策略。我们提供一个预售价格 ERP_H，诱导第一个细分市场有利状态下的部分消费者购买。之后，我们向第二个细分市场有利状态下的消费者收取现货价格 p_F。

引理 6.3 策略 1 相对于策略 2 的优势随着 q_H、p_F 和 C 的提高而增大，随 p_U 的降低而增大。q_L 对最优策略的影响是通过 $\Delta = (p_U - C) - (p_F - p_U)$ 调节的（Shugan and Xie，2000）。

引理 6.3 中一个有趣的发现是，q_L 的影响是由 $\Delta = (p_U - C) - (p_F - p_U)$ 调节的。$p_U - C$ 和 $p_F - p_U$ 分别代表预售和细分市场的实际收益。当 $p_U - C > p_F - p_U$ 时，Δ 为正，策略 2 的收益超过策略 1 的收益，此时策略 2 是最优的。当 $p_U - C < p_F - p_U$ 时，情况正好相反。当 $p_U - C = p_F - p_U$ 时，$\Delta = 0$，此时 q_L 对企业判断策略 1 和策略 2 谁更优无影响。

6.2.4　预售策略盈利的机理

预售策略的特征在于购买的时间和消费的时间是可以分离的，而企业通常可以创造这种购买和消费时间的分离并从中利用状态的不确定性进行获利。当消费者在消费之前购买时，他们会基于几个原因而改变自己的行为。例如，他们可能不确定自己未来的收益，以及他们对服务的未来估值。在一些消费状态下，消费者可能对该服务的估值更高。我们以预售为重点，讨论了它的影响。

企业在采用预售策略时具有优势。在消费之前，消费者和企业有几乎相同程度的不确定性，随着消费期的临近，消费者获得的信息，比企业获得的消费者消费状态的信息要多。企业可以通过确定预售期的持续时间（即从门票开放预售到结束预售之间的时间）来影响消费者的不确定性。企业可以通过改变消费期的持续时间（即票证有效的时间段）来影响消费者对消费期内服务估值的不确定性。消费者的不确定性随着消费期的延长而降低，因为消费者有更大的能力控制消费发生。消费者会选择在一个更有利的状态下消费。虽然企业可能会给预售的商品打折，但其可以在预售期以 ERP 销售给更多的客户。以 ERP 购买的客户数量大于在消费期以相同价格购买的客户数量。因此，虽然预售票可能会打折，但较大的销量往往会抵消预售折扣。

如果消费者对产品的估价是异质的，企业可以使用预售来细分市场。企业可以通过提供高于预售折扣价格的现货价格，将预售定价与现货定价相结合。这种策略比单独的现货定价策略能够产生更高的利润。由于消费者的异质性，预售和现货销售允许价格歧视，但可能会限制预售价格的范围。企业必须在以相同价格提前销售给每个消费者获得的利润和细分利润之间妥协。当消费者异质性极端且边际成本高时，组合策略优于纯预售定价策略。

预售定价和现货定价的组合策略通常要求预售票的价格更低，否则，消费者将会等待购买。然而，如果只提供预售票，情况就不同了。企业可以以比现货票的售价更高的价格提供预售票。当企业宣布实施纯粹的预售定价策略或高现货定价策略时，消费者必须相信企业以后不会转身提供更低的现货价格。此外，服务类企业可能会同时提供某种产品的现货价格（付费后立即享受服务）和预售价格（付费后在未来某一时刻享受服务），所以消费者可以每天观察这两种价格。如果一个高现货价格的利润超过了一个低现货价格的利润，企业将承诺一个高现货价格。

6.3　产品质量和消费者适合度不确定情况下的最优预售策略

本节，我们将构建一个新的模型，来考虑经典预售策略模型中两个被忽视的特征，产品质量和消费者适合度。这些特征可能在销售策略上影响企业在两种定价方案下的均衡决策。我们假设消费者对产品的评价受到两个因素的影响：产品质量和消费者适合度。考虑这样一个例子：一个消费者预订了一张网球决赛的门票，在预赛期间，该消费者不知道在最后一场比赛的那天，他是否会有一整天的休息时间，或者是否健康，此外，他不确定决赛选手是否足够有吸引力，也不确定天气是否适合比赛。很明显，这些因素共同决定了消费者对网球比赛的预期，并且只有在决赛临近时才能得到揭晓。然而，显著的差异如下。首先，健康状况和工作条件等因素通常因人而异，消费者可以私下观察到。因此，在本节中，我们将影响消费者对产品评价的个人情况定义为消费者适合度。值得注意的是，这种适合度也可以理解为消费者对产品质量的敏感性，Kwark 等（2017）、Guan 和 Chen（2016）采用了这一观点。其次，天气和入围者对消费者的影响通常是一致的，消费者和企业都可以观察到。例如，很少有人喜欢在下雨天看比赛，更多人喜欢看到是超级巨星的决赛选手。因此，我们将影响产品质量的公共因素称为公共不确定性。

此外，一些消费者可能不知道有提前购买的选择，这意味着他们只能在现货期做出购买决定。这种动态被定义为消费者对预售的有限意识，它在实践中是相当普遍的。以音乐会门票为例,那些总是关注即将到来的音乐会的音乐爱好者可能知道门票的预售开始时间。相比之下,那些通常不注意这些特殊事件的普通消费者可能只是因为路过剧院或收到去过音乐会的朋友的推荐才知道音乐会的消息。因此,在这篇文章中,我们把消费者分成两组,即知情的消费者和不知情的消费者,这取决于他们是否知道提前购买的选择。可以推断,消费者的意识水平的高低直接决定了有多少消费者会在预售期到达,这间接影响了预售的整体效果。然而,这种对预售的认识在之前的文献中没有被充分研究。据我们所知,只有少数文章考虑了知情和不知情的消费者。例如,Zhao 和 Stecke(2011)考虑了知情和不知情的消费者关于提前销售的选择;Yu 等(2015b)假设一些消费者在信息类型上可能是不知情的。

综合这些因素,本章将探讨关于企业预售定价策略的几个新的研究问题。具体而言,我们感兴趣的是公众对产品质量的不确定性、消费者的个人健康状况和预售意识如何影响企业的最优定价选择。考虑一个程式化的模型,在这个模型中,企业通过预售向大众消费者提供产品/服务。企业事先决定是使用动态定价方案还是使用价格承诺方案来销售其产品。在预售期,知情的消费者到达并决定是预订产品还是等到现售期再购买。在现售期,不知情的消费者到达。我们进一步假设消费者适合度表现出两种可能的值——高适合度和低适合度,这两种值只能在产品被消费时才能确定。在预售期,所有知情的消费者对产品的适合度仍不确定。

对于产品质量,也假定其在预售期是不确定的,在现售期才能确定。然而,与每个消费者私下观察到的适合度信息不同,公共不确定性在现售期对两类消费者和企业都是可见的。在现售期,不知情的消费者到达并做出相应的购买决定。此时,所有剩余的消费者都对自己的适合度信息和产品质量相当确定。然而,企业仍然不确定消费者的确切适合度信息。

考虑到企业和消费者的均衡状态决策,我们的分析产生了几个有趣的结果。例如,我们发现在不同的定价方案下,企业的均衡定价策略和收益有显著差异。更重要的是,与不采用预售的方案相比,任何一种定价方案都可能变得无法正常运作。在动态定价方案下,企业当然拥有更多的定价余地,因为企业在观察到确切的质量水平后,可以根据质量实现情况做出价格决策。因此,在现售期,企业要么收取高价只服务于高价值偏好的消费者,要么选择低价同时服务两类消费者。当消费者适合度差异很小时,企业通过设定一个足够低的现货价格来服务整个市场是更有利的。然而,预计到这一点,提前到达的消费者将不再预购产品,除非企业能在预售期提供同样的低价。因此,价格歧视消失了,与不采用预售的方案相比,企业的收益保持不变。与此相反,当适合度差异足够大时,在均衡状态下,企业倾向于设定较高的现货价格,放弃低适合度的消费者。基于此,企业可以在预售期设定一个统一的价格，吸引更多早到的消费者预购产品。在这种情况下，价格歧视出现了，企业采取预售的方式获取更多的剩余。

在价格承诺方案下，企业的均衡定价策略变得更加复杂。它由消费者的私人适合度信息与产品质量之间的均衡状况以及知情与不知情消费者的比例决定。首先，与动态定价方案不同，价格承诺方案要求企业在没有看到产品质量实现情况的情况下事先确定其现货价格。这种不确定性随后导致现货价格与产品质量之间不匹配，进而导致企业的预期收益减少。其次，我们发现，当有更多知情的消费者在预售期到达时，企业的收益会增加。这是因为在这种情况下，知情的消费者会根据他们的预期估值而不是现售期的确切估值来做出购买决策。因此，企业有机会通过调整两期的零售价格来吸引更多的消费者。最后，考虑到产品质量的不确定性对公众的负面影响，价格承诺方案在某些情况下可以主导动态定价方案，这与传统观点相悖。直觉是，尽管价格承诺方案消除了企业的定价灵活性，但它也消除了消费者在现售期等待降价的动机。因此，当公众不确定性的程度较低，知情消费者的数量很大时，价格承诺方案变得有效（与预售相比），并为企业带来更高的回报（与动态定价方案相比）。

当消费者对价格而不是产品质量敏感时，我们还可得出以下隐性结论。研究表明，当消费者对价格具有异质敏感性时，企业采用动态定价方案会比采用价格承诺方案获得更多的剩余。其中，动态定价方案在消费者分化程度较低的情况下是有效的，此时企业会设置较高的预售价格来诱导敏感性较低的知情消费者预购产品，而设置较低的现货价格来吸引所有不知情的消费者购买现货产品。这两个结果都不存在于基础模型中，它突出了价格敏感性和质量敏感性对消费者购买行为和企业在预售情景下的定价策略的明显影响。

6.3.1　问题建模

考虑一个采取预售策略的企业，分别在两个时期销售产品。我们称第一期为预售期，称第二期为现售期。在每个时期，企业选择一个零售价格，以最大化其两期的总收入，但实际的消费只发生在现售期，产品/服务是不可退的。不可退货特征与我们列举的示例一致，如购买的体育赛事、音乐会或航空旅行的门票。此外，对于一些体验产品，公司可能会对其出售给客户的产品实施不可退货策略。消费者会根据他们对预售信息的了解，按顺序到达。我们把在第一期到达的消费者称为知情的消费者，把在第二期到达的消费者称为不知情的消费者。如前所述，这种设置在实践中很普遍，因为有些消费者对预售信息很敏感，而有些则不敏感。不失一般性地，我们将潜在消费者的总数设为 1，其中，知情消费者比例为 $\beta(0 \leqslant \beta \leqslant 1)$，而不知情消费者比例为 $1-\beta$。

1. 预售期

知情的消费者（人数为 β）到达并决定预购该产品或者在现售期购买该产品，消费者购买的剩余为

$$U = \theta q - p \tag{6.1}$$

其中，θ 为消费者适合度；q 为产品质量；p 为销售者收取的零售价。消费者适合度与产品质量的结合在相关文献中被广泛采用，如 Guo（2009），Guo 和 Zhang（2012），Guan 和 Chen（2016），Kwark 等（2017）。在这种结合中，这两个因素共同决定了消费者对某种产品的购买效用。

如前所述，产品质量受一些公共因素的影响，在前期仍存在不确定性。因此，企业和消费者对产品质量 q 有一个先验信念，q 服从 0（最低质量）到 2（最高质量）之间的均匀分布。我们使用随机变量 Q 来表示产品质量，$Q \sim U[0,2]$，q 表示 Q 的真实值。对于消费者适合度，我们也允许它有两个可能的值，可以在现售期实现：高适合度 θ_h 概率为 α，低适合度 θ_l 概率为 $1-\alpha$。我们用随机变量 Θ 来表示消费者适合度，θ 代表其真实值。因此，我们可以推断，在预售期每个消费者对产品质量的期望为 $E(Q)=1$，其适合度期望为 $E(\Theta) = \alpha\theta_h + (1-\alpha)\theta_l$。此外，如果消费者预订了该产品，则他的预期盈余为 $U_a = \alpha\theta_h + (1-\alpha)\theta_l - p_a$，其中下标 a 表示预售期。否则，如果消费者认为在现售期做出购买决定更有利，则他会选择等待并转移到现售期再购买。我们总结了消费者对预售了解情况的类型，见表 6-2。

表 6-2 消费者对预售了解情况的类型

项目	对预售知情	对预售不知情
高适合度	$\alpha\beta$	$\alpha(1-\beta)$
低适合度	$(1-\alpha)\beta$	$(1-\alpha)(1-\beta)$

2. 现售期

不知情的消费者（人数为 $1-\beta$）到达并决定是否购买该产品。此外，那些事先没有购买产品的知情消费者也会在此时期做出购买决定。

如本章引言中的例子所述，在这个阶段，公众不确定性和消费者适合度都得到了实现。因此，消费者购买该产品，当且仅当其购买剩余大于零，且购买剩余为 $U_s = \theta_i q - p_s > 0$ 时，其中 θ_i（$i = h, l$）表示消费者的实际适合度；q 表示实际产品质量；s 表示现售期。请注意，消费者适合度的值是由每个消费者私下观察到的，而产品质量对于销售者和消费者都是可以公开观察到的。这意味着在现售

期，消费者可以根据产品质量和适合度的确切值充分地确认自己的剩余，而企业仍然无法确认消费者的适合度。

综上所述，根据消费者适合度和认知信息将消费者分为四种不同的类型（表 6-2）。在这种情况下，我们具体考虑了两种定价方案。一种是动态定价方案（用 DP 表示），即企业在预售期公布预售价格，在观察到确切的质量水平后，在现售期公布现货价格。另一种是价格承诺方案（用 PC 表示），即企业同时提供两个时段的零售价格。这两种定价方案的博弈序列，即事件的顺序如图 6-1 所示。我们还假设企业和消费者都是风险中性的，目标是使他们的预期利润最大化。企业的生产能力足以满足所有需求，边际生产成本标准化为 0。由于博弈包含多轮策略交互，我们采用逆向归纳（backward induction）法求解子博弈精炼纳什均衡。

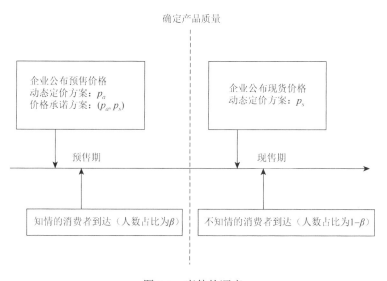

图 6-1　事件的顺序

6.3.2　企业定价策略和消费者购买行为分析

在本节中，我们将推导企业定价策略和消费者的战略购买决策。本节考虑了三种定价策略。首先，我们从企业不采用预售方式销售其产品的基准定价策略入手。这种情况也可以被看作是一种极端的情况，在这种情况下，$\beta=0$。其次，我们研究了两种核心场景，即企业采用动态定价方案和价格承诺方案的场景。

1. 无预售期销售模式

我们首先考虑企业不采用预售策略的情况。在这种情况下，很明显，所有的消费者都会在现售期到来（人数占比为 1），所有的不确定性因素，包括公众的不确定性和个人的适合度，都得到了实现，这样企业在观察了确切的质量水平 q 之后，选择了一个零售价格 p^{NA}。请注意，在这个阶段，消费者也已经确认了他们对产品的适合度：高适合度（θ_h）消费者的比例为 α，而低适合度（θ_l）消费者的比例是 $1-\alpha$。因此，对于每个消费者来说，如果他是高适合度消费者，他从购买中得到的效用为 $\theta_h q - p^{\mathrm{NA}}$；如果他是低适合度消费者，他获得的效用是 $\theta_l q - p^{\mathrm{NA}}$。直观地说，均衡价格的高低与消费者的差异性有显著的关系，消费者的差异性可以用高适合度与低适合度的差距来表示。因此，我们用 $\gamma = \theta_l / \theta_h$ 来表示消费者适合度差异的大小，其中 $\gamma \in (0,1)$。因此，γ 的增加会导致两种类型的消费者之间的适合度差异缩小。当 $\gamma = 1$ 时，差距就消失了，所有的消费者都变得一样了。

命题 6.1 在无预售期的均衡状态下，如果适合度差异较大，$\gamma \leqslant \alpha$，则企业的零售价格为 $p^{\mathrm{NA}} = \theta_h q$，其最优预期收益为 $\pi^{\mathrm{NA}} = \theta_h \alpha$。如果适合度差异较小，$\gamma > \alpha$，则企业的零售价格为 $p^{\mathrm{NA}} = \theta_l q$，其最优预期收益为 $\pi^{\mathrm{NA}} = \theta_l$。

证明 在无预售期情况下，只有现售期。所有的消费者都在现售期到达，$\beta = 0$。最终观察到的产品质量为 q。市场上，对产品具有较高估值的消费者人数为 α，相应地，对产品具有较低估值的消费者人数为 $1-\alpha$。企业要么收取高零售价格 $\theta_h q$ 来吸引 α 的消费者或者收取低零售价格 $\theta_l q$ 来吸引整个市场，整个市场标准化为 1。因此，

$$
p^{\mathrm{NA}} = \begin{cases} \theta_h q, & \dfrac{\theta_l}{\theta_h} \leqslant \alpha \\[3mm] \theta_l q, & \dfrac{\theta_l}{\theta_h} > \alpha \end{cases}
$$

期望收益可以被描述为

$$
\pi^{\mathrm{NA}} = \begin{cases} \theta_h \alpha, & \dfrac{\theta_l}{\theta_h} \leqslant \alpha \\[3mm] \theta_l, & \dfrac{\theta_l}{\theta_h} > \alpha \end{cases}
$$

如命题 6.1 所示，在不预售的情况下，企业的均衡价格非常简单。在该情况下有两种可能的形式。首先，企业设定较高的价格（即 $\theta_h q$），只捕获高适合度的消费者。其次，企业设定一个较低的价格（即 $\theta_l q$）来吸引所有的消费者。在这两种选择之间的权衡完全取决于消费者的适合度差异 γ。当适合度差异较小（$\gamma > \alpha$）时，企业最好设定一个低零售价格来服务所有的消费者。否则，企业应该选择一个足够高的零售价格来服务于部分消费者。请注意，无预售期场景是作为基准案例构建的，接下来，我们将研究另外两种情形：动态定价方案以及价格承诺方案。在这两种不同定价方案下，企业均进行预售。我们还将对这两者与无预售期的情形进行比较。

2. 动态定价方案

在动态定价方案下，企业在不知道确切质量水平的情况下，公布预售价格 p_a^{DP}。之后，企业会根据确切的质量水平，公布现货价格 p_s^{DP}。消费者会依次到达，并做出相应的购买决定。不失一般性地，我们假设当消费者在两个时期有相同的预期剩余时，他会提前购买。通过逆向归纳法，我们首先推导出企业在现售期的均衡价格 p_s^{DP} 和期望收益 π_s^{DP}。

1）现售期

在现售期，产品质量 q 对于销售者和消费者都是确定的且可观察的。因此，消费者只有在剩余非负的情况下才会购买该产品，即 $\theta_i q - p_c^{\mathrm{DP}} \geq 0$，$i = h,l$。考虑到这一点，企业选择最优现货价格以使其在这一时期的收益最大化，这与无预售期情况下的策略相同。也就是说，企业可以设定一个高的价格来捕获高适合度的消费者，也可以设定一个低的价格来捕获这两种消费者，这种决策仍然是由高适合度和低适合度消费者之间的适合度差异驱动的。因此，

$$p_s^{\mathrm{DP}} = \begin{cases} \theta_h q, & \gamma \leq \alpha \\ \theta_l q, & \gamma > \alpha \end{cases} \tag{6.2}$$

除了均衡现货价格外，企业在现售期内的预期收益还取决于这一时期的消费者人数。然而，与无预售期的场景不同的是，现售期的消费者数量是由知情的消费者在预售期的购买决策决定的。也就是说，如果所有知情的消费者都提前购买了产品，那么只有数量为 $1-\beta$ 的人会在现售期出现。由于所有知情消费者在预售期的估值（即估值分布的期望）是同质的，因此他们的购买决策是相同的。我们将这个子博弈标记为 $\{h,l\}$，企业的期望收益如下：

$$\pi_{s,\{h,l\}}^{\mathrm{DP}} = \begin{cases} (1-\beta)\theta_h \alpha, & \gamma \leq \alpha \\ (1-\beta)\theta_l, & \gamma > \alpha \end{cases} \tag{6.3}$$

否则，当所有知情消费者选择等待并在现售期做出购买决定时，所有消费者都停留在现售期。我们将此子博弈标记为 ϕ，企业的预期收益如下：

$$\pi_{s,\phi}^{\mathrm{DP}} = \begin{cases} \theta_h \alpha, & \gamma \leq \alpha \\ \theta_l, & \gamma > \alpha \end{cases} \tag{6.4}$$

很明显，在这个子博弈中，预售是无效的，企业的收益与无预售期情况相同。

2）预售期

继续分析企业的定价决策和知情的消费者在预售期的购买决策。请注意，知情的消费者预购的基本条件是，他预购的预期效用（变量用 EUA 表示）是非负的，并且超过了他等待到现售期的预期效用，即等待预期效用（变量用 EUW 表示）。首先我们提供知情的消费者预购的预期效用，$\mathrm{EUA} = E(\Theta Q) - p_a^{\mathrm{DP}} = \alpha\theta_h + (1-\alpha)\theta_l - p_a^{\mathrm{DP}}$，

其中 $E(Q)=1$。其次我们评估等待预期效用（EUW），这可以基于上述两个可能的子博弈得出。

由式（6.2）可知，当消费者适合度差异较大，即 $\gamma \leq \alpha$ 时，企业将设定一个很高的现货价格。这种动态意味着对于现售期内的任何一种消费者类型，消费者的等待预期效用为 EUW $=0$。因此，当 $\gamma \leq \alpha$ 时，知情的消费者将接受任何预售价格，使他们通过预售获得的效用非负，此时，$p_a^{\mathrm{DP}} = \alpha\theta_h + (1-\alpha)\theta_l$。相反，如果 $\gamma > \alpha$，则企业将在现售期内选择较低的现货价格 $\theta_l q$。这种动态随后使消费者的等待预期效用 EUW $= E\left(\Theta Q - p_s^{\mathrm{DP}}\right) = E\{[\alpha\theta_h + (1-\alpha)\theta_l]Q - \theta_l Q\} = \alpha(\theta_h - \theta_l)$。因此，知情的消费者只有在 $p_a^{\mathrm{DP}} \leq \theta_l$ 时才会选择提前购买，这一结论来自 $[\alpha\theta_h + (1-\alpha)\theta_l] - p_a^{\mathrm{DP}} \geq \alpha(\theta_h - \theta_l)$。考虑到消费者在预售期的反应，企业的均衡定价策略命题 6.2 所示。

命题 6.2　在动态定价方案下的均衡状态中，如果适合度差异较大，即 $\gamma \leq \alpha$，预售期和现售期的最优价格是 $p_a^{\mathrm{DP}} = \alpha\theta_h + (1-\alpha)\theta_l$ 和 $p_s^{\mathrm{DP}} = \theta_h q$，最优期望收益为 $\pi^{\mathrm{DP}} = \alpha\theta_h + \beta(1-\alpha)\theta_l$。如果适合度差异较小，即 $\gamma > \alpha$，预售期和现售期的最优价格是 $p_a^{\mathrm{DP}} = \theta_l$ 和 $p_s^{\mathrm{DP}} = \theta_l q$，最优期望收益为 $\pi^{\mathrm{DP}} = \theta_l$。

证明　在动态定价方案下，我们通过逆向归纳法来求解均衡问题。在现售期，有两个子博弈 $\{h,l\}$ 和 ϕ。

对于子博弈 $\{h,l\}$，

$$p_{s,\{h,l\}}^{\mathrm{DP}}(q) = \begin{cases} \theta_h q, & \gamma \leq \alpha \\ \theta_l q, & \gamma > \alpha \end{cases}, \quad \pi_{s,\{h,l\}}^{\mathrm{DP}} = \begin{cases} (1-\beta)\theta_h \alpha, & \gamma \leq \alpha \\ (1-\beta)\theta_l, & \gamma > \alpha \end{cases} \quad （6.5）$$

对于子博弈 ϕ，

$$p_{s,\phi}^{\mathrm{DP}}(q) = \begin{cases} \theta_h q, & \gamma \leq \alpha \\ \theta_l q, & \gamma > \alpha \end{cases}, \quad \pi_{s,\phi}^{\mathrm{DP}} = \begin{cases} \theta_h \alpha, & \gamma \leq \alpha \\ \theta_l, & \gamma > \alpha \end{cases} \quad （6.6）$$

在预售期，知情消费者提前购买的预期效用为 EUA $= E\{[\alpha\theta_h + (1-\alpha)\theta_l] \times Q - p_a^{\mathrm{DP}}\} = \alpha\theta_h + (1-\alpha)\theta_l - p_a^{\mathrm{DP}}$。根据子博弈 $\{h,l\}$ 和 ϕ 的结果，有两种情况。

情况一：如果 $\gamma \leq \alpha$，企业设置一个高的现货价格，即 $p_s^{\mathrm{DP}} = \theta_h q$。消费者的等待预期效用为零，即 EUW $=0$。因此，如果适合度差异较大（$\gamma \leq \alpha$），企业的零售价格是 $p_a^{\mathrm{DP}} = \alpha\theta_h + (1-\alpha)\theta_l$，$p_s^{\mathrm{DP}} = \theta_h q$。期望收益为 $\pi^{\mathrm{DP}} = \beta[\alpha\theta_h + (1-\alpha)\theta_l] + (1-\beta)\alpha\theta_h E(Q) = \alpha\theta_h + \beta(1-\alpha)\theta_l$。

情况二：如果 $\gamma > \alpha$，企业设置一个低的现货价格，即 $p_s^{\mathrm{DP}} = \theta_l q$。消费者的等待预期效用为 EUW $= E[\Theta Q] - p_s^{\mathrm{DP}} = \alpha(\theta_h - \theta_l)$。知情的消费者提前购买，当且仅当 $\alpha\theta_h + (1-\alpha)\theta_l - p_a \leq \alpha(\theta_h - \theta_l)$，这意味着 $p_a \leq \theta_l$。因此，企业的零售价格是 $p_a^{\mathrm{DP}} = \theta_l$，$p_s^{\mathrm{DP}} = \theta_l q$。期望收益为 $\pi^{\mathrm{DP}} = \beta\theta_l + (1-\beta)\theta_l E(Q) = \theta_l$。证毕。

与基准情况（无预售期）相比，在动态定价方案下，只有当适合度差异足够大时，预售才明确表现出对企业有利。在这种情况下，企业会设定一个相对较低的预售价格来诱导知情消费者预购产品，而设定一个相对较高的价格来吸引不知情的高适合度消费者。这就产生了价格歧视，企业可以成功区分不同的消费者，从预售中获取额外的剩余。此外，当有更多知情的消费者时，企业的收益也会增加。直觉上，当预售期有更多的消费者参与时，企业可以通过设定较低的价格从低适合度消费者那里获取更多的剩余。然而，当适合度差异较小时，如命题 6.2 所示，企业定价策略在两个时期内保持一致，在此期间，企业将收取较低的预售价格（即 $p_a^{\mathrm{DP}} = \theta_l$）和较低的现货价格（即 $p_s^{\mathrm{DP}} = \theta_l q$）来服务这两类消费者。这就使得知情的消费者在预售期购买，因为从"事先"视角来看，预售价格和现货价格是无法区分的，即 $E\left(p_a^{\{\mathrm{DP}\}}\right) = E\left(p_s^{\{\mathrm{DP}\}}\right)$。无预售期与动态定价方案下的预期收益的进一步比较包含在图 6-2 和推论 6.1 中。然而，我们发现，如果企业采用价格承诺方案下的预售，所有这些结果不再成立。

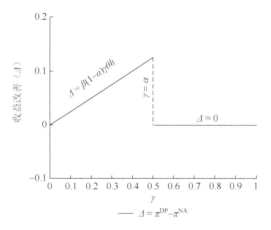

图 6-2　动态定价方案相对于无预售期的收益改善

推论 6.1　如果 $\alpha < \gamma \leqslant 1$，在无预售期情况下企业的预期收益等价于动态定价方案下的预期收益。如果 $0 < \gamma \leqslant \alpha$，动态定价方案是有效的。在这种情况下，预期收益的提高幅度（$\pi^{\mathrm{DP}} - \pi^{\mathrm{NA}}$）是 $\beta(1-\alpha)\theta_l$，关于 β 和 γ 递增（给定 θ_h），关于 α 递减。

证明　前文所说无预售期的预期收益为

$$\pi^{\mathrm{NA}} = \begin{cases} \theta_h \alpha, & \gamma \leqslant \alpha \\ \theta_l, & \gamma > \alpha \end{cases}$$

动态定价方案的预期收益为

$$\pi^{\mathrm{DP}} = \begin{cases} \alpha\theta_h + \beta(1-\alpha)\theta_l, & \gamma \leqslant \alpha \\ \theta_l, & \gamma > \alpha \end{cases}$$

因此，期望收益的差为

$$\pi^{DP} - \pi^{NA} = \begin{cases} \beta(1-\alpha)\theta_l, & \gamma \leqslant \alpha \\ 0, & \gamma > \alpha \end{cases}$$

证毕。

3. 价格承诺方案

在价格承诺方案下，企业在预售期开始时同时公布预售价格 p_a^{PC} 和现货价格 p_s^{PC}。值得注意的是，现货价格在整个销售期不会改变，即使它可能与现售期间实现的产品质量不匹配。从这个意义上说，价格承诺方案可以被看作是一个标准的两阶段 Stackelberg 博弈：首先企业提供它的零售价格，其次消费者做出相应的购买决策。因此，我们从追随者（消费者）的购买决策开始分析。

在价格承诺方案下，知情的消费者决定是提前购买还是等待，这取决于消费者对现售期可能的收益的评估。这与动态定价方案有很大不同，在动态定价方案中，知情的消费者必须考虑企业在现售期的可能反应。因此，我们可以推导出知情的消费者会提前购买，当且仅当

$$E(\Theta Q - p_a) \geqslant \alpha E\max(\theta_h Q - p_s, 0) + (1-\alpha)E\max(\theta_l Q - p_s, 0) \qquad （6.7）$$

否则，知情的消费者会选择等待，在现售期做出决定。对于不知情的消费者，他们的购买决策非常简单，并且遵循与前面场景相同的原则。也就是说，只有当他们的剩余是非负的，他们才会购买这些产品，$\theta_i q - p_s^{PC} \geqslant 0$。

以式（6.7）为基准，企业的预期收益 $\Pi^{PC}(p_a, p_s)$ 如下：

$$\Pi^{PC}(p_a, p_s) = \begin{cases} \beta p_a + (1-\beta)p_s[\alpha\Pr(\theta_h Q \geqslant p_s) + (1-\alpha)\Pr(\theta_l Q \geqslant p_s)], \\ \quad p_a \leqslant E(\Theta Q) - E\max(\Theta Q - p_s, 0) \\ p_s[\alpha\Pr(\theta_h Q \geqslant p_s) + (1-\alpha)\Pr(\theta_l Q \geqslant p_s)], \\ \quad p_a > E(\Theta Q) - E\max(\Theta Q - p_s, 0) \end{cases} \qquad （6.8）$$

企业同时决定其预售价格和现货价格（p_a^{PC} 和 p_s^{PC}）以使价格承诺方案下的利润最大化。式（6.8）表明，期望收益根据 p_a^{PC} 和 p_s^{PC} 的比较表现出两种可能的形式：第一，如果企业选择相对较低的预售价格 p_a，则企业的收益是由两种零售价格共同决定的。因为在这种情况下，企业的收益 Π^{PC} 关于预售价格 p_a 单调递增，我们可以进一步用 p_s^{PC} 表示 p_a^{PC}，其中 $p_a^{PC}(p_s) = E(\Theta Q) - E\max(\Theta Q - p_s, 0)$，企业的预期收益 $\Pi^{PC}(p_s) = \beta p_a^{PC}(p_s) + (1-\beta)p_s[\alpha\Pr(\theta_h Q \geqslant p_s) + (1-\alpha)\Pr(\theta_l Q \geqslant p_s)]$。第二，如果企业决定收取足够高的预售价格，就会促使所有消费者在现售期购买。因此，企业的收益仅取决于现货价格，收益为 $\Pi^{PC}(p_s) = p_s[\alpha\Pr(\theta_h Q \geqslant p_s) + (1-\alpha)\times \Pr(\theta_l Q \geqslant p_s)]$。在这种情况下，可以证明在价格承诺方案下企业的最优定价策略完

全取决于现货价格。比较这两种选择，命题 6.3 推导出在价格承诺方案下企业的均衡现货价格和收益。

命题 6.3　在价格承诺方案下的均衡状态中，如果适合度差异大，$\gamma \leqslant \dfrac{\alpha}{1+\alpha}$，最优预售价格和现货价格为 $p_a^* = (1-\alpha)\theta_l + \dfrac{\alpha(3-2\beta)\theta_h}{(2-\beta)^2}$ 和 $p_s^* = \dfrac{2\theta_h}{2-\beta}$，最优期望收益为 $\pi^{\mathrm{PC}} = \dfrac{\alpha\theta_h}{2-\beta}$。如果适合度差异小，$\gamma > \dfrac{\alpha}{1+\alpha}$，最优预售价格和现货价格为

$$p_a^* = \frac{(3-2\beta)\theta_h\theta_l}{(2-\beta)^2[(1-\alpha)\theta_h + \alpha\theta_l]} \text{ 和 } p_s^* = \frac{2\theta_h\theta_l}{(2-\beta)[(1-\alpha)\theta_h + \alpha\theta_l]}, \quad \text{最优期望收益为}$$

$$\pi^{\mathrm{PC}} = \frac{\theta_h\theta_l}{(2-\beta)[(1-\alpha)\theta_h + \alpha\theta_l]}\text{。}$$

证明　有两个子博弈，知情消费者在预售期购买或等待至现售期再购买。我们分别使用 $\{h,l\}$ 和 ϕ 来表示它们。子博弈 ϕ 表示无预售期场景。因此，我们跳过了对子博弈 ϕ 的分析。我们分别用 p_a 和 p_s 表示预售价格和现货价格。根据价格承诺方案，p_a 和 p_s 将在预售期公布。根据消费者的预期效用，所有知情消费者在预售期购买的子博弈条件如下：

$$E(\Theta Q) - p_a \geqslant \alpha E\max(\theta_h Q - p_s, 0) + (1-\alpha)E\max(\theta_l Q - p_s, 0) \quad (6.9)$$

因为 $0 < 2\theta_l < 2\theta_h$，我们考虑如下三种情况。

情况一：$0 \leqslant p_s < 2\theta_l$。

不难发现 $0 \leqslant \dfrac{p_s}{\theta_h} \leqslant \dfrac{p_s}{\theta_l} < 2$。部分高价值的消费者和部分低价值的消费者在现售期购买。不等式（6.9）可以表示为

$$\alpha\theta_h + (1-\alpha)\theta_l - p_a \geqslant \frac{\alpha(2\theta_h - p_s)^2}{4\theta_h} + \frac{(1-\alpha)(2\theta_l - p_s)^2}{4\theta_l}$$

对于子博弈 $\{h,l\}$，所有的知情消费者在条件 $p_a \leqslant \alpha\theta_h + (1-\alpha)\theta_l - \dfrac{\alpha(2\theta_h - p_s)^2}{4\theta_h} - \dfrac{(1-\alpha)(2\theta_l - p_s)^2}{4\theta_l}$ 下都会在预售期购买。因此，企业的收益函数为

$$\Pi^{\mathrm{PC}}(p_a, p_s) = \begin{cases} \beta p_a + (1-\beta)[\alpha\Pr(\theta_h Q \geqslant p_s)p_s + (1-\alpha)\Pr(\theta_l Q \geqslant p_s)p_s], \\ \quad p_a \leqslant \alpha\theta_h + (1-\alpha)\theta_l - \dfrac{\alpha(2\theta_h - p_s)^2}{4\theta_h} - \dfrac{(1-\alpha)(2\theta_l - p_s)^2}{4\theta_l} \\ \alpha\Pr(\theta_h Q \geqslant p_s)p_s + (1-\alpha)\Pr(\theta_l Q \geqslant p_s)p_s, \\ \quad p_a > \alpha\theta_h + (1-\alpha)\theta_l - \dfrac{\alpha(2\theta_h - p_s)^2}{4\theta_h} - \dfrac{(1-\alpha)(2\theta_l - p_s)^2}{4\theta_l} \end{cases}$$

即

$$\Pi^{PC}(p_a, p_s) = \begin{cases} \beta p_a + (1-\beta)\left[\dfrac{\alpha(2\theta_h - p_s)p_s}{2\theta_h} + \dfrac{(1-\alpha)(2\theta_l - p_s)p_s}{2\theta_l}\right], \\ \qquad p_a \leq \alpha\theta_h + (1-\alpha)\theta_l - \dfrac{\alpha(2\theta_h - p_s)^2}{4\theta_h} - \dfrac{(1-\alpha)(2\theta_l - p_s)^2}{4\theta_l} \\ \dfrac{\alpha(2\theta_h - p_s)p_s}{2\theta_h} + \dfrac{(1-\alpha)(2\theta_l - p_s)p_s}{2\theta_l}, \\ \qquad p_a > \alpha\theta_h + (1-\alpha)\theta_l - \dfrac{\alpha(2\theta_h - p_s)^2}{4\theta_h} - \dfrac{(1-\alpha)(2\theta_l - p_s)^2}{4\theta_l} \end{cases}$$

容易证明 $\beta\left[\alpha\theta_h + (1-\alpha)\theta_l - \dfrac{\alpha(2\theta_h - p_s)^2}{4\theta_h} - \dfrac{(1-\alpha)(2\theta_l - p_s)^2}{4\theta_l}\right] + (1-\beta)\left[\dfrac{\alpha(2\theta_h - p_s)p_s}{2\theta_h} + \right.$

$\left. \dfrac{(1-\alpha)(2\theta_l - p_s)p_s}{2\theta_l}\right] \geq \dfrac{\alpha(2\theta_h - p_s)p_s}{2\theta_h} + \dfrac{(1-\alpha)(2\theta_l - p_s)p_s}{2\theta_l}$。

因此，如果 $0 \leq p_s < 2\theta_l$，那么 $\Pi^{PC}(p_s) = -\dfrac{(2-\beta)[(1-\alpha)\theta_h + \alpha\theta_l]}{4\theta_h\theta_l}p_s^2 + p_s$。

情况二：$2\theta_l \leq p_s < 2\theta_h$。

不难发现 $0 \leq \dfrac{p_s}{\theta_h} < 2 \leq \dfrac{p_s}{\theta_l}$。部分估值较高的消费者会在现售期购买。不等式（6.9）可以表示为

$$\alpha\theta_h + (1-\alpha)\theta_l - p_a \geq \frac{\alpha(2\theta_h - p_s)^2}{4\theta_h}$$

对于子博弈 $\{h, l\}$，所有的知情消费者在条件 $p_a \leq \alpha\theta_h + (1-\alpha)\theta_l - \dfrac{\alpha(2\theta_h - p_s)^2}{4\theta_h}$ 下在预售期购买。因此，企业的收益函数为

$$\Pi^{PC}(p_a, p_s) = \begin{cases} \beta p_a + (1-\beta)[\alpha\Pr(\theta_h Q \geq p_s)p_s + (1-\alpha)\Pr(\theta_l Q \geq p_s)p_s], \\ \qquad p_a \leq \alpha\theta_h + (1-\alpha)\theta_l - \dfrac{\alpha(2\theta_h - p_s)^2}{4\theta_h} \\ \alpha\Pr(\theta_h Q \geq p_s)p_s + (1-\alpha)\Pr(\theta_l Q \geq p_s)p_s, \\ \qquad p_a > \alpha\theta_h + (1-\alpha)\theta_l - \dfrac{\alpha(2\theta_h - p_s)^2}{4\theta_h} \end{cases}$$

即

$$\Pi^{PC}(p_a, p_s) = \begin{cases} \beta p_a + (1-\beta)\dfrac{\alpha(2\theta_h - p_s)p_s}{2\theta_h}, & p_a \leq \alpha\theta_h + (1-\alpha)\theta_l - \dfrac{\alpha(2\theta_h - p_s)^2}{4\theta_h} \\ \dfrac{\alpha(2\theta_h - p_s)p_s}{2\theta_h}, & p_a > \alpha\theta_h + (1-\alpha)\theta_l - \dfrac{\alpha(2\theta_h - p_s)^2}{4\theta_h} \end{cases}$$

我们可以证明 $\beta\left[\alpha\theta_h+(1-\alpha)\theta_l-\dfrac{\alpha(2\theta_h-p_s)^2}{4\theta_h}\right]+(1-\beta)\dfrac{\alpha(2\theta_h-p_s)p_s}{2\theta_h}\geqslant$

$\dfrac{\alpha(2\theta_h-p_s)p_s}{2\theta_h}$。如果 $2\theta_l\leqslant p_s<2\theta_h$，那么 $\Pi^{\mathrm{PC}}(p_a,p_s)=\beta\left[\alpha\theta_h+(1-\alpha)\theta_l-\dfrac{\alpha(2\theta_h-p_s)^2}{4\theta_h}\right]+$

$(1-\beta)\dfrac{\alpha(2\theta_h-p_s)p_s}{2\theta_h}=-\dfrac{\alpha(2-\beta)}{4\theta_h}p_s^2+\alpha p_s+\beta(1-\alpha)\theta_l$。

情况三：如果 $p_s\geqslant 2\theta_h$，则

$$\Pi^{\mathrm{PC}}(p_a,p_s)=\begin{cases}\beta p_a+(1-\beta)\left[\alpha\Pr(\theta_hQ\geqslant p_s)p_s+(1-\alpha)\Pr(\theta_lQ\geqslant p_s)p_s\right],&p_a\leqslant\alpha\theta_h+(1-\alpha)\theta_l\\\alpha\Pr(\theta_hQ\geqslant p_s)p_s+(1-\alpha)\Pr(\theta_lQ\geqslant p_s)p_s,&p_a>\alpha\theta_h+(1-\alpha)\theta_l\end{cases}$$

即

$$\Pi^{\mathrm{PC}}(p_a,p_s)=\begin{cases}\beta p_a,&p_a\leqslant\alpha\theta_h+(1-\alpha)\theta_l\\0,&p_a>\alpha\theta_h+(1-\alpha)\theta_l\end{cases}$$

不难发现 $2\leqslant\dfrac{p_s}{\theta_h}<\dfrac{p_s}{\theta_l}$。没有消费者会在现售期购买。上述式子可以表示成

$$\alpha\theta_h+(1-\alpha)\theta_l-p_a\geqslant 0$$

对于子博弈 $\{h,l\}$，所有的知情消费者在条件 $p_a\leqslant\alpha\theta_h+(1-\alpha)\theta_l$ 下会在预售期购买。因此，企业的收益函数可以写成以下形式：如果 $p_s\geqslant 2\theta_h$，那么 $\Pi^{\mathrm{PC}}(p_s)=\beta[\alpha\theta_h+(1-\alpha)\theta_l]$。

综上所述，我们可以得到

$$\Pi^{\mathrm{PC}}(p_s)=\begin{cases}-\dfrac{(2-\beta)[(1-\alpha)\theta_h+\alpha\theta_l]}{4\theta_h\theta_l}p_s^2+p_s,&0\leqslant p_s<2\theta_l\\[3mm]-\dfrac{\alpha(2-\beta)}{4\theta_h}p_s^2+\alpha p_s+\beta(1-\alpha)\theta_l,&2\theta_l\leqslant p_s<2\theta_h\\[3mm]\beta[\alpha\theta_h+(1-\alpha)\theta_l],&p_s\geqslant 2\theta_h\end{cases}$$

$$\dfrac{\mathrm{d}\Pi^{\mathrm{PC}}(p_s)}{\mathrm{d}p_s}=\begin{cases}-\dfrac{(2-\beta)[(1-\alpha)\theta_h+\alpha\theta_l]}{2\theta_h\theta_l}p_s+1,&0\leqslant p_s<2\theta_l\\[3mm]-\dfrac{\alpha(2-\beta)}{2\theta_h}p_s+\alpha,&2\theta_l\leqslant p_s<2\theta_h\\[3mm]0,&p_s\geqslant 2\theta_h\end{cases}$$

$$-\dfrac{(2-\beta)[(1-\alpha)\theta_h+\alpha\theta_l]}{2\theta_h\theta_l}p_s+1\bigg|_{p_s=2\theta_l}=1-(2-\beta)[(1-\alpha)+\alpha\gamma]$$

$$-\dfrac{\alpha(2-\beta)}{2\theta_h}p_s+\alpha\bigg|_{p_s=2\theta_l}=\alpha[1-(2-\beta)\gamma]$$

$$-\dfrac{\alpha(2-\beta)}{2\theta_h}p_s+\alpha\bigg|_{p_s=2\theta_h}=-\alpha(1-\beta)\leqslant 0$$

不难发现 $\dfrac{1-(1-\alpha)(2-\beta)}{\alpha(2-\beta)} \leqslant \dfrac{1}{2-\beta}$，因此，有以下三种情况。

（1）如果 $\gamma \leqslant \dfrac{1-(1-\alpha)(2-\beta)}{\alpha(2-\beta)}$，那么 $p_s^* = \dfrac{2\theta_h}{2-\beta}$。

（2）如果 $\dfrac{1-(1-\alpha)(2-\beta)}{\alpha(2-\beta)} < \gamma \leqslant \dfrac{1}{2-\beta}$，那么 $\Pi^{\mathrm{PC}}\left\{\dfrac{2\theta_h\theta_l}{(2-\beta)[(1-\alpha)\theta_h+\alpha\theta_l]}\right\} =$

$\dfrac{\theta_h\theta_l}{(2-\beta)[(1-\alpha)\theta_h+\alpha\theta_l]}$ 和 $\Pi^{\mathrm{PC}}\left(\dfrac{2\theta_h}{2-\beta}\right) = \dfrac{\alpha\theta_h}{2-\beta}$。容易证明，如果 $\gamma \leqslant \dfrac{\alpha}{1+\alpha}$，那么

$\Pi^{\mathrm{PC}}\left(\dfrac{2\theta_h}{2-\beta}\right) \geqslant \Pi^{\mathrm{PC}}\left\{\dfrac{2\theta_h\theta_l}{(2-\beta)[(1-\alpha)\theta_h+\alpha\theta_l]}\right\}$，此时，$p_s^* = \dfrac{2\theta_h}{2-\beta}$；如果 $\gamma > \dfrac{\alpha}{1+\alpha}$，

那么 $\Pi^{\mathrm{PC}}\left(\dfrac{2\theta_h}{2-\beta}\right) < \Pi^{\mathrm{PC}}\left\{\dfrac{2\theta_h\theta_l}{(2-\beta)[(1-\alpha)\theta_h+\alpha\theta_l]}\right\}$，此时，$p_s^* = \dfrac{2\theta_h\theta_l}{(2-\beta)[(1-\alpha)\theta_h+\alpha\theta_l]}$。

（3）如果 $\gamma > \dfrac{1}{2-\beta}$，那么 $p_s^* = \dfrac{2\theta_h\theta_l}{(2-\beta)[(1-\alpha)\theta_h+\alpha\theta_l]}$。

综上所述，

$$p_s^* = \begin{cases} \dfrac{2\theta_h}{2-\beta}, & 0 < \gamma \leqslant \dfrac{\alpha}{1+\alpha} \\[3mm] \dfrac{2\theta_h\theta_l}{(2-\beta)[(1-\alpha)\theta_h+\alpha\theta_l]}, & \gamma > \dfrac{\alpha}{1+\alpha} \end{cases}$$

$$p_a^* = \begin{cases} (1-\alpha)\theta_l + \dfrac{\alpha(3-2\beta)\theta_h}{(2-\beta)^2}, & 0 < \gamma \leqslant \dfrac{\alpha}{1+\alpha} \\[3mm] \dfrac{(3-2\beta)\theta_h\theta_l}{(2-\beta)^2[(1-\alpha)\theta_h+\alpha\theta_l]}, & \gamma > \dfrac{\alpha}{1+\alpha} \end{cases}$$

$$\pi^{\mathrm{PC}} = \begin{cases} \dfrac{\alpha\theta_h}{2-\beta} + (1-\alpha)\beta\theta_l, & 0 < \gamma \leqslant \dfrac{\alpha}{1+\alpha} \\[3mm] \dfrac{\theta_h\theta_l}{(2-\beta)[(1-\alpha)\theta_h+\alpha\theta_l]}, & \gamma > \dfrac{\alpha}{1+\alpha} \end{cases}$$

证毕。

这些关系表明，在价格承诺方案下，企业的均衡价格和收益变得更加复杂。根据消费者适合度差异，企业的最优价格（p_a^* 和 p_s^*）在知情的消费者人数（β）和高适合度消费者的比例（α）方面表现出两种模式。这与动态定价方案显著不同，在动态定价方案下，企业的均衡价格仅由消费者适合度差异（γ）决定。不考虑其他两个因素，如此显著的差异是由以下经济力量造成的。首先，企业需要在看到确切的质量之前决定现货价格，这个决定不可避免地会受到质量不确定性的影响。其次，考虑到这种质量的不确定性可能会潜在地降低企业在现售期的收

益，企业可能会试图诱使更多知情的消费者在预售期购买。为了实现这一目标，企业可以设定一个相对较高的现货价格，以阻止知情的消费者等待。因此，我们可以看到现货价格关于知情的消费者人数单调递增，即 $\partial p_s^{\mathrm{PC}} / \partial \beta > 0$。

推论 6.2　在价格承诺方案下，企业的期望收益关于 α，β 和 γ（给定 θ_h）递增。

证明　由命题 6.3 可知，有两种情况。情况一：如果 $0 < \gamma \leqslant \dfrac{\alpha}{1+\alpha}$，最优期望收益是 $\pi^{\mathrm{PC}} = \dfrac{\alpha\theta_h}{2-\beta} + (1-\alpha)\beta\theta_l$。情况二：如果 $\gamma > \dfrac{\alpha}{1+\alpha}$，最优期望收益是

$$\pi^{\mathrm{PC}} = \frac{\theta_h\theta_l}{(2-\beta)[(1-\alpha)\theta_h + \alpha\theta_l]}。$$

容易证明 $\dfrac{\partial \pi^{\mathrm{PC}}}{\partial \alpha} > 0$ 和 $\dfrac{\partial \pi^{\mathrm{PC}}}{\partial \beta} > 0$。不难发现如果 $0 < \gamma \leqslant \dfrac{\alpha}{1+\alpha}$，$\pi^{\mathrm{PC}}$ 与 γ 无关。如果 $\gamma > \dfrac{\alpha}{1+\alpha}$，那么 $\pi^{\mathrm{PC}} = \dfrac{\theta_h}{(2-\beta)\left(\dfrac{1-\alpha}{\gamma} + \alpha\right)}$ 关于 γ 递增。证毕。

我们进一步研究企业的收益如何随关键参数的变化而变化，其结果显示在推论 6.2 中。直观地说，当第一阶段的消费者知情程度较高时，企业可以策略性地诱导他们提前购买，而不是等待其进入现售期。例如，企业可以宣布较高的现货价格或提供更有吸引力的预售价格。因此，消费者的知情程度越高，其对价格承诺方案的满意度越高（$\partial \pi^{\mathrm{PC}} / \partial \beta > 0$）。同样，如果高适合度消费者较多，或者消费者适合度差异较小，企业可以通过设置合适的预售价格来获得更多的剩余。

命题 6.4　当企业采用预售策略时，在均衡情况下有以下结论。

（1）当 $0 < \gamma \leqslant \alpha$ 时，$\pi^{\mathrm{DP}} \geqslant \pi^{\mathrm{PC}}$，即动态定价方案占优。

（2）当 $\alpha < \gamma < 1$ 时，若 $\beta > 2 - \dfrac{1}{1-\alpha(1-\gamma)}$，则 $\pi^{\mathrm{DP}} < \pi^{\mathrm{PC}}$，即价格承诺方案占优；若 $\beta \leqslant 2 - \dfrac{1}{1-\alpha(1-\gamma)}$，则 $\pi^{\mathrm{DP}} \geqslant \pi^{\mathrm{PC}}$，即动态定价方案占优。

证明　如果 $0 < \gamma \leqslant \dfrac{\alpha}{1+\alpha}$，那么 $\pi^{\mathrm{DP}} - \pi^{\mathrm{PC}} = \alpha\theta_h + (1-\alpha)\theta_l - \dfrac{\alpha\theta_h}{2-\beta} = \dfrac{\alpha(1-\beta)\theta_h + (1-\alpha)(2-\beta)\theta_l}{2-\beta} \geqslant 0$。因此，当 $0 < \gamma \leqslant \dfrac{\alpha}{1+\alpha}$ 时，$\pi^{\mathrm{PC}} \leqslant \pi^{\mathrm{DP}}$ 成立。

如果 $\dfrac{\alpha}{1+\alpha} < \gamma \leqslant \alpha$，那么

$$\pi^{\mathrm{DP}} - \pi^{\mathrm{PC}} = \alpha\theta_h + (1-\alpha)\theta_l - \frac{\theta_h\theta_l}{(2-\beta)[(1-\alpha)\theta_h + \alpha\theta_l]}$$

$$= \frac{(\theta_h - \theta_l)^2(2-\beta)\alpha(1-\alpha) + \theta_h\theta_l(1-\beta)}{(2-\beta)[(1-\alpha)\theta_h + \alpha\theta_l]} \geqslant 0$$

因此，当 $\dfrac{\alpha}{1+\alpha} < \gamma \leqslant \alpha$ 时，$\pi^{PC} \leqslant \pi^{DP}$ 成立。

如果 $\gamma > \alpha$ ，那么

$$\pi^{DP} - \pi^{PC} = \theta_l - \frac{\theta_h \theta_l}{(2-\beta)[(1-\alpha)\theta_h + \alpha\theta_l]}$$

$$= \theta_l \left[1 - \frac{1}{(2-\beta)(1-\alpha+\alpha\gamma)} \right]$$

$$\begin{cases} \pi^{DP} < \pi^{PC}, & \beta > 2 - \dfrac{1}{1-\alpha(1-\gamma)} \\[3mm] \pi^{DP} \geqslant \pi^{PC}, & \beta \leqslant 2 - \dfrac{1}{1-\alpha(1-\gamma)} \end{cases}$$

证毕。

命题 6.4 在图 6-3 中说明。直观地说，当消费者适合度差异较大时，动态定价方案主导价格承诺方案（$\gamma \leqslant \alpha$）。回顾命题 6.2，在这种情况下，动态定价方案通过推迟现货价格决策，赋予企业更大的定价灵活性。这种灵活性不仅消除了质量不确定性的负面影响，而且还导致了价格歧视，使动态定价方案更具吸引力。然而，一个引人注目的结果是，当消费者适合度差异较低（$\gamma > \alpha$）且知情消费者比例较高（$\beta > 2 - \dfrac{1}{1-\alpha(1-\gamma)}$）时，价格承诺方案也会给企业带来比动态定价方案更高的回报。在动态定价方案下，定价的灵活性也给了知情的消费者一个激励，如果消费者预计企业以后会降低现货价格，那么他就会等到现售期再购买。

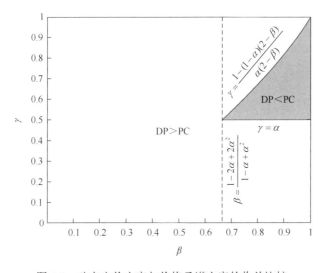

图 6-3　动态定价方案与价格承诺方案的收益比较

因此，企业别无选择，只能提供一个与现货价格相同的预售价格，这就使得动态定价方案不再有效。相反，尽管价格承诺方案增大了企业因质量不确定而产生的潜在风险，但它至少可以消除消费者对现货价格下降的担忧。因此，企业能够通过设定它的两个零售价格来降低质量不确定性的负面影响。因此，价格承诺方案的负面影响是随消费者的知情人数的增加而进一步减小的。总的来说，这些相互冲突的影响最终实现平衡，从而影响最优的预售定价。

4. 价格敏感性模型

在基础模型中，我们假设消费者可能对产品质量表现出异质性的适合度。然而，在实践中也普遍观察到，消费者可能对价格有不同的敏感程度：一些消费者可能对价格有积极反应，而另一些则可能没有。因此我们构建了一个价格敏感性模型，该模型假设消费者可能对价格有异质偏好，但对产品质量有同质偏好。基于此假设，每个消费者的效用函数为

$$U = q - \phi p \tag{6.10}$$

其中，ϕ 为消费者对价格的敏感程度，即价格敏感性系数；q 为产品质量；p 为零售价格。根据基础模型，质量服从均匀分布，其中 $Q \sim U[0,2]$，而准确的质量水平只有在现售期才能确定。价格敏感性系数 ϕ 有两种表现：高价格敏感性 ϕ_h 和低价格敏感性 ϕ_l，其中 $\phi_h > \phi_l$。我们进一步假设消费者可以分为两组：高价格敏感性消费者（比例为 $1-\lambda$），低价格敏感性消费者（比例为 λ）。尽管如此，还是有 β 名知情的消费者在预售期到达，而 $1-\beta$ 名不知情的消费者在现售期到达。因此，可以将消费者分为以下四组。

（1）在预售期到达且对价格敏感：$\beta(1-\lambda)$。

（2）在预售期到达且对价格不敏感：$\beta\lambda$。

（3）在现售期到达且对价格敏感：$(1-\beta)(1-\lambda)$。

（4）在现售期到达且对价格不敏感：$(1-\beta)\lambda$。

下面，我们将简要研究无预售期销售模式、动态定价方案和价格承诺方案三种情况，以说明当消费者对价格敏感而不是对质量敏感时，企业的均衡策略和收益是如何变化的。

首先，我们研究无预售期销售模式。我们再次从无预售期的基准情况开始。我们用 $\eta = \phi_l / \phi_h$ 来表示消费者价格敏感性的差异程度，其中 $\eta \in (0,1]$。较大的 η 表示两个消费者群体（高价格敏感性和低价格敏感性）之间的分化程度较低，$\eta = 1$ 表示消费者退化为同质群体。

命题 6.5　在无预售期情况下的均衡状态中，如果价格敏感性差异程度较高，$0 < \eta \le \lambda$，企业设定很高的零售价，$p^{NA} = q / \phi_l$，最优期望收益是 $\pi^{NA} = \lambda / \phi_l$。如果价格敏感性差异程度较低，$\lambda < \eta \le 1$，企业设定很低的零售价，$p^{NA} = q / \phi_h$，

最优期望收益是 $\pi^{\mathrm{NA}} = 1/\phi_h$。

证明 在无预售期情况下，只有现售期。当所有消费者在现售期到达时，$\beta = 0$。请注意，已确定产品的质量是 q。给定售价 p，λ 的消费者有高盈余 $q - \phi_l p$，$1 - \lambda$ 的消费者有低盈余 $q - \phi_h p$。企业要么设定高价格 q/ϕ_l 以服务 λ 的低价格敏感性的消费者，要么设定低价格 q/ϕ_h 以服务整个市场，我们将整个市场标准化为 1。因此

$$
p^{\mathrm{NA}} = \begin{cases} \dfrac{q}{\phi_l}, & \dfrac{\phi_l}{\phi_h} \leqslant \lambda \\[4mm] \dfrac{q}{\phi_h}, & \dfrac{\phi_l}{\phi_h} > \lambda \end{cases}
$$

期望收益可以写成

$$
\pi^{\mathrm{NA}} = \begin{cases} \dfrac{\lambda}{\phi_l}, & \dfrac{\phi_l}{\phi_h} \leqslant \lambda \\[4mm] \dfrac{1}{\phi_h}, & \dfrac{\phi_l}{\phi_h} > \lambda \end{cases}
$$

与基础模型类似，当预售期不存在时，企业必须在以低价服务所有消费者和以高价服务部分消费者之间进行权衡。因此，当价格敏感性的差异化程度较高时，企业专门为低敏感性的消费者服务将更有利，因为在这种情况下，企业可以设定相对较高的价格；否则，其必须设定一个足够低的价格，同时也为高价格敏感性的消费者服务。相反，当差异化程度较低时，这意味着两种消费者类型彼此相似，企业最好设定一个相对较低的价格来服务整个市场。

其次我们研究动态定价方案：企业在不知道确切质量水平的情况下在预售期宣布预售价格 p_a^{DP}。在观察知情客户的购买决定后，他在已知商品真实质量水平的现售期宣布现货价格 p_s^{DP}。由于分析是常规的，我们直接在命题 6.6 中提供企业均衡策略。

命题 6.6 在动态定价方案下的均衡状态中，如果价格敏感性差异较大，即 $0 < \eta \leqslant \dfrac{(1-\beta)\lambda}{(1-\lambda)\beta + (1-\beta)}$，那么最优预售期价格和最优现售期价格为 $p_a^{\mathrm{DP}} = \dfrac{1}{\phi_l}$ 和 $p_s^{\mathrm{DP}} = \dfrac{q}{\phi_l}$，最优期望收益是 $\pi^{\mathrm{DP}} = \dfrac{\lambda}{\phi_l}$。如果价格敏感性差异较小，即 $\dfrac{(1-\beta)\lambda}{(1-\lambda)\beta + (1-\beta)} < \eta \leqslant 1$，那么最优预售期和现售期价格为 $p_a^{\mathrm{DP}} = \dfrac{1}{\phi_l}$ 和 $p_s^{\mathrm{DP}} = \dfrac{q}{\phi_h}$，最优期望收益是 $\pi^{\mathrm{DP}} = \dfrac{\lambda\beta}{\phi_l} + \dfrac{(1-\lambda)\beta + (1-\beta)}{\phi_h}$。与无预售期相比，只有当 $\dfrac{(1-\beta)\lambda}{(1-\lambda)\beta + (1-\beta)} < \eta \leqslant 1$ 时，预售才是有效的。

证明

情况一：$1 > \dfrac{\phi_l}{\phi_h} > \lambda$，有以下三种子情况。

（1）在预售期，企业设定低价格以保留 β 的消费者，$p_a \leqslant \dfrac{1}{\phi_h}$。在现售期，$1-\beta$ 的消费者到达，产品的真实质量水平为 q，企业会选择一个低现货价格 $p_s = \dfrac{q}{\phi_h}$。因此，总利润为 $\pi = \dfrac{\beta}{\phi_h} + E\left[\dfrac{(1-\beta)Q}{\phi_h}\right] = \dfrac{1}{\phi_h}$。

（2）在预售期，企业设定一个高的价格来保留 $\lambda\beta$ 的消费者，$\dfrac{1}{\phi_h} < p_a \leqslant \dfrac{1}{\phi_l}$。有 $(1-\lambda)\beta + (1-\beta)$ 的消费者在现售期市场，企业将会选择一个较低的现货价格 $p_s = \dfrac{q}{\phi_h}$。因此，总的利润为 $\pi = \dfrac{\beta\lambda}{\phi_l} + E\left\{\dfrac{[(1-\lambda)\beta + (1-\beta)]Q}{\phi_h}\right\} = \dfrac{\lambda\beta}{\phi_l} + \dfrac{(1-\lambda)\beta + (1-\beta)}{\phi_h}$。

（3）在预售期，企业设定一个极高的价格，所有知情的消费者会选择等待。所以，$p_a > \dfrac{1}{\phi_l}$。在现售期，企业将选择一个较低的现货价格 $p_s = \dfrac{q}{\phi_h}$，此时，$\pi = E\left(\dfrac{Q}{\phi_h}\right) = \dfrac{1}{\phi_h}$。

在这种情况下，最优销售价格是 $p_a^{\mathrm{DP}} = \dfrac{1}{\phi_l}$，$p_s^{\mathrm{DP}} = \dfrac{q}{\phi_h}$；$\pi^{\mathrm{DP}} = \dfrac{\lambda\beta}{\phi_l} + \dfrac{(1-\lambda)\beta + (1-\beta)}{\phi_h}$。

情况二：$\dfrac{(1-\beta)\lambda}{(1-\lambda)\beta + (1-\beta)} < \dfrac{\phi_l}{\phi_h} \leqslant \lambda$，有以下三种子情况。

（1）在预售期，企业设定较低的预售价格保留 β 的消费者，$p_a \leqslant \dfrac{1}{\phi_h}$。在现售期，$1-\beta$ 的消费者到达，产品的真实质量水平为 q，企业将会选择一个高的现货价格 $p_s = \dfrac{q}{\phi_l}$。因此，总利润为 $\pi = \dfrac{\beta}{\phi_h} + E\left[\dfrac{(1-\beta)\lambda Q}{\phi_l}\right] = \dfrac{\beta}{\phi_h} + \dfrac{\lambda(1-\beta)}{\phi_l}$。

（2）在预售期，企业设定一个高的预售价格保留 $\beta\lambda$ 的消费者，$\dfrac{1}{\phi_h} < p_a \leqslant \dfrac{1}{\phi_l}$。有 $\beta(1-\lambda) + (1-\beta)$ 的消费者在现售期市场。企业将会选择一个低现货价格 $\dfrac{q}{\phi_h}$，此

时，$\pi = \dfrac{\lambda\beta}{\phi_l} + \dfrac{(1-\lambda)\beta + (1-\beta)}{\phi_h}$。

（3）在预售期，企业设定一个高预售价格，所有的知情消费者将选择等待，$p_a > \dfrac{1}{\phi_l}$。在现售期，企业将选择高现货价格 $p_s = \dfrac{q}{\phi_l}$，$\pi = E\left(\dfrac{\lambda Q}{\phi_l}\right) = \dfrac{\lambda}{\phi_l}$。

在这种情况下，最优的销售价格为 $p_a^{DP} = \dfrac{1}{\phi_l}$，$p_s^{DP} = \dfrac{q}{\phi_h}$；$\pi^{DP} = \dfrac{\lambda\beta}{\phi_l} + \dfrac{(1-\lambda)\beta + (1-\beta)}{\phi_h}$。

情况三：$0 < \dfrac{\phi_l}{\phi_h} \leqslant \dfrac{(1-\beta)\lambda}{(1-\lambda)\beta + (1-\beta)}$，有以下三种子情况。

（1）在预售期，企业设定低预售价格 $p_a \leqslant \dfrac{1}{\phi_h}$。在现售期，企业将选择高现货价格 $p_s = \dfrac{q}{\phi_l}$。因此，总利润是 $\pi = \dfrac{\beta}{\phi_h} + E\left[\dfrac{(1-\beta)\lambda Q}{\phi_l}\right] = \dfrac{\beta}{\phi_h} + \dfrac{\lambda(1-\beta)}{\phi_l}$。

（2）在预售期，企业设定高预售价格来保留 $\beta\lambda$ 的消费者，则 $\dfrac{1}{\phi_h} < p_a \leqslant \dfrac{1}{\phi_l}$。在现售期，企业将选择高现货价格 $\dfrac{q}{\phi_l}$，$\pi = \dfrac{\lambda\beta}{\phi_l} + \dfrac{\lambda(1-\beta)}{\phi_l}$。

（3）在预售期，企业设定一个高预售价格，所有的消费者将选择等待，$p_a > \dfrac{1}{\phi_l}$。在现售期，企业将选择高现货价格 $p_s = \dfrac{q}{\phi_l}$，$\pi = E\left(\dfrac{\lambda Q}{\phi_l}\right) = \dfrac{\lambda}{\phi_l}$。

在这种情况下，最优销售价格是 $p_a^{DP} = \dfrac{1}{\phi_l}$，$p_s^{DP} = \dfrac{q}{\phi_l}$；$\pi^{DP} = \dfrac{\lambda}{\phi_l}$。

结合情况一、二、三，可以得到表 6-3 所示的结论。

表 6-3　在价格敏感性设置下动态定价的最优结果

价格及利润	$0 < \dfrac{\phi_l}{\phi_h} \leqslant \dfrac{(1-\beta)\lambda}{(1-\lambda)\beta + (1-\beta)}$	$\dfrac{(1-\beta)\lambda}{(1-\lambda)\beta + (1-\beta)} < \dfrac{\phi_l}{\phi_h} < 1$
p_a^{DP}	$\dfrac{1}{\phi_l}$	$\dfrac{1}{\phi_l}$
p_s^{DP}	$\dfrac{q}{\phi_l}$	$\dfrac{q}{\phi_h}$
π^{DP}	$\dfrac{\lambda}{\phi_l}$	$\dfrac{\lambda\beta}{\phi_l} + \dfrac{(1-\lambda)\beta + (1-\beta)}{\phi_h}$

与基准情况（无预售期）相比，在动态定价方案下，只有当价格敏感性差异较小时，预售才有利于企业，即企业会设置较高的预售价格，诱导知情的低敏感性消费者预订产品，而设置较低的现货价格，吸引所有不知情的消费者购买产品。这种动态定价将使两个时期的价格存在差异，并允许企业从消费者那里获取更多的剩余。回顾命题 6.2，这个原则在性质上与我们的基础模型相似。然而，显著的不同是，现在驱动预售效果的条件是两种消费者类型的差异足够小。虽然在基础模型中，消费者的适合度信息是异质的，但只有在消费者适合度差异化程度足够高的情况下，预售才有效。这种对比突出了价格敏感性（在扩展模型中）和质量敏感性（在基础模型中）对消费者购买行为的不同影响，这间接决定了企业的预售策略。

最后，让我们来研究价格承诺方案：企业在不知道确切质量水平的情况下，在预售期开始时同时公布 p_a^{PC} 和 p_s^{PC}。因此，企业有三种定价选择来影响消费者的购买行为，具体阐述如下。

子博弈 1：所有知情的消费者都会提前购买。$E(Q)-\phi_h p_a^{\mathrm{PC}} \geqslant E\max\left(Q-\phi_h p_s^{\mathrm{PC}},0\right)$，$E(Q)-\phi_l p_a^{\mathrm{PC}} \geqslant E\max\left(Q-\phi_l p_s^{\mathrm{PC}},0\right)$。

子博弈 2：仅低价格敏感性的消费者提前购买。$E(Q)-\phi_h p_a^{\mathrm{PC}} < E\max\left(Q-\phi_h p_s^{\mathrm{PC}},0\right)$，$E(Q)-\phi_l p_a^{\mathrm{PC}} \geqslant E\max\left(Q-\phi_l p_s^{\mathrm{PC}},0\right)$。

子博弈 3：所有知情的消费者等到现售期购买。$E(Q)-\phi_h p_a^{\mathrm{PC}} < E\max\left(Q-\phi_h p_s^{\mathrm{PC}},0\right)$，$E(Q)-\phi_l p_a^{\mathrm{PC}} < E\max\left(Q-\phi_l p_s^{\mathrm{PC}},0\right)$。

企业在价格承诺方案下的均衡价格和收益可以通过比较三种定价方案下的收益得到。然而，由于支付函数的复杂性，比较是通过数值研究进行的。在图 6-4 中，我们比较了无预售期销售模式、动态定价方案和价格承诺方案三种情况下相对于关键参数 (λ,β,η) 的最优期望收益。

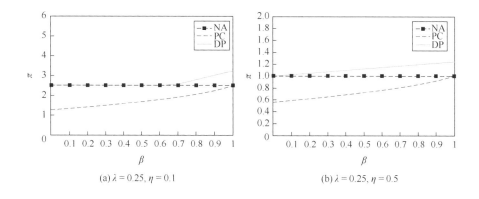

(a) $\lambda=0.25,\eta=0.1$　　　　　　(b) $\lambda=0.25,\eta=0.5$

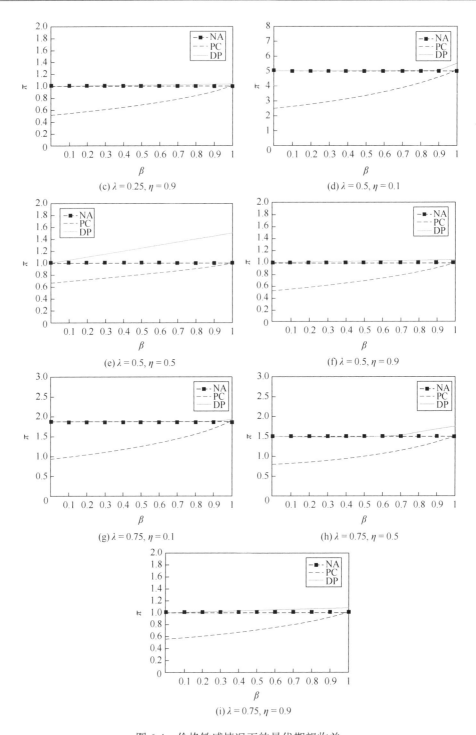

图 6-4　价格敏感情况下的最优期望收益

推论 6.3　在价格敏感情况下，企业在动态定价方案下可以获得最高的收益，但在价格承诺方案下收益最低。

证明　由于价格承诺方案的利润函数复杂，很难对其进行优化并得到企业的最优期望收益的封闭形式。通过数值实验（λ, η 和 $\beta \in [0,1]$）来证明。图 6-4 展示了部分数值实验结果。数值结果表明，$\pi^{DP} \geqslant \pi^{NA} \geqslant \pi^{PC}$。与推论 6.2 的结论相反，推论 6.3 表明，当消费者仅对价格敏感时，动态定价方案优于价格承诺方案。此外，在价格承诺方案下，企业的收益甚至低于无预售期的情况。这一发现的一个可能原因是，与我们的基础模型不同，消费者的价格敏感性是事先给定的，不会在不同的销售期发生变化。

换句话说，在价格敏感情况下，动态定价方案更有效，因为动态定价方案中只有一个维度的不确定性存在。因此，企业可以策略性地设定价格，诱导更多的消费者提前购买，从而获得更多的剩余。这种行为随后使得动态定价方案优于价格承诺方案。相较于动态定价方案，价格承诺方案定价灵活性更差，企业必须在质量水平确定之前确定现货价格。当企业承担质量风险时，其收益低于将定价决策推迟到现售期（无预售期）时的收益。

下面对价格敏感设定下价格承诺方案进行证明

证明　我们知道 $Q \sim U[0,2]$，接下来我们对所有可能的三种情况依次说明。

（1）当 $0 < \phi_l p_s < \phi_h p_s \leqslant 2$ 时，$E\max(Q - \phi_h p_s, 0) = \dfrac{(2 - \phi_h p_s)^2}{4}$，$E\max(Q - \phi_l p_s, 0) = \dfrac{(2 - \phi_l p_s)^2}{4}$。不难发现以下结论：

$$\frac{4 - (2 - \phi_l p_s)^2}{4\phi_l} - \frac{4 - (2 - \phi_h p_s)^2}{4\phi_h} = \frac{(\phi_h - \phi_l)p_s^2}{4} > 0$$

$$\lambda\beta\frac{4 - (2 - \phi_l p_s)^2}{4\phi_l} + \left\{[(1-\beta) + (1-\lambda)\beta]\frac{2 - \phi_h p_s}{2} + \lambda(1-\beta)\frac{\phi_h p_s - \phi_l p_s}{2a}\right\}p_s$$

$$-\left(\frac{2 - \phi_h p_s}{2a} + \lambda\frac{\phi_h p_s - \phi_l p_s}{2}\right)p_s = \frac{\lambda\beta\phi_l p_s^2}{4} > 0$$

因此，我们只需要比较 $\beta\dfrac{4 - (2 - \phi_h p_s)^2}{4\phi_h} + (1-\beta)\left(\dfrac{2 - \phi_h p_s}{2} + \lambda\dfrac{\phi_h p_s - \phi_l p_s}{2}\right)p_s$ 与

$\lambda\beta\dfrac{4 - (2 - \phi_l p_s)^2}{4\phi_l} + \left\{[(1-\beta) + (1-\lambda)\beta]\dfrac{2 - \phi_h p_s}{2} + \lambda(1-\beta)\dfrac{\phi_h p_s - \phi_l p_s}{2a}\right\}p_s$ 的大小。

通过作差法，用前者减去后者，易得：差为 $\dfrac{[\phi_h - (2\phi_h - \phi_l)\lambda]\beta p_s^2}{4}$。因此，

$$\Pi^{\mathrm{PC}}(p_s) = \begin{cases} \beta\dfrac{4-(2-\phi_h p_s)^2}{4\varphi_h} + (1-\beta)\left(\dfrac{2-\phi_h p_s}{2} + \lambda\dfrac{\phi_h p_s - \phi_l p_s}{2}\right)p_s, & \lambda \leqslant \dfrac{\phi_h}{2\phi_h - \phi_l} \\[4mm] \lambda\beta\dfrac{4-(2-\phi_l p_s)^2}{4\phi_l} + \left\{[(1-\beta)+(1-\lambda)\beta]\dfrac{2-\phi_h p_s}{2} + \lambda(1-\beta)\dfrac{\phi_h p_s - \phi_l p_s}{2a}\right\}p_s, & \lambda > \dfrac{\phi_h}{2\phi_h - \phi_l} \end{cases}$$

（2）当 $0 < \phi_l p_s \leqslant 2 < \phi_h p_s$ 时， $E\max(Q-\phi_h p_s, 0) = 0$ ， $E\max(Q-\phi_l p_s, 0) = \dfrac{(2-\phi_l p_s)^2}{4}$ 。不难发现以下结论：

$$\dfrac{4-(2-\phi_l p_s)^2}{4\phi_l} - \dfrac{1}{\phi_h} = \dfrac{(4-\phi_l p_s)\phi_h p_s - 4}{4\phi_h} > 0 ， \quad 4-\phi_l p_s > 2 ， \quad \phi_h p_s > 2$$

$$\Pi^{\mathrm{PC}}(p_s) = \begin{cases} \beta p_a + (1-\beta)\big[\Pr(Q \geqslant \phi_h p_s) + \lambda\Pr(\phi_l p_s \leqslant Q < \phi_h p_s)\big]p_s, \\[2mm] \qquad p_a \leqslant \dfrac{4-(2-\phi_h p_s)^2}{4\phi_h} \\[4mm] \lambda\beta p_a + \big\{[(1-\beta)+(1-\lambda)\beta]\Pr(Q \geqslant \phi_h p_s) + \lambda(1-\beta)\Pr(\phi_l p_s \leqslant Q < \phi_h p_s)\big\}p_s, \\[2mm] \qquad \dfrac{4-(2-\phi_h p_s)^2}{4\phi_h} < p_a \leqslant \dfrac{4-(2-\phi_l p_s)^2}{4\phi_l} \\[4mm] \big[\Pr(Q \geqslant \phi_h p_s) + \lambda\Pr(\phi_l p_s \leqslant Q < \phi_h p_s)\big]p_s, \\[2mm] \qquad p_a > \dfrac{4-(2-\phi_l p_s)^2}{4\phi_l} \end{cases}$$

即

$$\Pi^{\mathrm{PC}}(p_s) = \begin{cases} \beta p_a + (1-\beta)\left(\dfrac{2-\phi_h p_s}{2} + \lambda\dfrac{\phi_h p_s - \phi_l p_s}{2}\right)p_s, \\[2mm] \qquad p_a \leqslant \dfrac{4-(2-\phi_h p_s)^2}{4\phi_h} \\[4mm] \lambda\beta p_a + \left\{[(1-\beta)+(1-\lambda)\beta]\dfrac{2-\phi_h p_s}{2} + \lambda(1-\beta)\dfrac{\phi_h p_s - \phi_l p_s}{2}\right\}p_s, \\[2mm] \qquad \dfrac{4-(2-\phi_h p_s)^2}{4\phi_h} < p_a \leqslant \dfrac{4-(2-\phi_l p_s)^2}{4\phi_l} \\[4mm] \left(\dfrac{2-\phi_h p_s}{2} + \lambda\dfrac{\phi_h p_s - \phi_l p_s}{2}\right)p_s, \\[2mm] \qquad p_a > \dfrac{4-(2-\phi_l p_s)^2}{4\phi_l} \end{cases}$$

易得

$$\lambda\beta\left[\dfrac{4-(2-\phi_l p_s)}{4\phi_l}\right]^2 + \lambda(1-\beta)\dfrac{2-\phi_l p_s}{2}p_s - \lambda\dfrac{2-\phi_l p_s}{2}p_s = \dfrac{\lambda\beta\phi_l p_s^2}{4} > 0$$

$$\frac{\beta}{\phi_h} + \lambda(1-\beta)\frac{2-\phi_l p_s}{2}p_s - \left[\lambda\beta\frac{4-(2-\phi_l p_s)^2}{4\phi_l} + \lambda(1-\beta)\frac{2-\phi_l p_s}{2}p_s\right] = \frac{[4-\lambda(4-\phi_l p_s)\phi_h p_s]\beta}{4\phi_h}$$

我们主要关注当 $\frac{2}{\phi_h} < p_s < \frac{2}{\phi_l}$ 时，$4-\lambda(4-\phi_l p_s)\phi_h p_s$，即 $\lambda\phi_h\phi_l p_s^2 - 4\lambda\phi_h p_s + 4$ 与

0 的大小关系。

易得当 $\frac{2}{\phi_h} < p_s < \frac{2}{\phi_l}$ 时，若 $0 \leqslant \lambda \leqslant \frac{\phi_l}{\phi_h}$，则 $4-\lambda(4-\phi_l p_s)\phi_h p_s > 0$。

$$\Pi^{PC}(p_s) = \begin{cases} \beta\frac{4-(2-\phi_h p_s)^2}{4\phi_h} + (1-\beta)\left(\frac{2-\phi_h p_s}{2} + \lambda\frac{\phi_h p_s - \phi_l p_s}{2}\right)p_s, & p_s \leqslant \frac{2}{\phi_h} \\[2mm] \frac{\beta}{\phi_h} + \lambda(1-\beta)\frac{2-\phi_l p_s}{2}p_s, & \frac{2}{\phi_h} < p_s \leqslant \frac{2}{\phi_l} \\[2mm] \frac{\beta}{\phi_h}, & p_s > \frac{2}{\phi_l} \end{cases}$$

否则，若 $\lambda > \frac{\phi_h}{2\phi_h - \phi_l}$，则 $4-\lambda(4-\phi_l p_s)\phi_h p_s < 0$，

$$\Pi^{PC}(p_s) = \begin{cases} \lambda\beta\frac{4-(2-\phi_h p_s)^2}{4\phi_l} + \left\{[(1-\beta)+(1-\lambda)\beta]\frac{2-\phi_h p_s}{2} + \lambda(1-\beta)\frac{\phi_h p_s - \phi_l p_s}{2a}\right\}p_s, & p_s \leqslant \frac{2}{\phi_h} \\[2mm] \lambda\beta\frac{4-(2-\phi_l p_s)^2}{4\phi_l} + \lambda(1-\beta)\frac{2-\phi_l p_s}{2}p_s, & \frac{2}{\phi_h} < p_s \leqslant \frac{2}{\phi_l} \\[2mm] \frac{\lambda\beta}{\phi_l}, & p_s > \frac{2}{\phi_l} \end{cases}$$

若 $\frac{\phi_l}{\phi_h} < \lambda \leqslant \frac{\phi_h}{2\phi_h - \phi_l}$，则 $4-\lambda(4-\phi_l p_s)\phi_h p_s < 0$，

$$\Pi^{PC}(p_s) = \begin{cases} \frac{\beta}{\phi_h} + (1-\beta)\lambda\frac{2-\phi_l p_s}{2}p_s, & p_s \leqslant \frac{2\left(\lambda\phi_h - \sqrt{\lambda^2\phi_h^2 - \lambda\phi_h\phi_l}\right)}{\lambda\phi_h\phi_l} \\[2mm] \lambda\beta\frac{4-(2-\phi_l p_s)^2}{4\phi_l} + \lambda(1-\beta)\frac{2-\phi_l p_s}{2}p_s, & p_s > \frac{2\left(\lambda\phi_h - \sqrt{\lambda^2\phi_h^2 - \lambda\phi_h\phi_l}\right)}{\lambda\phi_h\phi_l} \end{cases}$$

所以，

$$\Pi^{PC}(p_s) = \begin{cases} \beta\frac{4-(2-\phi_h p_s)^2}{4\phi_h} + (1-\beta)\left(\frac{2-\phi_h p_s}{2} + \lambda\frac{\phi_h p_s - \phi_l p_s}{2}\right)p_s, & p_s \leqslant \frac{2}{\phi_h} \\[2mm] \frac{\beta}{\phi_h} + \lambda(1-\beta)\frac{2-\phi_l p_s}{2}p_s, & \frac{2}{\phi_h} < p_s \leqslant \frac{2\left(\lambda\phi_h - \sqrt{\lambda^2\phi_h^2 - \lambda\phi_h\phi_l}\right)}{\lambda\phi_h\phi_l} \\[2mm] \lambda\beta\frac{4-(2-\phi_h p_s)^2}{4\phi_h} + \lambda(1-\beta)\frac{2-\phi_l p_s}{2}p_s, & \frac{2\left(\lambda\phi_h - \sqrt{\lambda^2\phi_h^2 - \lambda\phi_h\phi_l}\right)}{\lambda\phi_h\phi_l} < p_s \leqslant \frac{2}{\phi_l} \\[2mm] \frac{\lambda\beta}{\phi_l}, & p_s > \frac{2}{\phi_l} \end{cases}$$

（3）当 $2 < \phi_l p_s \leqslant \phi_h p_s$ 时，$E\max(Q - \phi_h p_s, 0) = 0$，$E\max(Q - \phi_l p_s, 0) = 0$。

由于 $\dfrac{1}{\phi_h} < \dfrac{1}{\phi_l}$，易得

$$
\Pi^{\mathrm{PC}}(p_s) = \begin{cases}
\beta p_a + \lambda(1-\beta)\Pr(\phi_l p_s \leqslant Q) p_s, & p_a \leqslant \dfrac{1}{\phi_h} \\[3mm]
\lambda\beta p_a + \lambda(1-\beta)\Pr(\phi_l p_s \leqslant Q) p_s, & \dfrac{1}{\phi_h} < p_a \leqslant \dfrac{4-(2-\phi_l p_s)^2}{4\phi_l} \\[3mm]
\lambda\Pr(\phi_l p_s \leqslant Q) p_s, & p_a > \dfrac{4-(2-\phi_l p_s)^2}{4\phi_l}
\end{cases}
$$

即

$$
\Pi^{\mathrm{PC}}(p_s) = \begin{cases}
\beta p_a + \lambda(1-\beta)\dfrac{2-\phi_l p_s}{2} p_s, & p_a \leqslant \dfrac{1}{\phi_h} \\[3mm]
\lambda\beta p_a + \lambda(1-\beta)\dfrac{2-\phi_l p_s}{2} p_s, & \dfrac{1}{\phi_h} < p_a \leqslant \dfrac{4-(2-\phi_l p_s)^2}{4\phi_l} \\[3mm]
\lambda\dfrac{2-\phi_l p_s}{2} p_s, & p_a > \dfrac{4-(2-\phi_l p_s)^2}{4\phi_l}
\end{cases}
$$

$$
\Pi^{\mathrm{PC}}(p_s) = \begin{cases}
\beta p_a, & p_a \leqslant \dfrac{1}{\phi_h} \\[3mm]
\lambda\beta p_a, & \dfrac{1}{\phi_h} < p_a \leqslant \dfrac{1}{\phi_l} \\[3mm]
0, & p_a > \dfrac{1}{\phi_l}
\end{cases}
$$

因此，

$$
\pi^{\mathrm{PC}}(p_s) = \begin{cases}
\dfrac{\beta}{\phi_h}, & \lambda \leqslant \dfrac{\phi_l}{\phi_h} \\[3mm]
\dfrac{\lambda\beta}{\phi_l}, & \lambda > \dfrac{\phi_l}{\phi_h}
\end{cases}
$$

综上所述，在价格承诺方案下，企业的利润可以在三种情况下得到，这三种情况分别如下。

（1）当 $0 \leqslant \lambda \leqslant \dfrac{\phi_l}{\phi_h}$ 时。

（2）当 $\dfrac{\phi_l}{\phi_h} < \lambda \leqslant \dfrac{\phi_h}{2\phi_h - \phi_l}$ 时。

（3）当 $\dfrac{\phi_h}{2\phi_h - \phi_l} < \lambda \leqslant 1$ 时。

6.4　本　章　小　结

　　本章研究了一个垄断性的利用预售方式销售其产品的销售者与一群在预售期和现售期依次到达的策略性消费者之间的相互作用。消费者对所购买的产品或服务的估值由两个因素决定：产品质量和消费者适合度，这两个因素在预售期是不确定的，在现售期才得以确定。我们特别考虑了预售情况下的两种定价方案。一种是动态定价方案，即企业在预售期和现售期开始时依次提供两种零售价格。另一种是价格承诺方案，即企业在预售期开始时就宣布两个时期的零售价格，并且价格保持不变。

　　综合所有这些特征，我们得出了几个有趣的结论和对企业制定最佳预售策略有价值的管理启示。例如，我们发现在不同的定价方案下，企业的最优定价策略存在显著差异，这进一步取决于三个因素：消费者的适合度差异、产品质量的不确定性以及知情的消费者知道预售信息并提前到达的比例。在动态定价方案下，企业的现货价格取决于产品或服务的真实质量水平。当消费者适合度差异较大时，相较于价格承诺方案，动态定价方案能给企业带来更高的收益。相反，当知情消费者比例足够高且消费者适合度差异较小时，我们发现价格承诺方案能给企业带来更高的收益。在这种情况下，企业可以策略性地设定自己的零售价格，如设定较低的预售价格和较高的现货价格，从而在预售期吸引更多知情的消费者。我们还研究了一个价格敏感性模型，假设消费者对价格可能有不同的敏感性水平。有趣的是，我们发现动态定价方案成为企业唯一的占优选择，当消费者适合度差异相对较低时，动态定价方案可以使企业获得更高的收益。所有这些结果为从业者确定将哪种定价方案应该用于预售提供了重要的启发。

　　本章还从以下几个方面进一步探究。首先，在基础模型中，我们假设知情消费者的比例是外生决定的。实际上，在实践中，消费者对预售的认识可以通过企业的努力来提高。例如，企业可以投放广告，让更多的消费者意识到提前购买的机会。因此，企业在什么时候以及在多大程度上会自愿深化消费者对预售的认识？在不同定价方案下，这一决策将如何影响企业的收益？这些问题很有趣，值得探讨。除此之外，还有一个值得研究的方向是考虑预售中的信息不对称。在本章中，我们允许企业和消费者在产品开始销售前对产品质量不确定。然而，在实践中，企业通常能够比消费者更好地观察产品质量，因为企业参与了生产过程。在这种情况下，企业是否会提前向消费者披露其私人质量信息？消费者将如何从企业的定价方案中解读产品质量？我们将这些有趣的问题留给感兴趣的读者去探索。

第7章　总结与展望

数字经济是重组全球要素资源、重塑全球经济结构，乃至改变全球竞争格局的关键力量。近年来，党中央高度重视数字技术以及数字经济的发展，国务院统筹协调数字经济发展战略实施的部署工作，旨在加快建设数字中国，推动实体经济和数字经济融合发展，打造具有国际竞争力的数字产业集群。目前，我国数字经济发展已取得积极成效，新型基础设施建设优势进一步夯实，数字经济核心产业不断发展壮大，向做强、做优、做大的发展目标持续迈进，为技术创新和经济社会发展注入了生机与活力。在国家战略的大力推动下，我国数字经济发展势头强劲，2022年，我国数字经济规模首次突破50万亿元，数字经济占GDP的比重达41.5%，成为国民经济的重要支柱。发展数字经济已成为推进新型工业化，加快产业转型升级，推动经济稳定增长的关键，同时也是赋能中国经济高质量发展，迈向中国式现代化的重要驱动力。

本书针对数字经济下企业定价策略下的相关问题进行研究。具体而言，本书依次研究了企业在数字经济环境下的自愿付费定价策略、考虑消费者重复购买行为的动态定价策略、不考虑/考虑盗版内容影响的App平台营收模式、预售策略四个方面的内容。本书的各个章节内容的展开主要通过建立企业定价策略模型，并求解企业在管理实践中的最优定价策略、营收模式、营销策略等。

在数字全球化的进程中，商业模式的复杂性和多样化程度不断提高。近年来，各个行业都在利用数字技术处理商业数据，这已经成为企业把握新一轮科技革命和产业变革的重要战略选择。无论是汽车、电子产品、互联网、食品、游戏、医药、玩具行业，还是建设等行业，数字技术的应用都对企业的发展和竞争力的提升产生了深远的影响。

数字经济与实体经济加快融合，使得企业管理者面临着新的问题和挑战，同时，这也为消费者提供了更丰富的购物和消费体验。传统的商业模式受到电子商务和平台经济的挤压并被逐步替代，企业使用的传统固定价格模式也被更丰富多元的定价模式（如自愿付费定价模式、App营收模式、预售模式）所取代和影响。新的数字经济环境要求企业在传统的定价和营销策略的基础上重新考虑消费者的购买行为和企业定价策略。

因此，在数字经济下，企业定价策略已经成为目前企业管理领域研究的热点方向。企业不断优化定价策略被视为提高企业管理绩效和收益的有效途径之一。

企业需要借助数字技术和数据分析来了解消费者的需求和行为，制定更精准的定价策略。同时，通过数字化营销和个性化推荐等手段，企业可以提供更个性化和优质的购物与消费体验，吸引更多消费者以增加销售额。此外，数字经济还为企业提供了更多的融资渠道和方式，如众筹、数字货币等，使得企业能够更好地满足资金需求和支持创新发展。综合以上考虑，本书从企业的静态和动态定价策略、App 平台的营收模式以及预售策略等角度出发，为企业提供最优的决策方案，并进行机理分析，为企业建立竞争优势提供理论支持。

首先，本书从数字经济下的定价策略开始研究，具体分析了一种新型的定价策略：自愿付费定价策略。自愿付费定价策略即允许消费者根据自己的意愿选择支付金额。消费者可以支付 0 元从而获得商品或服务，也可以支付正的金额。传统文献对这种自愿付费模式存在的解释是由消费者的非理性行为引致的。但是我们解释了，即使在消费者是完全理性的情况下，自愿付费模式依然可以盈利的内在机理，即消费者知道企业可以选择自愿付费模式和固定价格模式，如果所有的理性消费者都选择免费享受该产品，那么企业就会转而选择固定价格模式，那么支付意愿低于固定价格的理性消费者就会买不到该产品，支付意愿高于固定价格的理性消费者只支付了固定价格，而没有完全按照自己的支付意愿去支付，这对企业来说也是一种损失。因此如果消费者是完全理性并且具有前瞻性的，其就应该为产品或服务支付一些金钱。在这一条件下，无论是支付意愿低的消费者还是支付意愿高的消费者都会支付一些金钱以鼓励企业继续采取自愿付费定价策略。当所有理性消费者都按照自己的支付意愿去支付正的金额时，自愿付费定价策略下的总利润可能大于固定价格策略，甚至自愿付费定价策略下的总利润上限可以接近一级价格歧视的总利润。因此采用自愿付费定价策略有可能帮助企业获得比采用固定价格策略更高的利润。此外，我们还讨论了消费者具有支付习惯多样性、产品边际成本大于零的情况。

其次，本书研究了消费者具有重复购买行为时企业的最优动态定价策略。本书从消费者效用函数出发，认为消费者进行重复购买的原因与其对产品的效用和满足感曲线有关。有重复购买意愿的消费者将优化其多阶段的购买策略，包括购买频率和购买数量，以最大化时间平均收益。同时，企业将选择最优循环定价策略，以最大化其时间平均利润。例如，有些超市会选择一周的固定一天进行打折销售；淘宝和京东会在每年的"双十一"进行打折促销，甚至其在每个月都有促销阶段。本书进而比较企业使用循环定价策略与固定价格定价策略优劣的条件。研究发现，当循环定价策略更有利可图时，最优的定价策略取决于消费者评价对消费者满意度的依赖性。如果企业忽视消费者暂时性满足感的影响，则往往会导致企业定价过低。为了实施一个合理的多阶段动态定价策略，企业有必要对消费者的满足感驱动的重复购买行为有更深入的认识。此外，本书还考虑了商品具有固定购买成本以及消费者购买产品和消费产品的决策分开的扩展情况。

再次，本书研究了数字经济下 App 平台的营收模式。本书主要研究提供内容以满足消费者需求的 App 平台，如视频、文章、新闻等 App 平台。App 平台提供的内容有高质量和低质量之分。因为高质量内容才是平台吸引用户，并保持用户高活跃度的关键，所以 App 平台推出针对内容提供者的创作激励计划，并向内容提供者提供资金奖励，以鼓励他们创作更多的高质量内容。同时，APP 平台也可以选择将用户流量转化为收益的方式，本书称之为营收模式。常见的营收模式包括广告盈利模式、用户订阅模式和两者兼有的混合模式。以往的文献大多将平台和内容提供者视为一体，来比较研究 App 平台的营收模式。但实际生活中内容提供者群体和 App 平台往往为两个独立的决策主体，因此多数平台会采取创作激励计划来鼓励内容提供者创作高质量内容。本书在此基础上研究了考虑内容创作资金奖励决策下的 App 平台最优的营收模式，同时分析了盗版内容对平台的创作资金奖励决策以及营收模式选择的影响。本书建立了三种平台营收模式：广告盈利模式、用户订阅模式和混合模式。首先，本书在第 4 章建立了不考虑盗版内容的基础模型，并分析了三种平台营收模式下各主体的最优决策，并从平台的角度出发对三种平台营收模式进行对比，从而得到最优的营收模式及其条件。其次，在第 4 章基础模型的基础上，本书在第 5 章考虑了市场中存在盗版内容的情景。在同样考虑创作资金奖励决策的模型框架下，本书比较研究了广告盈利模式和用户订阅模式下最优的营收模式及其条件。研究结果表明，在不考虑盗版内容的基础模型中，若平台的边际广告收益不低于用户的广告敏感程度，广告盈利模式下平台获取的收益最高，提供的创作资金奖励最高，内容提供者的创作努力程度也最高，用户获得了最多的用户剩余。若平台的边际广告收益低于用户的广告敏感程度，用户订阅模式下平台获取的收益最高。此外，尽管混合模式下平台提供的创作资金奖励最高，内容提供者的创作努力程度最高，实现了最高的用户剩余，但是平台并未实现最高收益。在考虑盗版内容的模型中，若平台的边际广告收益不低于用户的广告敏感程度，平台会选择广告盈利模式以实现收益最大化。即使盗版内容存在乃至盛行，平台也会始终提供创作资金奖励，通过大量的高质量内容吸引用户，进而将用户流量转化为广告收益。若平台的边际广告收益低于用户的广告敏感程度，平台会选择用户订阅模式以降低盗版内容的影响。盗版内容的存在会导致平台在广告盈利模式下不提供创作资金奖励，高质量内容大幅减少，极大损害用户剩余。本书为 App 平台创作激励计划的推出和营收模式的选择及其相关管理的决策开拓了思路。

最后，本书对数字经济下企业的预售策略进行了介绍。主要研究了产品质量和消费者适合度不确定情况下的预售最优定价。研究了企业在两种经典的预售策略下的均衡定价策略。在动态定价方案下，企业依次在预售期和现售期决定其预售价格和现货价格，而在价格承诺方案下，企业在预售期就同时提供其预售价格和现货价格。消费者在预售期和现售期依次到达。消费者对所购买的产品或服务的估值是由产品的内在质量和消费者对产品的个人适合度共同决定的。然而，这两个因素在预售期是不确定的，但在现售期可以被消费者和企业观察到。研究结果表明，动态定价方案下定价的灵活性不一定会导致更高的回报，因为定价的灵活性也可能降低消费者在预售期的购买意愿。因此，当消费者的适合度差异较小时，与无预售期相比，动态定价方案下的收益就变得更低了。在价格承诺方案下，尽管企业通过事先确定预售价格而承受着质量不确定性的风险，但其也可以通过宣布一个高的现货价格而策略性地诱使更多的消费者提前购买。当消费者的适合度差异较小，消费者对预售产品的支付意愿较高时，价格承诺方案就会优于动态定价方案。

本书的创新点包括以下几个。

（1）现有的相关文献更多从消费者非理性行为的角度来解释自愿付费定价策略的合理性，本书通过一个简单的模型来对比自愿付费定价策略和固定价格定价策略。我们发现如果所有消费者都免费使用产品或服务，那么企业自然会放弃自愿付费定价策略。前瞻型的理性消费者为了避免企业选择固定价格定价策略，会主动支付一些报酬给企业，以鼓励企业选择自愿付费定价策略，从而使得理性消费者最终受益。我们通过模型解释了，正是消费者的理性行为使得自愿付费定价策略下的利润甚至可以接近一级价格歧视产生的利润，并且在一定条件下自愿付费定价策略可以优于固定价格定价策略。同时，本书还研究了一些自愿付费定价策略的拓展，如消费者有多样的支付习惯和考虑产品成本的情况。

（2）以往的经济学和营销学领域对消费者重复购买行为的研究，主要是通过实证研究方法研究消费者行为（通常涉及品牌选择）和消费者特征之间的关系，很少关注重复购买行为背后的驱动力。相比之下，本书从消费者效用函数出发，建立了一个消费者的受满足感驱动的重复购买行为的决策模型，并在此基础上研究了企业的动态定价策略。

（3）以往关于内容提供 App 平台的营收模式的研究大多将平台和内容提供者视为一体，通常假设平台能提供的内容是无限的而且是外生的。但在实际的 App 平台运营过程中，内容提供者和 App 平台往往为两个独立的决策主体，因此多数 App 平台会采取创作激励计划来鼓励内容提供者创作高质量内容，从而吸引更多的消费者，最终在广告或者内容付费上获利。本书在此基础上研究考虑内容创作资金奖励决策下的 App 平台的最优营收模式，同时分析了盗版内容对平台的创作资金奖励决策以及营收模式选择的影响。本书构建了在三种 App 平台营收模式（广告盈利模式、用户订阅模式和混合模式）下由内容提供者、App 平台和用户三个决策主体构成的博弈模型。App 平台决定创作资金奖励和营收模式，内容提供者根据平台提供的创作资金奖励，决定创作努力程度，用户根据平台提供的高质量内容的数量及获取成本，选择是否加入平台。

（4）考虑盗版内容存在的情景。以往研究通常假设创作主体为平台，未考虑盗版内容对内容提供者的创作努力程度和平台创作资金奖励的影响。本书将内容提供者视为决策主体，探究盗版内容对平台的创作资金奖励决策、内容提供者的创作努力程度以及平台营收模式的选择所产生的影响。比较不同营收模式下平台的收益，分析平台的最优营收模式及其条件，弥补当前文献中的研究的不足。

（5）本书用模型解释了预售策略能够盈利的机理。其机理在于分离了消费者的购买和消费的时间，从而创造出了消费者效用的不确定性。在传统的销售模式下，消费者的购买和消费是同时发生的，消费者在购买时对消费时的效用估计是准确的。在预售模式下，消费者的购买时间提前了，消费者在购买时对消费时的效用估计是不确定的。因此消费者在提前购买时只能用消费时效用的期望来做决策。当所有消费者都用消费时效用的期望来做决策时，消费者就变得同质化了。与此同时，企业就可以更容易地实现对商品进行定价，从而获得更大的利润。此外，本书还提出了一个更细化的预售模型。与现有的关于预售的文献不同的是，本书假设消费者支付意愿的不确定性来自两个维度：产品质量和消费者适合度。在这样的情况下，我们给出了最优的预售策略。

在数字经济的背景下，学者和企业对企业定价策略的研究越发引起重视。创新和优化企业定价策略已广泛应用于提升企业管理绩效和收益。然而，现有研究仅限于广泛的管理场景和传统商业模式，已逐渐无法满足实际企业管理需求。在数字经济时代，随着数字技术的蓬勃发展和大数据时代的到来，传统经济迎来了全面升级和转型的机遇。过去的政府监管和企业管理模式面临着数字化转型所带来的巨大挑战。因此，对企业定价策略的深入研究和创新已迫切需要与数字经济下的经济运行环境和企业经营规则相适应。

在国内，庞大的数字经济市场需要创新且具有实践意义的研究，以支持和协助企业管理者进行决策与管理。然而，目前显然还无法满足这一需求，主要原因有两个方面：首先，企业管理者对相关问题的重要性认识不足，导致在企业定价策略方面的研究进展缺乏动力；其次，研究与实践脱节，许多研究者未能充分认识到企业的实际需求。因此，除了理论研究之外，学者还需更加关注研究成果的实际转化和应用落地。本书在数字经济背景下，尤其是在企业定价策略领域，对已有的很多应用的现实场景提出了理论解释和策略的优化建议。希望这些研究成果能够扩展到更多有益于社会发展的行业和领域。总之，未来对企业定价策略的研究应针对数字经济时代涌现的新商业模式和管理模式中的实际问题，推动研究成果向实践转化，以促进经济社会的良性发展。

参 考 文 献

褚淑贞. 2003.《运筹学》课程教学模式研究[J]. 药学教育, 19（3）: 38-39, 54.

代文强, 初维佳, 钟婧. 2022. CPC 模式下保量合同的在线展示广告投放策略优化[J/OL]. https://doi.org/10.16381/j.cnki.issn1003-207x.2021.2559[2022-10-08].

代壮. 2016. 信息产品网络外部性对提供商产品定价和商业模式选择的影响[J]. 西南交通大学.

高鸿业. 2011. 西方经济学[M]. 5 版. 北京: 中国人民大学出版社.

高鹏, 朱宾欣, 陆玉梅. 2021. 存在免费版的信息产品质量选择及政府反盗版监管策略研究[J]. 管理工程学报, 35（3）: 130-140.

黄泳琪. 2019. 移动游戏中激励型广告的效果研究[D]. 重庆: 重庆工商大学.

刘浩宇. 2021. 移动平台与 APP 的广告努力策略及其协调研究[D]. 北京: 对外经济贸易大学.

刘红艳, 傅胜蓝. 2014. 移动广告接受意愿的影响因素研究: 基于大学生移动广告体验的视角[J]. 软科学, 28（4）: 107-111.

刘静, 聂佳佳, 袁红平. 2021. 盗版率引导下的正版厂商信息产品保护策略研究[J]. 管理工程学报, 35（4）: 132-140.

罗欢. 2020. 喜马拉雅 FM 付费平台运营模式探究[J]. 视听,（8）: 185-187.

马斯洛 A H. 1987. 动机与人格[M]. 许金声, 程朝翔, 译. 北京: 华夏出版社.

吴丹. 2019. 盗版存在背景下的信息产品最优定价策略[D]. 天津: 天津大学.

习近平. 2022. 不断做强做优做大我国数字经济[J]. 先锋,（3）: 5-7.

杨双, 郭强, 聂佳佳. 2022. 盗版影响下信息产品免费策略: 选择或不选择[J]. 管理工程学报, 36（6）: 253-262.

《运筹学》教材编写组. 2005. 运筹学[M]. 3 版. 北京: 清华大学出版社.

张梦悦. 2020. 微信小游戏激励视频广告认知属性对广告效果影响研究[D]. 广州: 暨南大学.

张维迎. 2004. 博弈论与信息经济学[M]. 上海: 上海人民出版社.

郑昶, 徐晓燕. 2012. 数字产品盗版: 基于 Hotelling 模型的竞争分析和政府政策的选择[J]. 科学学与科学技术管理, 33（4）: 27-33.

朱星圳, 李莉, 何向, 等. 2023. 不同广告投放模式下 UGC 媒体平台与内容提供者决策研究[J]. 运筹与管理, 32（2）: 207-213.

曾润滋. 2021. APP 的"免费 + 付费增值服务"的产品策略研究[D]. 广州: 暨南大学.

邹伯涵. 2017. 微信朋友圈原生广告用户参与度实证研究[J]. 东南传播,（7）: 129-134.

Abhishek V, Jerath K, Zhang Z J. 2015. Agency selling or reselling? Channel structures in electronic retailing[J]. Management Science, 62（8）: 2259-2280.

Ailawadi K L, Neslin S A. 1998. The effect of promotion on consumption: buying more and consuming it faster[J]. Journal of Marketing Research, 35（3）: 390-398.

Alexandrov A, Bedre-Defolie Ö. 2014. The equivalence of bundling and advance sales[J]. Marketing Science, 33（2）: 259-272.

Amaldoss W，Du J Z，Shin W. 2021. Media platforms' content provision strategies and sources of profits[J]. Marketing Science，40（3）：527-547.

Anderson E A，Simester D I. 2010. Price stickiness and customer antagonism[J]. The Quarterly Journal of Economics, 125（2）：729-765.

Anderson S P，Coate S. 2005. Market provision of broadcasting: a welfare analysis[J]. The Review of Economic Studies，72（4）：947-972.

Anderson S P，Gabszewicz J J. 2006. The media and advertising: a tale of two-sided markets[J]. Handbook of the Economics of Art and Culture，1：567-614.

Armstrong M. 2006. Competition in two-sided markets[J]. The RAND Journal of Economics，37（3）：668-691.

Asdemir K，Kumar N，Jacob V S. 2012. Pricing models for online advertising: CPM vs. CPC[J]. Information Systems Research，23（3）：804-822.

Aviv Y，Pazgal A. 2008. Optimal pricing of seasonal products in the presence of forward-looking consumers[J]. Manufacturing & Service Operations Management，10（3）：339-359.

Avriel M，Diewert W E，Schaible S，et al. 1988. Generalized Concavity[M]. New York: Plenum Press.

Bae S H，Choi J P. 2006. A model of piracy[J]. Information Economics and Policy，18（3）：303-320.

Baird A，Miller C J，Raghu T S，et al. 2016. Product line extension in consumer software markets in the presence of free alternatives[J]. Information Systems Research，27（2）：282-301.

Bell D R，Ho T H，Tang C S. 1998. Determining where to shop: fixed and variable costs of shopping[J]. Journal of Marketing Research，35（3）：352-369.

Bell D R，Lattin J M. 1998. Shopping behavior and consumer preference for store price format: why "large basket" shoppers prefer EDLP[J]. Marketing Science，17（1）：66-88.

Bergemann D，Välimäki J. 2006. Dynamic pricing of new experience goods[J]. Journal of Political Economy. 114（4）：713-743.

Bernstein F，Chakraborty S，Swinney R. 2022. Intertemporal content variation with customer learning[J]. Manufacturing & Service Operations Management，24（3）：1664-1680.

Besbes O，Lobel I. 2012. Intertemporal price discrimination: structure and computation of optimal policies[J]. Management Science，6（1）：92-110.

Bhattacharjee S，Gopal R D，Lertwachara K，et al. 2006. Consumer search and retailer strategies in the presence of online music sharing[J]. Journal of Management Information Systems，23（1）：129-159.

Boyacı T，Özer Ö. 2010. Information acquisition for capacity planning via pricing and advance selling: when to stop and act? [J]. Operations Research，58（5）：1328-1349.

Brockett P，Golden L，Panjer H. 1996. Flexible purchase frequency modeling[J]. Journal of Marketing Research，33（1）：94-107.

Caminal R. 2005. Pricing "cyclical" goods[R/OL]. http://www.iae.csic.es/investigatorsMaterial/ a71312111858archivoPdf 32876.pdf[2023-11-09].

Carnoy D. 2009. Amazon drops price of the kindle 2 to $299[EB/OL]. https://seekingalpha.com/ article/147715-amazon- drops-the-price-of-the-kindle-2-to-299[2023-11-09].

Casadesus-Masanell R，Zhu F. 2010. Strategies to fight ad-sponsored rivals[J]. Management Science，56（9）：1484-1499.

Chellappa R K，Mehra A. 2017. Cost drivers of versioning：pricing and product line strategies for information goods[J]. Management Science，64（5）：2164-2180.

Chellappa R K，Shivendu S. 2005. Managing piracy：pricing and sampling strategies for digital experience goods in vertically segmented markets[J]. Information Systems Research，16（4）：400-417.

Chen C L，Liao J J. 2011. A fair online payment system for digital content via subliminal channel[J]. Electronic Commerce Research and Applications，10（3）：279-287.

Chen Y，Koenigsberg O，Zhang Z. 2017. Pay-as-you-wish pricing[J]. Marketing Science，36（5）：645-812.

Chen Y H，Jiang B J. 2017. Dynamic pricing of experience goods in markets with demand uncertainty[R/OL]. https:// papers.ssrn.com/sol3/papers.cfm?abstract_id=2841112[2023-11-09].

Chen Y N，Png I. 2003. Information goods pricing and copyright enforcement：welfare analysis[J]. Information Systems Research，14（1）：107-123.

Chen Y W，Ni J，Yu D D. 2019. Application developers' product offering strategies in multi-platform markets[J]. European Journal of Operational Research，273（1）：320-333.

Cheng H K，Liu Y P. 2012. Optimal software free trial strategy：the impact of network externalities and consumer uncertainty[J]. Information Systems Research，23（2）：488-504.

Chernev A. 2003. Reverse pricing and online price elicitation strategies in consumer choice[J]. Journal of Consumer Psychology，13（1/2）：51-62.

Cho S H，Tang C S. 2013. Advance selling in a supply chain under uncertain supply and demand[J]. Manufacturing & Service Operations Management，15（2）：305-319.

Cho W Y，Ahn B H. 2010. Versioning of information goods under the threat of piracy[J]. Information Economics and Policy，22（4）：332-340.

Conlisk J，Gerstner E，Sobel, J. 1984. Cyclic pricing by a durable goods monopolist[J]. The Quarterly Journal of Economics，99（3）：489-505.

Conner K R，Rumelt R P. 1991. Software piracy：an analysis of protection strategies[J]. Management Science，37（2）：125-139.

Crémer J. 1984. On the economics of repeat buying[J]. The RAND Journal of Economics，15（3）：396-403.

Dana J D，Jr. 1998. Advance-purchase discounts and price discrimination in competitive markets[J]. Journal of Political Economy，106（2）：395-422.

Danaher B，Hersh J，Smith M D，et al. 2020. The effect of piracy website blocking on consumer behavior[J]. MIS Quarterly，44（2）：631-659.

Danaher B，Smith M D，Telang R. 2016. Website blocking revisited：the effect of the UK November 2014 blocks on consumer behavior[R]. Carnegie Mellon University's IDEA Working Paper.

de Cornière A，Sarvary M. 2022. Social media and news：content bundling and news quality[J]. Management Science，69（1）：162-178.

Desiraju R，Shugan S M. 1999. Strategic service pricing and yield management[J]. Journal of Marketing，63（1）：44-56.

Dey D，Kim A，Lahiri A. 2019. Online piracy and the "longer arm" of enforcement[J]. Management Science，65（3）：1173-1190.

Dudine P, Hendel I, Lizzeri A. 2006. Storable good monopoly: the role of commitment[J]. The American Economic Review, 96 (5): 1706-1719.

Ehrenberg A S C. 1959. The pattern of consumer purchases[J]. Applied Statistics, 8 (1): 26-41.

Ehrenberg A S C. 1972. Repeat-Buying: Facts, Theory and Applications[M]. London: Griffin.

Erdem T, Imai S, Keane M P. 2003. Brand and quantity choice dynamics under price uncertainty[J]. Quantitative Marketing and Economics, 1 (1): 5-64.

Fay S. 2004. Partial-repeat-bidding in the name-your-own-price channel[J]. Marketing Science, 23 (3): 407-418.

Fay S. 2009. Competitive reasons for the name-your-own-price channel[J]. Marketing Letters, 20 (3): 277-293.

Fay S, Laran J. 2009. Implications of expected changes in the seller's price in name-your-own-price auctions[J]. Management Science, 55 (11): 1783-1796.

Fay S, Xie J H. 2010. The economics of buyer uncertainty: advance selling vs. probabilistic selling[J]. Marketing Science, 29 (6): 1040-1057.

Frederick S, Loewenstein G, O'Donoghue T. 2002. Time discounting and time preference: a critical review[J]. Journal of Economic Literature, 40 (2): 351-401.

Gallego G, Sahin O. 2006. Inter-temporal valuations, product design and revenue management[EB/OL]. http://hdl.handle.net/1783.1/75438[2023-09-22].

Gneezy A, Gneezy U, Nelson L D, et al. 2010. Shared social responsibility: a field experiment in pay-what-you-want pricing and charitable giving[J]. Science, 329 (5989): 325-327.

Gneezy A, Gneezy U, Riener G, et al. 2012. Pay-what-you-want, identity, and self-signaling in markets[J]. Proceedings of the National Academy of Sciences of the United States of America, 109 (19): 7236-7240.

Gopal R D, Sanders G L. 1997. Preventive and deterrent controls for software piracy[J]. Journal of Management Information Systems, 13 (4): 29-47.

Gritckevich A, Katona Z, Sarvary M. 2021. Ad blocking[J]. Management Science, 68 (6): 4703-4724.

Guan X, Chen Y J. 2016. Timing of information acquisition in a competitive environment[J]. Naval Research Logistics, 63 (1): 3-22.

Guo H, Zhao X Y, Hao L, et al. 2019. Economic analysis of reward advertising[J]. Production and Operations Management, 28 (10): 2413-2430.

Guo L. 2009. Quality disclosure formats in a distribution channel[J]. Management Science, 55 (9): 1513-1526.

Guo L, Meng X Y. 2015. Digital content provision and optimal copyright protection[J]. Management Science, 61 (5): 1183-1196.

Guo L, Zhang J J. 2012. Consumer deliberation and product line design[J]. Marketing Science, 31 (6): 995-1007.

Hann I H, Terwiesch C. 2003. Measuring the frictional costs of online transactions: the case of a name-your-own-price channel[J]. Management Science, 49 (11): 1563-1579.

Hao L, Guo H, Easley R F. 2017. A mobile platform's in-App advertising contract under agency pricing for App sales[J]. Production and Operations Management, 26 (2): 189-202.

Hartmann W R. 2006. Intertemporal effects of consumption and their implications for demand elasticity estimates[J]. Quantitative Marketing and Economics，4（4）：325-349.

Heidhues P，Köszegi B. 2014. Regular prices and sales[J]. Theoretical Economics，9（1）：217-251.

Heine C. 2013. Rewards-based mobile ads perform best，per study[EB/OL]. https://www.adweek. com/performance-marketing/rewards-based-mobile-ads-perform-best-study-150394/[2023-11-09].

Hendel I，Nevo A. 2012. Intertemporal price discrimination in storable goods markets[R/OL]. https://www.cconstor.eu/ bitstream/10419/92473/1/661849570.pdf[2023-11-10].

Hinz O，Hann I H，Spann M. 2011. Price discrimination in e-commerce？An examination of dynamic pricing in name-your-own price markets[J]. MIS Quarterly，35（1）：81-98.

Ho T H，Tang C S，Bell D R. 1998. Rational shopping behavior and the option value of variable pricing[J]. Management Science，44（12）：s145-s160.

Hu Y，Shin J，Tang Z L. 2016. Incentive problems in performance-based online advertising pricing：cost per click vs. cost per action[J]. Management Science，62（7）：2022-2038.

Jain S. 2008. Digital piracy：a competitive analysis[J]. Marketing Science，27（4）：610-626.

Jain S，Qian K. 2021. Compensating online content producers：a theoretical analysis[J]. Management Science，67（11）：7075-7090.

Jaisingh J. 2009. Impact of piracy on innovation at software firms and implications for piracy policy[J]. Decision Support Systems，46（4）：763-773.

Ji Y H，Wang R B，Gou Q L. 2019. Monetization on mobile platforms：balancing in-App advertising and user base growth[J]. Production and Operations Management，28（9）：2202-2220.

Johar M，Kumar N，Mookerjee V. 2012. Content provision strategies in the presence of content piracy[J]. Information Systems Research，23（3）：960-975.

Jones M R. 1954. Nebraska Symposium on Motivation[M]. Lincoln：University of Nebraska Press.

Jones R，Mendelson H. 2011. Information goods vs. industrial goods：cost structure and competition[J]. Management Science，57（1）：164-176.

Joo M，Mazumdar T，Raj S P. 2012. Bidding strategies and consumer savings in NYOP auctions[J]. Journal of Retailing，88（1）：180-188.

Karamardian S. 1967. Strictly quasi-convex（concave）functions and duality in mathematical programming[J]. Journal of Mathematical Analysis and Applications，20：344-358.

Kim A，Lahiri A，Dey D. 2018. The "invisible hand" of piracy：an economic analysis of the information-goods supply chain[J]. MIS Quarterly，42（4）：1117-1141.

Kim J Y，Natter M，Spann M. 2009. Pay-what-you-want，a new participative pricing mechanism[J]. Journal of Marketing，73（1）：44-58.

Kogan K，Ozinci Y，Perlman Y. 2013. Containing piracy with product pricing，updating and protection investments[J]. International Journal of Production Economics，144（2）：468-478.

Kohn A. 1993. Punished by Rewards：The Trouble with Gold Stars，Incentive Plans，A's，Praise，and Other Bribes[M]. Boston：Houghton，Mifflin and Company.

Kumar S，Sethi S P. 2009. Dynamic pricing and advertising for web content providers[J]. European Journal of Operational Research，197（3）：924-944.

Kwark Y，Chen J Q，Raghunathan S. 2017. Platform or wholesale？A strategic tool for online retailers to benefit from third-party information[J]. MIS Quarterly，41（3）：763-785.

Lahiri A，Dey D. 2012. Effects of piracy on quality of information goods[J]. Management Science，

59（1）：245-264.

Landsberger M，Meilijson I. 1985. Intertemporal price discrimination and sales strategy under incomplete information[J]. The RAND Journal of Economics，16（3）：424-430.

Lazear E P. 1986. Retail pricing and clearance sales[J]. The American Economic Review，76（1）：14-32.

Lee H H，Li C H. 2018. Supplier quality management：investment，inspection，and incentives[J]. Production and Operations Management，27（2）：304-322.

Lee Y J，Tan Y. 2014. Effects of different types of free trials and ratings in sampling of consumer software：an empirical study[J]. Journal of Management Information Systems，30（3）：213-246.

Li C H，Zhang F Q. 2013. Advance demand information，price discrimination，and preorder strategies[J]. Manufacturing & Service Operations Management，15（1）：57-71.

Li X，Li Y Z，Shi M Z. 2019. Managing consumer deliberations in a decentralized distribution channel[J]. Marketing Science，38（1）：170-190.

Lim W S，Tang C S. 2013. Advance selling in the presence of speculators and forward-looking consumers[J]. Production and Operations Management，22（3）：571-587.

Liu D，Viswanathan S. 2013. Information asymmetry and hybrid advertising[J]. Journal of Marketing Research，51（5）：609-624.

Liu L M，Parlar M，Zhu S X. 2007. Pricing and lead time decisions in decentralized supply chains[J]. Management Science，53（5）：713-725.

Loewenstein G. 1996. Out of control：visceral influences on behavior[J]. Organizational Behavior and Human Decision Processes，65（3）：272-292.

Loewenstein G. 2000. Emotions in economic theory and economic behavior[J]. American Economic Review，90（2）：426-432.

Loginova O，Wang X H，Zeng C H. 2017. Learning in advance selling with heterogeneous consumers[J]. Managerial and Decision Economics，38（6）：765-783.

Macneil I R. 1980. The New Social Contract：An Inquiry into Modern Contractual Relations[M]. New Haven：Yale University Press.

Mak V，Zwick R，Rao A. 2012. "pay-what-you-want" as a profitable pricing strategy：theory and experimental evidence[R]. Working Paper，University of Cambridge.

McCardle K，Rajaram K，Tang C S. 2004. Advance booking discount programs under retail competition[J]. Management Science，50（5）：701-708.

Morrison D G，Schmittlein D C. 1981. Predicting future random events based on past performance[J]. Management Science，27（9）：1006-1023.

Nadarajah S，Kotz S. 2009. Models for purchase frequency[J]. European Journal of Operational Research，192（3）：1014-1026.

Nasiry J，Popescu I. 2012. Advance selling when consumers regret[J]. Management Science，58（6）：1160-1177.

Nieborg D B. 2016. From premium to freemium：the political economy of the app[C]//Leaver T，Willson M. Social，Casual and Mobile Games：The Changing Gaming Landscape. New York：Bloomsbury Academic：225-240.

Nocke V，Peitz M. 2007. A theory of clearance sales[J]. The Economic Journal，117（522）：964-990.

Papanastasiou Y, Savva N. 2017. Dynamic pricing in the presence of social learning and strategic consumers[J]. Management Science, 63 (4): 919-939.

Pesendorfer M. 2002. Retail sales: a study of pricing behavior in supermarkets[J]. Journal of Business, 75 (1): 33-66.

Png I P L. 1989. Reservations: customer insurance in the marketing of capacity[J]. Marketing Science, 8 (3): 248-264.

Prasad A, Mahajan V, Bronnenberg B. 2003. Advertising versus pay-per-view in electronic media[J]. International Journal of Research in Marketing, 20 (1): 13-30.

Prasad A, Stecke K E, Zhao X Y. 2011. Advance selling by a newsvendor retailer[J]. Production and Operations Management, 20 (1): 129-142.

Raju J, Zhang Z. 2010. Smart Pricing: How Google, Priceline, and Leading Businesses Use Pricing Innovation for Profitability[M]. Upper Sadle River: Wharton School Publishing.

Robbins S P. 2005. Essentials of Organizational Behavior[M]. 8th ed. Upper Saddle River: Pearson Prentice Hall.

Robbins S P, Judge T A. 2018. Organizational Behavior[M]. 18th ed. London: Pearson International.

Sato S. 2019. Freemium as optimal menu pricing[J]. International Journal of Industrial Organization, 63: 480-510.

Shapiro C. 1983. Optimal pricing of experience goods[J]. The Bell Journal of Economics, 14 (2): 497-507.

Shapiro D, Zillante A. 2009. Naming your own price mechanisms: revenue gain or drain? [J]. Journal of Economic Behavior & Organization, 72 (2): 725-737.

Shoemaker R W, Staelin R, Kadane J B, et al. 1977. Relation of brand choice to purchase frequency[J]. Journal of Marketing Research, 14 (4): 458-468.

Shugan S M, Xie J H. 2000. Advance pricing of services and other implications of separating purchase and consumption[J]. Journal of Service Research, 2 (3): 227-239.

Shugan S M, Xie J H. 2004. Advance selling for services[J]. California Management Review, 46(3): 37-54.

Shugan S M, Xie J H. 2005. Advance-selling as a competitive marketing tool[J]. International Journal of Research in Marketing, 22 (3): 351-373.

Smith M D, Telang R. 2009. Competing with free: the impact of movie broadcasts on DVD sales and internet piracy[J]. MIS Quarterly, 33 (2): 321-338.

Sobel J. 1984. The timing of sales[J]. The Review of Economic Studies, 51 (3): 353-368.

Sobel J. 1991. Durable goods monopoly with entry of new consumers[J]. Econometrica, 59 (5): 1455-1485.

Spann M, Skiera B, Schäfers B. 2004. Measuring individual frictional costs and willingness-to-pay via name-your-own- price mechanisms[J]. Journal of Interactive Marketing, 18 (4): 22-36.

Spann M, Tellis G J. 2006. Does the internet promote better consumer decisions? The case of name-your-own-price auctions[J]. Journal of Marketing, 70 (1): 65-78.

Stokey N L. 1979. Intertemporal price discrimination[J]. The Quarterly Journal of Economics, 93 (3): 355-371.

Stokey N L. 1981. Rational expectations and durable goods pricing[J]. The Bell Journal of

Economics，12（1）：112-128.

Su X M. 2010. Intertemporal pricing and consumer stockpiling[J]. Operations Research，58（4）：1133-1147.

Sun B H. 2005. Promotion effect on endogenous consumption[J]. Marketing Science，24（3）：430-443.

Sun M，Zhu F. 2013. Ad revenue and content commercialization：evidence from blogs[J]. Management Science，59（10）：2314-2331.

Tang C S，Bell D R，Ho T H. 2001. Store choice and shopping behavior：how price format works[J]. California Management Review，43（2）：56-74.

Tang C S，Rajaram K，Alptekinoglu A，et al. 2004. The benefits of advance booking discount programs：model and analysis[J]. Management Science，50（4）：465-478.

Terwiesch C，Savin S，Hann I H. 2005. Online haggling at a name-your-own-price retailer: theory and application[J]. Management Science，51（3）：339-351.

Tunca T I，Wu Q. 2013. Fighting fire with fire：commercial piracy and the role of file sharing on copyright protection policy for digital goods[J]. Information Systems Research，24（2）：436-453.

Uncles M，Ehrenberg A，Hammond K. 1995. Patterns of buyer behavior: regularities，models，and extensions[J]. Marketing Science，14（3）：G71-G78.

Varian H R. 1980. A model of sales[J]. The American Economic Review，70（4）：651-659.

Villas-Boas J M. 2004. Price cycles in markets with customer recognition[J]. The RAND Journal of Economics，35（3）：486-501.

Weihrich H，Koontz H. 1993. Management：A Global Perspective（McGraw Hill Series in Management）[M]. New York：McGraw-Hill College.

Wu S Y，Chen P Y. 2008. Versioning and piracy control for digital information goods[J]. Operations Research，56（1）：157-172.

Wu Y H，Zhu F. 2022. Competition，contracts，and creativity：evidence from novel writing in a platform market[J]. Management Science，68（12）：8613-8634.

Xie J H，Shugan S M. 2001. Electronic tickets，smart cards，and online prepayments：when and how to advance sell[J]. Marketing Science，20（3）：219-243.

Xu Z B，Dukes A. 2016. Price discrimination in a market with uninformed consumer preferences[R/OL]. https://papers. ssrn.com/sol3/papers.cfm?abstract_id=2777081[2023-11-09].

Yu M，Ahn H S，Kapuscinski R. 2015a. Rationing capacity in advance selling to signal quality[J]. Management Science，61（3）：560-577.

Yu M，Kapuscinski R，Ahn H S. 2015b. Advance selling：effects of interdependent consumer valuations and seller's capacity[J]. Management Science，61（9）：2100-2117.

Zhang K F，Sarvary M. 2015. Differentiation with user-generated content[J]. Management Science，61（4）：898-914.

Zhao X Y，Pang Z. 2011. Profiting from demand uncertainty：pricing strategies in advance selling[R/OL]. https://papers. ssrn.com/sol3/papers.cfm?abstract_id=1866765[2023-11-09].

Zhao X Y，Stecke K E. 2010. Pre-orders for new to-be-released products considering consumer loss aversion[J]. Production and Operations Management，19（2）：198-215.